라캉과 철학자들

『ラカンと哲学者たち』
Jacques-Marie-Émile Lacan avec les philosophes
Copyright©Kenta Kudo 2022
Original Japanese edition published by AKISHOBO Tokyo, Japan
Korean edition is published by arrangement with AKISHOBO through AMO Agency.

라캉과 철학자들
ラカンと哲学者たち

제1판 1쇄 2023년 7월 25일

지은이 구도 겐타
옮긴이 이정민
펴낸이 연주희
편집 하성호
펴낸곳 에디투스
등록번호 제2015-000055호 (2015.06.23)
주소 경기도 성남시 분당구 황새울로351번길 10, 401호
전화 070-8777-4065
팩스 0303-3445-4065
이메일 editus@editus.co.kr
홈페이지 www.editus.co.kr

제작처 ㈜상지사피앤비

가격 19,000원

ISBN 979-11-91535-09-9 (03100)

라캉과 철학자들

구도 겐타 지음

이정민 옮김

에디투스

일러두기

- 이 책은 구도 겐타의 『ラカンと哲学者たち』(亜紀書房, 2022)을 옮긴 것이다.
- 특별한 표시가 없는 모든 각주는 저자의 것이다.
- 인용문은 가급적 해당 부분의 한국어판 번역본을 따랐다. 다만 용어 등에서 본문과 차이가 있을 경우 본문의 맥락을 우선시했다.

  본문에서 언급되는 라캉 정신분석학의 용어는 『정신분석 사전』(임진수 옮김, 열린책들, 2005)과 『에크리』(홍준기 외 옮김, 새물결, 2019), 『자크 라캉 세미나 11』(맹정현·이수련 역, 새물결, 2008) 등을 참조했으며, 사전에 없는 경우 라캉 관련 저서에서 일반적으로 통용되는 용어를 사용했다.

자크 라캉(1901-1981)이야말로 20세기의 사상계에서 가장 날카로운 철학 비판자가 아니었을까.

이런 질문을 던지면 너무 극단적이라고 생각할지도 모르겠다. 하지만 이 질문은 책의 출발점이 되었던 가설이며, 좀 더 나아가자면 이 책의 존재 이유다. 논의를 위해 먼저 그간의 역사를 간략하게 되짚어 보기로 하자.

사상사의 관점에서 보자면, 라캉은 거대한 격동이 일어나고 수많은 사상이 태어났던 시대에 살았다. 특히 제2차 세계대전 후의 파리는 유럽의 전통적 지식으로서의 철학의 의미가 근본적인 차원에서 의문시되던 곳이었다. 그리하여 라캉은 그간의 철학을 해체하기 위한, 그리고 새로운 철학을 창조하기 위한 실험의 바로 곁에서, 아니 오히려 그 와중에서 자신의 본분이었던 정신분석에 몰두했다. 일본에서 일반적으로 '현대사상'이라고 분류되는, 1960년대 이후 프랑스를 중심으로 일어난 이 거대한 물결을 일으킨 철학자들은 라캉의 관점에서 보자면 결코 무시할 수 없는 이웃이었다. 동시에 그들 모두가 독자적인 방법을 가진 철학 비판자였다고 해도 좋을 것이다. 이러한 의미에서 보자면 라캉을 이 시대의 가장 선두에 섰던 철학 비판자였다고 하는 것은 분명 치우친 관점일지도 모른다.

하지만 「아마도 뱅센느에서……」라는 제목이 붙은 1975년 텍스트[1]의 다음 부분에는 철학에 대한 이 정신분석가의 근본적인 비판이 선명하게 아로새겨져 있다.

> 반철학 — 저는 이 말에 대학 담론이 자신의 '교육적' 전제로 삼고 있는 것에 대한 탐구라는 제목을 붙이고 싶습니다. 이는 참으로 비참하기 그지없는 사상사 같은 것이 아닙니다. 그런 것은 그 즉시 길이 막혀 버리겠지요.
>
> 꿋꿋하게 참고 견디면서 대학 담론의 특징인 어리석음을 열심히 수집해 나감으로써 그 불멸의 근원에서, 그리고 그 영원한 꿈에서 이 어리석음을 도드라지게 하길 바랍니다.
>
> 그 안에 특별한 깨달음이 있습니다.[2]

이 구절에서는 '반철학Antiphilosophie'이라는 키워드에 특히 시선이 끌린다. '반철학'이라는 말이 단적으로 보여 주는 것처럼, 라캉에게 정신분석이란 **철학에 저항하는 경험**이었다. 철학이라는 행위에 감추어진 본성과 그 한계를 비판하고

---

1   Jacques Lacan, "Peut-être à Vincennes..."(1975), in: *Autres écrits*, Seuil, 2001, pp. 314-315.

2   정신분석의 역사에서 라캉의 위상에 관심이 있는 분은 다음의 책을 참조하기 바란다. 工藤顯太, 『精神分析の再発明 —フロイトの神話、ラカンの闘争』(岩波書店, 2021)
한국에서 간행된 도서로는 엘리자베스 루디네스코, 『자크 라캉 1, 2』, (양녕자 옮김, 새물결, 2010)이 있다. — 옮긴이

무너뜨리는 것 ― 라캉은 그것을 정신분석의 책무로 보았다. 하지만 분석가는 원래 환자의 말에 귀를 기울여 무의식으로 다가감으로써 환자가 자기 자신과 화해할 수 있도록 돕는 일을 한다. 그렇다면 라캉은 왜 '반철학'을 정신분석의 중요한 과제로 보았던 것일까. 이를 고찰하기 위해서는 몇 가지 사항을 짚어 볼 필요가 있다.

먼저 대학 제도에 대한 라캉의 비판을 들어 보자. 위의 글을 썼던 당시 라캉이 이끄는 정신분석 조직 '파리프로이트학교L'Ecole Freudienne de Paris'는 뱅센느실험대학센터Centre universitaire expérimental de Vincennes(현재의 파리 제8대학)에 새로운 근거지를 구축하고 있었다. 프랑스 대학 사상 최초의 정신분석학과가 여기에 설치되었고, 라캉의 제자 혹은 라캉과 가까운 이들이 교원이 되었다. 정신분석의 창시자 프로이트 이래로 실천에 중점을 두어 왔던 정신분석이 아카데미즘 안에서는 의학이나 심리학의 주변부로 만족해 왔던 것을 생각해 보면, 이는 말 그대로 획기적인 진보였다.

'68년 5월'의 혁명은 이러한 도약의 가장 큰 계기였다. '68혁명'이라는, 프랑스 사회에 거대한 충격을 주었던 젊은이들의 자기주장이 일어난 후 교육부 장관 에드가 포르Edgar Jean Faure의 주도하에 대규모의 대학 개혁이 단행되었다. 자치에 기반을 둔 민주적인 조직 운영이나 전통적 방법론의 틀을 뛰어넘은 선진적인 커리큘럼을 특징으로 하는 종합대학이 이 시기에 신설된다. 뱅센느실험대학센터는 바로 이 개혁의 산물이었으며, 대학 입학 자격과는 무관하게 더 나은 직업 생활을 꾀하는 노동자 등 배우고자 하는 의욕을 가진 모든 시민을 받아들였다. 그리고 파리의 아카데미즘에서 존재감을 키우고 있던 라캉의 정신분석도 이러한 사회 변동을 통해 새로운 대학 교육으로 나아가게 되었다.

그러나 라캉 그 자신은 포르의 대학 개혁에 대해 대단히 비판적이었다. 요컨대 라캉이 보기에 포르의 개혁이란 시장 원리가 거리낌 없이 대학에 개입하는 것을 허용하는 정책이나 다름없었다.

리버럴한 이념에 의거하여 새로운 대학으로 정비되었다는 말은 혁명을 부르짖으며 넘치듯 거리로 뛰쳐나온 학생들을 다시 옭아매서 시장으로 보내는 시스템이 되었다는 뜻이다 ─ 라캉은 그렇게 생각했다. 누구든지 공부할 수 있고 어떠한 분야라도 가르칠 수 있다는 이념 그 자체는 유토피아적인 것처럼 들린다. 그러나 대중 소비 사회에서 모든 사람이 예외 없이(취향에 맞기만 한다면 완전히 '평등'하게) 소비자가 되는 것과 모든 것이(무차별적이나 마찬가지로) 상품화되어 버리는 것은 어딘가 닮지 않았는가. 이 점을 깊게 생각해 본다면, 대학에서 가르친다는 '앎'이 학점(학위 인정의 기준으로서 학생에게 학점을 취득하게 하는 시스템이 이 시기에 일반화했다)이라는 균등한 척도를 바탕으로 학생들에게 소비시키기 위한 상품이 된 것처럼 보이지는 않겠는가.

오늘날 대학에서 생산되어 유통, 소비되는 '앎'이라는 상품은, 그것 자체가 아무리 리버럴하게 보이려고 할지라도 결국 학생을 길들이는 데 이바지할 뿐이다. 그 그림자에서 시장 원리라는 지배자가 은연중에 힘을 행사하고 있기 때문이다. '앎'과 지배자의 관계에 관한 라캉의 관점을 토대로 다시 한번 위의 구절로 눈을 돌려 보자. 라캉이 여기에서 '대학 담론'이라 부른 것은 이처럼 감추어진 지배자에게 봉사하는 '앎'의 체제, 혹은 '앎'을 둘러싼 사회구조 그 자체다. 당시의 라캉은 뱅센느에서의 실험에서도 정신분석의 '앎'이 또 하나의 트렌드로서 소비되어 버리고 그 핵심이 간과되는 것을 걱정했다. 따라서 정신분석의 담론은 대학이라는 장에서 단련되고 전달된다 할지라도 대학 담론에 대한 **이물질**로서 이어져 나가야 한다.

문제는 우연치 않게 아카데미즘과의 접근전을 벌이게 된 라캉이 왜 대학 담론과 철학을 연관시키고 있는가다. 물론 철학이 대학 제도에 뿌리 깊게 자리 잡고 있음은 하나의 역사적 사실이라고 해도 좋을 것이다. 그러나 여기에서는 그런 사실 이상으로 정신분석의 실천이 철학에 내재된 맹점을 드러낸 필연성을 생각해 보아야 한다.

라캉이 보기에 이 필연성은 정신분석 고유의 영역인 무의식의 본질과 떨어뜨려 놓을 수 없다. 라캉은 프로이트적인 의미에서의 무의식, 즉 개인이 가진 욕망의 방향을 잡고 결정하면서도 본인조차 알 수 없는 마음의 영역을 역설적이게도 하나의 '앎'으로 정의했다. 그것은 완전히 알 수 없다기보다는 속속들이 알 수는 없는 '앎', 그럼에도 항상 활동하고 있는 '앎'이다. 무의식이란 **어떠한 지배자라도 통제할 수 없는 '앎'**, 단적으로 말하자면 **지배자 없는 '앎'**이다.

라캉이 생각하기에 철학은 이러한 종류의 앎에 대해 충분한 질문을 던지지 않았다. 그래서 철학의 언어에는 앎을 자신의 것으로 삼으려는 지배자가 다양한 모습으로 나타났다. 앎에 대한 사랑으로서의 철학은, 예를 들면 그것이 '절대자'든 '자아'든 간에 모든 앎을 축적해서 이윽고 보편적인 앎을 손에 넣는 자를 집요하게 탐구해 왔다. 하지만 이러한 탐구의 이면에는 오히려 지배자에 대한 사랑이 보인다. 생각해 보면, 철학적 사변 속에 세력을 뻗치고 있는 어마어마한 숫자의 추상적 개념들이 우상숭배 혹은 페티시즘적 대상과 같은 대용품으로 바뀌어 있는 것은 아닐까. 라캉의 말을 빌리자면, 이러한 개념을 정점으로 한 앎의 제국이야말로 철학의 "영원한 꿈"이다. '반철학'이란 곧 정신분석과 철학에서 앎이 존재하는 방식의 근본적인 차이에 뿌리를 내리고 있다.

반면 라캉 학파는 물론이고 뱅센느에 모인 반체제적 지식인, 예를 들어 미셸 푸코Michel Foucault(뱅센느에서 철학과 주임을 역임한 후 콜레주 드 프랑스로 부임)나 질 들뢰즈Gilles Deleuze(푸코가 이임한 후 뱅센느에 부임)와 같은 철학자들의 작업에 눈을 돌려 보면 그들이 각각 고유한 방법으로 철학의 "영원한 꿈"을 해체하기 위한 투쟁에 몸을 던졌음을 알 수 있다. 실제로 동업자를 거리낌 없이 신랄하게 비꼬던 라캉도 그들에 대해서는 찬사를 아끼지 않았다. 애초에 푸코든 들뢰즈든 이 시대에 창조적인 작업을 했던 철학자들은 예외 없이 프로이트의 우수한 독자였으며, 그러한 점에서 정도의 차이는 있어도 라캉과 공유하는 것이 있었다. 즉, 1960년대 이후의 프랑스 철학이란 무엇보다도 프로이트 이후의 철학, 혹은 정신분석과 함께하는 철학이었다.

시야를 조금 더 넓혀 보자. 『꿈의 해석』(1900)으로 인해 20세기가 프로이트의 시대가 되었다고 한다면, 1900년 8월 니체Friedrich Wilhelm Nietzsche의 사망은 또 하나의 출발점이었다고 할 수도 있을 것이다. 니체는 모든 가치를 전도함으로써 당시까지 철학이 범해 왔던 어리석음을 뿌리 뽑으려 했던 선구자였기 때문이다. 정신분석의 표현을 빌리자면 니체는 플라톤의 이데아론으로부터 칸트의 도덕법칙에 이르기까지 철학자들의 근본 사상을 그들의 '증상', 즉 감추어진 동기와 원인(감각을 기피했던 플라톤, 종교적 반동과 타협한 칸트 등)이 가진 기만의 산물이라 보았다. 그리고 라캉과 동시대의 주변 인물들은 니체의 전복적인 시도를 계승하면서도 자신만의 철학을 모색함으로써 정신분석의 물음을 생각의 자양분으로 삼을 수 있었다. 니체와 프로이트, 그리고 그들의 사상적 각인을 받은 분석가와 철학자들이 일으킨 일련의 운동을 통해 철학은 어쩔 수 없이 자신의 꿈에서 깨어났던 것이다.

이러한 역사적 경위를 되짚으면서 오늘날 우리가 철학 비판자로서 라캉이 갔던 길을 따라가고자 한다면, 난해하기로 이름난 라캉 이론의 여러 개념을 계통적으로 해독하고 그 의의를 교과서적으로 해설하는 것만으로 끝을 낼 수는 없게 되어 버린다. 오히려 구체적인 감촉을 지닌 현실 속에 이론을 두고 무의식이라는 전대미문의 앎이 그때마다 어떠한 모습으로 나타나는가, 어떠한 드라마를 낳는가를 끝까지 지켜봐야 할 것이다. 이 책의 의도는 바로 그것이다.

덧붙이자면 또 하나 놓쳐서는 안 될 것이 있다. 그것은 라캉의 '반철학' 이전에 길고 긴 역사가 있고 오로지 그 역사를 가능한 한 구체적으로 거슬러 올라가는 작업에서 이 책이 만들어졌다는 점이다. 라캉이 단번에 철학을 물리쳤을 리 없다. '반철학'이라는 프로젝트는 이 정신분석가가 철학 속으로 투신하고 그곳에서 자신의 생각을 심화할 수 있었기에 태어났다. 라캉에게 철학이란 대체 무엇이었을까? 그리고 라캉은 철학에 무엇을 가져다주었을까? 이러한 기본적인 물음을 출발점으로 하여, 우리는 '반철학'을 **외치기** 전에 소크라테스와 데카르트를 필두로 한 일급 철학자들과 대결하고 격투를 벌임으로써 정신분석을 재창조하려는 라캉을 보려 한다. 그리하여 이 책은 철학을 통해 라캉을/라캉을 통해 철학을 읽으려 한다.

이 책의 저음부는 '재개再開'라는 모티프로 이루어져 있다. 라캉이 '프로이트로의 회귀'라는 슬로건을 걸고 프로이트 사상의 혁신성을 다시금 부흥시키려고 한 것은 잘 알려져 있다. 이 시도가 우리에게 알려 주는 것은, '재개'가 기원을 향해 되돌아가는 작업을 통해 비로소 가능해진다는 점이다. 그리고 라캉은 이 작업을 위해 철학이라는 파트너를 선택했다. 라캉은 그곳에서 어떤 식으로 철학과 관계를 맺으며 철학에서 어떠한 것을 받아들였을까. 이 책의 구성에 대해 아주 간단하게 이야기해 두도록 한다.

제1부에서는 정신분석학회의 최고 권위인 국제정신분석협회로부터 '파문'된 라캉이 자신의 조직을 새로 세우고 다시 출발했던 1964년 전후의 논의를 다루고자 한다. 이때 라캉은 근대 철학의 기원이라 불리는 데카르트의 철학을 프로이트와 대결시키는 작업에 매진했다. 제1부의 전체 목표는 이 작업의 의미를 정면에서 다시 생각해 보는 것이다.

제2부에서는 칸트와 헤겔이라는 철학사의 주류 철학자들에 대한 라캉의 언급을 다룬다. 여기에서는 사랑과 성적 욕망, 꿈, 환상, 트라우마라는 정신분석의 중심 테마를 다루면서 라캉과 함께 각각의 철학자가 펼쳤던 논의의 이면을 파헤치고자 한다.

제3부에서는 라캉의 족적을 조금 더 거슬러 올라가 1960

년 전후에 전개되었던 소크라테스론에 초점을 맞추고자 한다. 철학의 기원으로 돌아가면서 라캉은 '정신분석가란 누구인가'라는 근본적인 질문을 제기했다. 이후 라캉의 작업을 결정했다고 해도 좋을 이 질문이 어떠한 방식으로 철학의 '재개'를 준비했을까. 이것이 제3부의 테마다.

이 '서론'의 마무리에 즈음하여, "왜, 지금 라캉인가"라는 점에 대해 한마디 하는 대신 라캉과의 사이에 적잖은 갈등이 있었던 철학자의 말을 소개하고자 한다.

규격화된 미디어와 아카데미즘, 혹은 논단에 순응하지 않을 것 같은 난해한 사상과 말 그리고 책에 공공연하게 오마주를 바치는 것, 이를 나는 문화적 레지스탕스 행위라고 본다. 그것은 오늘날 다시금 권력을 차지해 가고 있는 철학 내지는 이론상의 새로운 순응주의 일반 (…) 에 대한 반역 행위다. 이 새로운 순응주의는 우리의 주위를 통째로 찌그러뜨려 평탄하게 만들고, 라캉의 시대란 무엇이었나를, 나아가 라캉 사상의 미래와 약속도 잊어버리게 만들며, 그렇게 함으로써 라캉의 이름을 지워 버리려 한다.[3]

라캉 탄생 120주년과 서거 40주년을 맞이하는 오늘날, 이 말은 한층 절실하게 울려 퍼진다. 아무리 변변찮다 하더라도 여기서 이야기하는 의미에서의 반시대적인 '오마주'가 되는 것이 이 책의 목표다.

---

3   Jacques Derrida, "Pour l'amour de Lacan"(1990), in: *Résistances de la psychanalyse*, Galilée, 1996, p. 64.

차례

3부 소크라테스의 욕망을 둘러싸고

.

1부

데카르트를 읽는 라캉

1장 철학은 광기를 어떻게 바라보는가
라캉의 '데카르트로의 회귀'

데카르트에서 라캉으로

누구나 다큐멘터리 필름을 보고 그것이 증언하는 현실에 압도된 경험이 있을 것이다. 만나 본 적도 없는 누군가가 살던 세계로 자신의 일부가 끌려가 버리는 감각은 몇 번이고 우리를 동요시키며 사고를 마비시킨다. 그곳에는 생각이 빚어지기 이전의 신체 감각은 물론 요란하게 꿈틀거리는 감정이 있다.

그렇다고 생각한다는 행위가 이렇게 애매한 감각이나 위태로운 감정과 뚝 떨어져 있는가 하면 결코 그렇지는 않다. 애초에 생각한다는 것은 무엇을 의미하는가? 이 물음을 직시할 때 우리는 **이미** 생각을 하고 있는 것이다. 여기서 말하는 '이미', 즉 **반성**反省, Reflection에 **선행되는 사고**야말로 제일 처음 걸음을 멈추게 하는 커다란 문제다. 이 문제에 대해 한 사람의 위대한 선구자가 많은 것을 알려 준다. 그는 바로 17세기의 철학자 데카르트다. 데카르트에게 철학적 사고란 생각하는 이의 존재 그 자체를 포괄하는 전全 인격적 실천이자 행위였다. 그의 주된 저서 중 하나인 『성찰

Meditationes de prima philosophia』(1641)은 6일간에 걸친 실천의 다큐멘터리로 구성되어 있다.

이 책의 주인공인 성찰자는 보통 자명하다고 생각되던 모든 것들을 의문시함으로써 '코기토Cogito'('생각하다'라는 뜻의 라틴어)를 정초한 후 신과 정신이라는 주제에 대해 사색을 펼친다. 데카르트는 사고의 본질을 무엇보다도 사물을 '의심하는' 실천에서 찾아냈다. '내'가 알고 있는 것이나 '내'가 보고 있는 모든 것이 의문에 부쳐지고 불확실한 것이라 생각될지라도 사고하는 '나', 지금 이것저것 의심하고 있는 이 '나'만은 확실하다. 적어도 생각하다=의심하다라는 행위의 한가운데에서 '나'는 확실한 존재다 — 이렇게 해서 확립된 주체의 존재 근거를 데카르트는 '코기토'라 불렀다.

이 기록에서 주인공인 '나' 자신이 변화하는 모습은 특히 눈에 띈다. 한마디로 말하자면, 그것에 몸을 던지는 자를 변화시켜 버리는 행위로서의 사고 — 그것이야말로 데카르트가 생각하던 철학자였다. 그렇다면 데카르트가 다큐멘터리라는 형식을 빌린 이유는 독자 자신도 이 행위를 수행하도록, 즉『성찰』의 주인공처럼 변화해 가도록 꾸몄기 때문일 것이다.

라캉은 이러한 회의 속에서 정신분석의 본질을 고찰하기 위한 실마리를 찾았다. 즉, 라캉은 문자 그대로의 **'도를 넘은'** 데카르트의 회의(='과장된 회의')를 매우 진지하게 받아들였다. 라캉에게 중요했던 것은, 어떤 종류의 '주체'는『성찰』의 주인공과 같은 입장에 있다는 사실이었다. 이 '주체'란 정신분석의 주체, 즉 자신의 증상을 감당하지 못하고 그 근본 원인을 자신의 무의식에서 찾기 위해 분석가의 상담실을 찾아오는 이를 가리킨다. 라캉은 분석에서 환자의 포지션에 자신을 위치시키는 자를 '분석 주체analysant'⁴라 부르며 그 행위 수행적인 본성을 강조했다. 분석가가 치료자가 되는 것이 아니라 분석을 받는 자 자신의 욕망이야말로 정신분석의 원동력이 되기 때문이다.

실제로 무의식 — '내'가 존재하는 방식의 방향을 결정함에도 불구하고 '나' 자신은 결코 접근할 수 없는 영역 — 이라는 프로이트의 가설을 일단 받아들이게 되면 저절로 자기 자신에 관한 많은 것들이 의문시된다. 무의식을 인정한다는 것은 요컨대 '나'의 가장 중요한 부분에 대해 '나' 자신도 알 수 없으며 통제할 수도 없다는 것을 인정하는 것과 마찬가지기 때문이다. 정신분석이란 이러한 인식을 출발점으로 삼아 개인이 주체가 되어 자신을 의문시하고 변화해 가는 실천이다.

정신분석과 철학의 사이

라캉이 분석 주체와 코기토를 동일시하는 명제를 내세웠던 것은 1965년인데, 이미 그는 1946년에 있었던 「심리적 인과성에 관한 강연」에서 데카르트가 "넘어설 수 없는"⁵ 사

---

4 다른 한국어 표현으로는 '분석자分析者'가 있지만, 분석이라는 행위의 주체성이 덜 드러나기에 '분석 주체'라는 표현을 사용했다. — 옮긴이

5 이 표현에는 여러 가지 번역이 있다. 이를테면 프로이트 전집의

상가라고 했던 적이 있다.[6] 참고로, 언어의 장場인 '상징계 le symbolique' 이론(이는 라캉의 작업 전체를 대표하는 성과 중 하나다)이 거의 완성되었을 때가 1958년 전후였으며, 라캉이 국제정신분석협회에서 훈련분석가(분석가의 재생산에 종사하는 분석가) 자격을 박탈당하고 새로이 '프랑스정신분석학회École française de psychanalyse'[7]를 세운 것이 1964년, 그리고 그 난해함으로 악명 높은 『에크리Écrits』의 출판이 1966년이었으니, 1946년의 강연 원고는 라캉의 커리어 초기 텍스트라고 해야 할 것이다.

요약하자면 분석가로서 라캉의 족적 가운데 일부는 데카르트에 열중했던 그의 모습 없이는 애초에 생각조차 할 수 없다. 이러한 점은 꼭 강조해 두고자 한다. 그것도 정신분석가가 철학에 대해 말하는 것, 철학을 참조하면서 정신분석 고유의 주제(무의식, 욕망, 증상, 전이, 저항 등)를 논하는 것은 결코 자명하지도 일반적이지도 않기 때문이다. 정신분석의 창시자인 프로이트의 저작을 펼쳐 보기만 해도 이는

뒤표지에는 이 부분이 '넘어서다'로 되어 있고, 한국어판 『에크리』에는 "지양할 수 없는"으로 번역되어 있다. 여기에서는 이해를 돕기 위해 비교적 잘 알려진 '넘어서다'라는 표현으로 번역하였다. 참고로 프랑스어판은 "ne peuvent être dépassés", 영문판은 "go beyond"다. ― 옮긴이

6 Jacques Lacan, "Propos sur la causalité psychique" in: *Écrits*, Seuil, 1966, p. 193.
한국어판은 자크 라캉, 『에크리』, 홍준기 외 옮김, 새물결, 2019, 226쪽.

7 이후 동일한 이니셜(EFP)의 '파리 프로이트 학교École freudienne de Paris'로 이름을 바꾸고, 라캉이 죽기 직전까지 활동했던 분석가 조직. 이것이 이른바 '라캉 학파'의 출발점이다.

분명해진다. 예를 들면『새로운 정신분석 강의Neue Folge der Vorlesungen zur Einführung in die Psychoanalyse』(1932)에는 다음과 같은 기록이 있다.

> 철학은 과학에 반대하지 않습니다. 그것은 스스로도 과학인 것처럼 행세하면서 부분적으로는 같은 방법으로 작업을 하기도 합니다. 그러나 그것은 우리의 지식이 조금씩 새로운 진보를 거듭할 때마다 붕괴될 수밖에 없음에도 불구하고 완벽하고 긴밀한 세계상을 사람들에게 제공할 수 있다는 환상에 사로잡힘으로써 과학으로부터 멀어집니다.[8]

철학에 대한 프로이트의 입장은 일견 냉담하다. 프로이트에 따르면 과학이란 연구를 통해 세계의 극히 일부분(어떤 특정한 요소)을 자신의 대상으로 삼는 한정적인 방법론이며, 그 의무는 새로운 발견을 통해 지속적으로 자신의 앎을 쇄신하는 것이다. 반대로 철학은 이 세계의 모든 구석구석을 설명해 낼 수 있다는 착각을 놓으려 하지 않는다. 이러한 착각 때문에 철학자는 종종 현실에서 멀리 떨어진 사변에 골몰한다. 프로이트는 여기서 정신분석을 과학의 일부분(마음이라는 대상을 해명하는 과학)으로 위치시키면서 정신분석과 철학은 서로 양립할 수 없는 방법이라고 보고 있는 것이다.

---

8   Sigmund Freud, *Neue Folge der Vorlesungen zur Einführung in die Psychoanalyse*, 1932, in: *Gesammelte Werke*, Bd.XV, S. 173. 한국어판은 지그문트 프로이트,『새로운 정신분석 강의』, 임홍빈·홍혜경 옮김, 열린책들, 2018, 217쪽.

하지만 프로이트가 그 영향력에 비추어 보아 과학의 가장 성가신 적으로 간주하고 있는 것은 철학이 아니라 종교다. 다소 대담하다고 할 수 있는 프로이트의 견해에 따르면, 정신분석은 종교 비판을 위한 과학의 최선봉으로서의 역할을 맡고 있다. 정신분석이야말로 종교의 밑바닥에 있는 소망, 즉 신이라는 절대적 존재를 바라는 소망의 유래를 밝혀냈다. 프로이트의 생각에 그 유래란 모든 인간이 유년기에 체험하는 취약성과 그에 따르는 보호자의 이상화(보호자에게 과도한 기대를 품는 것)다.

이러한 관점이 타당한지는 제쳐 두더라도, 종교에 관해서는 이토록 깊이 고찰한 프로이트가 철학에 대해서는 비판 대상으로서도 그만큼의 가치를 두지 않았던 듯하다. 그 이유는 다음과 같이 아주 간단하게 쓰고 있다 ─ "그러나 철학은 인류의 대다수에게 직접적인 영향을 주지는 않습니다. 그것은 지식 계급의 얇은 상층부에 있는 매우 적은 사람들의 관심사일 뿐이며, 다른 모든 사람들에게는 거의 이해할 수 없는 것입니다".[9] 다시 한번 말하지만, 프로이트가 이러한 입장을 밝혔을 때 철학자들의 논의를 빈번하게 끌어다 썼던 라캉의 스타일은 분명 이단 그 자체라고 할 수밖에 없을 것이다.

한편, 철학에 대한 프로이트의 신랄한 의견이 철학에 익숙하지 않은 사람 다수가 할 법한 이야기라 할지라도 한 조각의 진리를 품고 있지는 않을까. 전통적인 철학(바꿔 말해 대

---

9 같은 책.

학의 철학과에서 필수 과목의 이름을 달고 있는 종류의 철학)이 이야기해 오지 않은 것, 혹은 온 힘을 다해 피하려고만 해 왔던 것은 분명 존재한다. 필시 그 때문에 철학은 때때로 우리가 살아가는 현실 세계와는 거리가 먼 탁상공론처럼 보이게 되었던 것이다. 특히 정신분석과의 관계를 따져 보자면 '성性'이라는 테마는 본질적인 쟁점이다.

잘 알려진 것처럼 프로이트는 신경증자가 보이는 증상의 뿌리에 억압된(의식의 외부로 밀려나고 눌려 버린) 성적 경험의 기억이 있음을 발견했다. 우리 개인으로서의 존재의 근거에 대해 생각할 때에도, 혹은 좀 더 단순하게 우리의 일상을 생각할 때에도 성에 대한 물음을 통째로 방치해 두기는 원래부터 불가능하다. 애초에 '내'가 존재한다는 것은 '나'의 생물학적 부모가 적어도 한 번은 성행위를 했다는 사실과 떼려야 뗄 수 없다. 그것도 자신의 부모가 성적 존재라는 현실에 대해 사람이 많든 적든 품는 저 거북함을 생각해 보면, 이 사실은 단순한 생물학적 사실로만 머무르지 않는다. 오히려 그것을 단순한 생물학적 사실로서 정리해 버릴 수 없다는 점에서 우리 자신도 모르게 성에 부여했던 심리적인 의미와 가치에 대해 한 번 더 생각해 볼 실마리가 있는 것이 아닐까.

혹은 아무리 생각해도 가망이 없어 보이는 사랑에 빠져 몸과 마음이 무너지고 자신을 완전히 잃어버리는 사례나, 자신의 욕망을 유지하기 위해 불륜과 같이 명백한 장애를 동반하는 관계만을 선택해 버리는 사례 등을 떠올려 봐도 좋을 것이다(여기서의 '사례'란 문자 그대로 '증례症例'라는 의미다). 이렇게 흔한 일들조차 '내'가 성적 존재라는 사실과 상관없다고는 할 수 없다. 물론 이는 이른바 사랑과 가족에만 한정된 이야기는 아니다. 예를 들면 업무 상대와 깔끔하게 일처리를 하려고 해도 어떤 특징을 가진 동성에 대해서는 거의 조건반사적으로 부담스러워하는 사람이나(왜 그런지는 본인도 설명할 수 없다), 어째서인지 이성과 친구 관계를 유지할 수 없는(그렇다고 확신하는) 이는 어디에나 있다. 이와 같이 사회생활이 이루어지는 모든 곳에서 평범하게 일어나는 좌절에 시선을 두기만 해도 성에 대한 의문이 생길 수 있다.

조금 거칠게 말해 보자. 예를 들어 존재의 본질이나 올바른 인식을 위한 원리 이상으로 성이 대단히 절박한 근본적 문제가 되는 경우는 자주 있다. 그럼에도 불구하고 이를 불문에 부침으로써 성립되는 질서라는 것이 있어서, 철학자 또한 은연중에 그러한 질서 안에서 오랫동안 안주해 왔던 것일지도 모른다. 프로이트가 누차 주장했던 것처럼, 정신분석의 앎과 그 이외의 앎을 나누는 결정적인 차이는 성이라는 현실을 직시하느냐의 여부다. 따라서 이 책에서도 사랑과 욕망이라는, 성에 대한 테마가 큰 비중을 차지하고 있다.

진리를 향한 열정

정신분석과 철학의 사이에는, 특히 그 수비 범위에는 이처럼 깊은 도랑이 있다. 이를 전제로 되돌아가 라캉의 작업을 역사적으로 살펴보았을 때 발견할 수 있는 독창적인 점 하나는, 라캉이 이 도랑을 건너뛰어서 정신분석의 실천에 대한 물음을 철학 안에서, 그리고 철학자가 제기했던 물음을 정신분석 안에서 재발견한 것이라 해도 좋을 것이다. 라캉의 '데카르트로의 회귀'[10]가 가지는 의미도 이러한 관점에서 다루어야 할 것이다.

위에서 살펴본 것처럼 라캉은 「심리적 인과성에 관한 강연」에서 데카르트의 회의를 정신분석에서의 본질적인 문제로 다루고자 했다. 이때 라캉은 제1성찰(『성찰』의 첫 부분이다)에서 데카르트가 광기를 언급했다는 점에 주목을 촉구했다.

데카르트는 먼저 감각에 받아들여질 수 있는 것, 즉 눈에 보이는 것이나 손으로 만질 수 있는 것 모두를 의심하는 데서 출발한다. 여기에서 그는 '도를 넘어선' 회의를 철저하게 수행하겠다는 명확한 태도를 결정한다. 회의는 데카르트가 진리를 묻기 위해 선택한 하나의 방법이며, 따라서 '방법적 회의'라고 바꾸어 말할 수도 있다. 문제는, 자신의 감각을 처음부터 끝까지 진지하게 의문시하면 자연스럽게 '나는 나'라는 모든 인식의 토대 그 자체가 이미 명백함을 잃게 되며, 그곳에 광기의 가능성이 열리게 된다는 것이다. 라캉이 『성찰』에서 인용한 부분을 살펴보자.

실제 이 손 그 자체, 이 신체 전부가 나의 것이라는 사실을 어떻게 부정할 수 있겠는가. 이것을 부정하려는 것은 마치 내가 미치광이들과 한패가 되려고 하는 것이나 다름없는

---

10   Jacques Lacan, 앞의 책, p. 163.

것이다. 그들은 검은 담즙膽汁으로부터 올라오는 악성의 증기蒸氣로 인해 뇌가 몹시 어지럽혀져 있기 때문에, 빈털터리임에도 불구하고 자기는 제왕帝王이라고 한다든가, 벌거벗었음에도 불구하고 보라색 의복을 걸치고 있다든가, 자기의 온몸이 호박이나 유리로 만들어진 것이라든가 하고 끈질기게 주장하고 있다. 그렇지만 그들은 기氣가 어긋나 있는 것이며, 만일 내가 그들의 예를 흉내 내든가 하면 나 자신도 그들 못지않게 미치광이 취급을 받게 될 것이다.[11]

과장된 회의는 정상 궤도를 벗어난 방법이기에 광인의 행동에 대단히 가까워진다. 바꾸어 말하자면『성찰』의 주인공은 질문을 하는 과정에서 광인의 거울상이 된다. 반대로 아카데믹한 철학의 커뮤니티에서 한 걸음 바깥으로 나가면 아직도 데카르트는 '근대적, 이성적인 인간 주체를 중심에 놓은 철학자'의 대표로 일컬어지는 것이 보통이다. 물론 이렇게 교과서적이고 상투적인 구절에 만족하는 사람들을 향해 전문가들이 그것을 일부러 수정해 주지는 않는다.

"코기토에 이르는 회의가 품고 있는 광기" 가설에 대한 이 구절은 전후 프랑스 사상사(어떤 의미에서 눈부시게 빛나는)에서 일어난 어느 광경의 기억과 종종 함께 등장하기도 한다. 데카르트가 언급한 광기는 미셸 푸코가『광기의 역사』(1961)

11 René Descartes, *Meditationes De Prima Philosophia*, in *Œuvres de Descartes*, publiées par Adam et Tannery, tome VII, p. 18-19. 한국어판은 르네 데카르트,『방법서설(성찰, 세계론)』, 권오석 옮김, 홍신문화사, 1997, 109-110쪽.

에서 다루었으며, 자크 데리다가『코기토와 광기의 역사』
(1963)에서 푸코의 독해에 공공연하게 반론을 제창함으로써
그 중요성이 다시 한번 인정된 바 있다. 마지막에는 푸코가
데리다를 재차 격렬하게 비판했고, 이 논쟁은 그 둘 사이를
완전히 냉각시키고 말았다.

　이제는 데카르트 연구의 문맥에서도 자주 참조되고 있
는 이 논쟁에 대해서는 제5장에서 다시 다루겠지만, 여기서
아주 간략하게나마 두 사람의 입장을 요약해 보자면, 푸코
가 코기토란 광기의 가능성을 배제함으로써 성립하는 것이
라 생각한 데 반해 데리다는 광기의 가능성이 오히려 코기
토의 성립 조건 그 자체라고 보았다. 즉,『성찰』의 주인공이
코기토라는 존재 근거를 손에 넣는 과정에서 광기의 가능
성이 배제되고 있는 것일까, 혹은 그 반대로 광기의 가능성
을 떠안는 것이야말로 코기토를 성립시키는 것일까. 이 지
점에서 푸코와 데리다의 견해가 갈렸다.

　여기서 이 논쟁을 다루고자 하는 것은, '사고(코기토)의 근
간에 내재하고 있는 광기'라는 관점을 강조함으로써 '광기
를 에워싸는 서양적 이성'이라는 푸코의 구도에서 데카르
트를 해방시키고자 했던 데리다의 독해가, 코기토의 중요
성을 역설하며 데카르트에게 내렸던 라캉의 평가를 떠올릴
수밖에 없게 하기 때문이다. 실제로 1991년에 개최된『광기
의 역사』출판 30주년 기념 심포지엄에서 생탄느 병원Centre
hospitalier Sainte-Anne의 단상에 선 데리다가 이를 직접 보여 주
고 있다. 여기서 데리다는 그에게 있어 쓰라린 기억이었던,
이미 세상을 떠난 푸코와의 논쟁과 라캉의 "데카르트로의
회귀"의 동시대성에 대해 논함으로써 '푸코의 프로이트'라

는 자신의 강연 테마에 라캉에 대한 약간의 오마주를 삽입하고 있다.[12] 이 오마주에서 데리다는 라캉의 「심리적 인과성에 관한 강연」을 언급하고 있는데, 당시의 라캉은 이 텍스트에서 무엇을 말했을까.

데카르트가 『성찰』에서 광기라는 현상을 깊이 고찰하지는 않았더라도, 진리를 발견하기 위해 출발하는 첫 번째 걸음에서 잊기 어려울 만큼 대수롭지 않게 그가 이 현상과 마주치게 되었다는 사실, 그것을 시사적인 것으로 보도록 하자.[13]

이 강연에서 라캉은 광기에 대한 물음과 진리에 대한 물음이 서로 떨어질 수 없음을 강조하고 있다. 역으로, 라캉에게 있어 광기의 가능성을 진지하게 받아들이지 않는다는 것은 곧 진리에 대한 물음을 포기하는 것이나 마찬가지다. 데카르트의 '과장된 회의'가 광기의 가능성을 경유하는 의의를 강조한다는 점에서, 역시 데리다와 라캉은 같은 방향을 바라보고 있다고 해도 좋을 것이다. 라캉은 데리다와 푸코의 논쟁보다 20년 가까이 앞서, 진리를 묻는 주체가 경유하게 될 시련으로서의 광기의 가능성을 자리매김함과 동시

---

12   Jacques Derrida, "Être juste avec Freud"(1990), in: *Résistances de la psychanalyse*, Galilée, 1996, p. 98.
13   Jacques Lacan, 앞의 책, p. 163.
      한국어판은 자크 라캉, 『에크리』, 홍준기 외 옮김, 새물결, 2019, 226쪽.

에 코기토에서 혹은 철학적 사고 그 자체에서 이 시련에 몸을 던지는 한 가지 실천을 발견했던 것이다.

철학이 그러한 방법인 이상 정신분석은 철학에서 본질적인 가르침을 이끌어 낼 수 있으며, 또한 이끌어 낼 수 있어야만 한다. 라캉이 '정신분석이란 무엇인가'라는 자신의 질문에 철학을 파트너로 선택한 배경에는 이러한 생각이 있지 않았을까. 이 강연의 말미에서 라캉이 하는 말은 정신분석가라기보다는 철학자 같다. "고전 철학자를 '지양'하는 것이 요즘 크게 유행 중이다"라며 시류에 일침을 놓은 후 라캉은 이렇게 말하고 있다.

소크라테스도, 데카르트도, 마르크스도, 프로이트도 '지양' 될 수 없기 때문이다. 그들은 베일을 벗기려는 열정, 즉 하나의 대상을 갖고 있는 열정을 갖고 연구를 수행했다. 이 대상이란 다름 아니라 진리이다.[14]

'신○○론', '포스트 ○○주의' 등, 시대의 최첨단에 있음을 강조하는 표현은 우리 시대의 '철학'의 언어에도 거부감이 느껴질 만큼 넘쳐나고 있다. 그런 의미에서 '지양하다(넘어서다)'는 말의 유행은 실은 유행뿐만 아니라 오히려 언어가 유통되는 장의 상태常態라고 해야 될지도 모르겠다. 이러한 흐름에 맞서기 위해 라캉은 '진리'라는 전통적인 — 때문에 시대가 제멋대로 평가하는 — 키워드를 대치시키고 있

---

14 같은 책, p. 193.

다. 그뿐만이 아니다. 이 '진리'에 대한 열정이야말로 철학자들의 작업을 넘어서기가 불가능한, 즉 지속적으로 참조해야 하는 것으로 만든다고 라캉은 말한다.

『성찰』의 주인공처럼, 혹은 자유연상을 하는 분석 주체처럼 '내'가 다른 누구에게도 넘길 수 없는 절박한 물음의 와중에 있을 때 무엇보다도 '나' 자신의 진리가 문제시된다. 그곳에서는 주체가 진리를 물음과 동시에 **진리가 주체를 묻는다**는 것이 중요하다. 나 자신이 지금 바로 그 자신이라는 것은 결코 당연하지 않다. 그렇다면 어째서 '나'는 지금 여기에 있는 '내'가 되었을까. 어떤 계기로 당신이 어쩔 수 없이 이러한 의문에 봉착했을 때, 이 의문을 풀 실마리는 무엇보다 당신 자신의 무의식에 있다 — 이것이 프로이트가 했던 실천이며 정신분석의 근간을 이루는 사고방식이다.

라캉에 따르면, 정신분석이라는 방법에서의 무의식이란 철학 — 데카르트가 『성찰』에서 실제로 보여 주었던 행위로서의 철학 — 에서의 진리와 동등한 가치를, 즉 물음의 원동력으로서의 가치를 지니고 있다. 그렇기에 그의 정신분석은 철학자들과의 대화 속에서 단련될 수밖에 없었다. 다음 장에서는 라캉이 여러 철학자들로부터 어떠한 주제를 이어받았으며, 그것을 어떻게 전개해 나갔는가를 자세히 살펴보고자 한다.

2장 잃어버린 현실을 찾아서
프로이트와 정신의 고고학

꿈과 광기

라캉의 '데카르트로의 회귀' — 우리는 앞선 장에서 라캉의 정신분석과 철학의 관계에 대해 고찰하기 위한 단서로 이 테마에 대해 논하기로 했다. 이 '회귀'의 요점은 무엇보다 진리에 대한 물음과 광기에 대한 물음을 분리시킬 수 없다는 데 있다. 완벽히 확실한 것뿐 아니라 어떤 감각이나 지식도 착오로 간주하고 모두 버린다는 대담한 방법인 '과장된 회의'. 데카르트는 일찌감치 최초의 성찰에서 자신의 이 방법이 광기와 종이 한 장 차이라는 상황에 직면했다. 앞 장의 논의를 되짚어 보면서 데카르트의 이론적 경로를 조금 더 거슬러 올라가 보자.

데카르트는 회의가 필요해지는 이유 중의 하나로 현실과 꿈이 종종 혼동된다는 점을 든다. 예를 들면 나는 지금 진보초神保町[15]의 찻집에 있는데, 창을 적시는 비를 곁눈질하

---

15 일본 도쿄 도 지요다千代田구 간다神田에 있는 거리. 고서점이 많은 곳으로 유명하다. — 옮긴이

며 몹시 진하고 뜨거운 커피를 마시면서 이 글을 쓰고 있다. 데카르트식으로 말하자면 실은 이 경험적 사실이란 내가 지금 생각하고 있는 것만큼 확실하지 않다. 왜냐하면 이러한 경우 다음과 같은 가능성을 부정할 수 없기 때문이다. 어쩌면 현실의 나는 중학생인데 지루한 수업이 싫어 졸기로 결심하고, 어른이 된 자신이 좋아하는 일을 하는 꿈을 꾸는 중일지도 모른다. 물론 이는 어디까지나 '~일지도 모른다'에 지나지 않는다. 하지만 그처럼 아주 조금이라도 의문의 여지가 있는 상태 모두를 **적극적**으로 착오라고 볼 필요가 있다 ─ 데카르트는 그렇게 생각했다.

　이는 데카르트 본인도 자각하고 있는 것처럼 상당히 극단적인 데다가 다소 광기에 찬 태도라고도 생각할 수 있다. 그러나 바로 직전까지 꿈을 꾸면서 눈을 뜨는 그 순간까지 그것을 현실이라고 굳게 믿었던 경험은 누구나 있을 것이다. 이처럼 꿈과 현실을 구별하는 분명한 지표를 경험 속에서 찾을 수 없는 이상, 어떠한 현실이라도 우리가 그것을 하나하나 인식해 보려고 한다면 그것이 실은 꿈일 가능성이 깃들어 있다. 데카르트는 『성찰』에서 한 걸음 더 나아가 다음과 같이 말하고 있다. "(…) 꿈속에서는 그들 미치광이들이 깨어 있을 때에 체험한 것과 같은 일을 모두 체험하고 때로는 가장 있을 수 없는 듯한 일마저 체험하는 인간이 아닌가."[16]

　여기서 데카르트는 앞선 장의 인용에서 쓴 것처럼 자신의

16　René Descartes, *Meditationes De Prima Philosophia*, p. 19.
　　한국어판은 『방법서설(성찰, 세계론)』, 110쪽.

신체가 유리나 찰흙으로 만들어져 있다고 주장하는 광인의 행동을 염두에 두고 있다. 옆에서 보면 이것이 아무리 '당치도 않은' 엉뚱한 소리처럼 들려도 우리의 꿈속에서는 이만큼 현실과 떨어진, 혹은 좀 더 '당치도 않은' 일이 일어나고 있다. 그리고 꿈속에 있는 사람은 광인이 자신의 망상에 대해 품는 것과 마찬가지로 강한 확신을 가지고 그것을 타협의 여지 없이 현실로서 받아들인다.

데카르트의 방법은 이렇게 꿈과 현실을 나누는 경계선을 지우는데, 그렇게 되면 이 방법을 선택하는 주체와 광기를 나누는 경계선도 사라지고 만다. 물론 이는 실제로『성찰』의 주인공이 광기에 물들었다는 것을 의미하지는 않는다. 그보다는 논리상 그에게는 광기가 하나의 가능성으로서 따라다니고 있다는 것이다. 하지만 데카르트는 이 가능성을 두고 전혀 뒷걸음질 치지 않는다. 그것은 명확히 사리를 따져 생각하고 얻어 낸 필연적인 귀결이기 때문이다.

한편 라캉은 데카르트의 이러한 발자취를 돌아보면서 정신분석가로서(혹은 정신병의 임상 경험을 가진 의사로서) 그 중요성을 역설했다. 진리란 광기와 완벽히 동일하게 '내'가 '내'가 아닌 것 같은 경험 속에서야말로 나타나기 때문이다. 확고한 '나'라는 것이 있어서 이성과 지성을 적확하게 구사함으로써 진리를 알거나 말하는 것이 아니다. 오히려 진리가 '나'를 몰아붙이고 동요하게 만듦으로써 '나'를 완전히 바꾸어 버린다. 그러한 경험을 문제로 삼는 한, 정신분석과 철학은 서로 통하는 부분이 있다. 앞의 장에서 말한 것처럼, 이것이 정신분석의 세계에서는 유례를 찾을 수 없었던 라캉의 독특한 아이디어였다.

프로이트의 신념

광기와 진리가 얽혀 있다고 한 최초의 분석가가 라캉일
리는 없다. 프로이트 또한 라캉과 다른 방법으로(앞 장에서 논
한 것처럼 프로이트가 철학자의 논의를 정면에서 다루는 경우는 거의 없었
다) 광기와 진리를 잇고 있다. 이는 정신분석이란 무엇인가
를 생각해 볼 때 흥미롭게 다가오는 논의다. 여기서 참조할
것은「분석에 있어서 구성의 문제Konstruktionen in der Analyse」
(1937)라는 텍스트다. 프로이트가 만년에 쓴 이 텍스트에서
분석가가 임상에서 반드시 해야 할 작업 중 하나를 '구성
Konstruktion'이라고 명명하며 그 실제를 논한다.

'구성'이란 무엇인가? 프로이트에 따르면 그것은 환자의
병력에 관한 과거의 경험과 사건, 특히 환자 자신이 완전히
잊어버리고 있는 증상 발현의 '옛 역사先史'를 복원하는 작
업이다. 즉, 환자가 소파에 누워 '자유연상(떠오른 것을 남김없
이 말하는 것)'을 통해 제공하는 소재를 실마리로, 본인이 이미
증언할 수 없게 된 과거를 재구성하는 것이다. 프로이트는
이를 "파괴되고 파묻힌 주거지나 과거의 건축물을 발굴하
는 고고학자의 작업과 아주 닮았다"[17]고 부연한다. 말할 것
도 없이 이 작업은 어디까지나 회고回顧(현재의 관점에서 과거를
추측하는)에 지나지 않는다. 즉, '혹시 이런 일이 있었을지도

---

17 Sigmund Freud, "Konstruktionen in der Analyse"(1937), in:
    Gesammelte Werke, Bd. XVI, Fischer, 1961, S. 45.
    한국어판은 지그문트 프로이트,『끝이 있는 분석과 끝이 없는
    분석』, 임진수 옮김, 열린책들, 2011, 287쪽.

모른다'라는 가설일 뿐이다.

　그렇다면 왜 구태여 이런 가설을 세우고 음미할 필요가 있을까. 그것은 애초에 무의식이란 한 개인의 내면에서 기억이 쌓이면서 만들어지며, 히스테리나 강박이라는 신경증의 증상도 결국 무의식에서 생겨나는 하나의 표현이나 다름없기 때문이다. 그러한 표현을 다루는 이상, 분석가는 자연스럽게 환자의 잃어버린 과거를 밟아 가게 된다. '구성'이란 그를 위한 '준비 작업'이라고 프로이트는 말한다.

　한 사람의 환자를 다른 누구도 아닌 환자 그 자신으로 만드는 개인의 역사, 즉 그 사람의 역사=이야기(유럽어에서 '역사history'는 언제나 '이야기story'의 의미를 가지고 있다)를 고려하지 않으면 그 사람의 증상도 이해할 수 없다. 바꾸어 말하자면, 지금 여기에 있는 증상 내면의 역사적 깊이를, 혹은 확장되어 가는 이야기를 본다는 발상이야말로 정신분석의 출발점에 있는 프로이트의 발명이었다.

　문제는 무의식이라는 아카이브에 환자 자신이 직접 다가설 수 없다는 것이다(그럴 수 있다면 분석가는 필요 없다). 보다 엄밀하게 말하자면 무의식은 그 이름대로 환자의 의식에서 떨어져 있다. 그뿐이랴, 우리 속에는 의식으로부터 무의식을 가능한 한 멀리 몰아내려는 역학이 끊임없이 작동하고 있다. 프로이트는 그것을 '억압Verdrängung'이라 불렀다. 정신분석 용어로 '억압하다'라고 번역된 독일어 동사 verdrängen은, 일상적인 용법으로는 '밀어내다'라는 의미로 사용된다. 즉, 무의식에 모여 있는 것은 의식의 바깥으로 밀려나고 꽉 눌려 있는 기억이다.

　정신분석은 환자 자신이 조금이라도 억압을 뛰어넘어 무

의식과 만나고 그곳에 감춰진 환자 자신의 역사=이야기를 다시 받아들이는 것을 지향한다. 환자는 증상의 배경에 있는 역사=이야기를 그 자신의 말로 지금 다시 말해야 한다. 분석가의 본질적인 역할은 그를 위한 촉매가 되는 것이다. 그래서 분석의 '목적'은 증상을 경감하거나 해소하는 것이 아니다. 그것은 어디까지나 분석의 '결과'이며, 증상을 계기로 하여 환자가 '왜 나는 이렇게 된 것일까'를 자문하고 그때까지의 자신과의 관계를 바꾸는 것이 더 중요하다.

요약하자면 정신분석의 과정은 억압과의 싸움이며, '구성'은 그 싸움의 이정표다. 프로이트는 구성된 내용이 환자의 과거의 경험이나 사건을 바르게 맞힌다면 환자가 억압하고 있는 것이 밝혀진다고 생각했다. 그렇다면 이 '바르게'는 어떻게 확인할 수 있을까. 프로이트에 따르면, 구성의 내용에 환자가 동의하는가(실제로 그런 일이 있었다고 환자 자신이 인정하는가)는 문제가 아니다. 구성의 '바르게'는 오로지 치료 효과에 따라 결정된다. "우리는 분석을 계속함으로써 비로소 우리의 구성이 정확한지 아니면 쓸모가 없는 것인지를 결정할 수 있다."[18] 반대로 구성의 내용이 환자의 안에 있는 억압된 것을 건드리지 않았다면 분석에서 어떠한 진전도 보이지 않을 것이다.

사람이 무엇인가를 잊어버리고 있을 때, 그것은 단순하게 기억이 소실되었음을 의미하지는 않는다. 기억은 마음 속 깊은 곳에, 즉 무의식 속에 분명히 잠재되어 있다. 환자

---

18   같은 책, S. 52.
  한국어판은 『끝이 있는 분석과 끝이 없는 분석』, 295쪽.

가 이를 떠올리는 일을 방해하는 것은 억압의 힘이다. 또는 기억을 억압함으로써 지금의 스스로를 만들어 낸 환자 자신이다. 구성의 목표는 이러한 국면을 타개하고 환자 자신이 기억을 떠올릴 실마리를 만드는 것이다. 여기에서 프로이트의 일관된 신념이 엿보인다.

여기서는 본질적인 것이 완전히 보존되어 있다. 완전히 잊힌 것처럼 보이는 것조차 어떤 식으로든 어딘가에 존속한다. 단지 파묻혀 있고 환자가 접근할 수 없을 뿐이다. 다 알다시피, 어떤 심리 형성물이든지, 그것이 완전히 파괴될 수 있는지는 의심스럽다. 숨겨진 것을 완전히 드러내는 데 성공할 수 있을지는 오직 분석 기법에 달려 있다.[19]

환자는 과거에 자신에게 일어난 결정적인 무언가를 잊고 있다. 이미 지나가고 잊혀 버렸다는 뜻에서 그 '무엇인가'는 확실히 잃어버린 상태다. 그러나 비록 환자가 잊어버렸다 할지라도 그의 무의식은 그 기억을 보존하고 있다. 잃어버린 것은 무의식을 통해 환자 자신을 붙들고 떨어지지 않는다 ― 예를 들면 증상이라는 형태로 자신의 존재를 집요하게 주장함으로써 말이다.

위의 인용에서 프로이트가 말했던 것처럼 억압된 것은 환자 개인이 마음대로 할 수 없다. 동시에 환자가 억압된 것에서 자유로워질 수도 없다. 정신분석이라는 방법의 핵심

---

19 같은 책, S. 46.
   『끝이 있는 분석과 끝이 없는 분석』, 288-289쪽.

에는 어떤 방법을 쓴다 해도 자신의 의지대로는 되지 않는 것, 그럼에도 불구하고 관계를 끊을 수 없는 것과 어떻게 마주할 것인가라는 질문이 있다. 이 질문 속에서 환자는 단순히 치료를 받는 자가 아니라 하나의 '주체'가 된다.

광기와 진리

여기까지 '구성'에 관한 논의를 확인하면서 특히 광기와 진리의 얽힘에 관한 프로이트의 생각을 주의 깊게 참조해 보았다. 그렇다면 구성에 대한 논의와 광기의 물음은 어떻게 관련되어 있을까. 「분석에 있어서 구성의 문제」에서 프로이트는 구성이라는 작업의 내실이나 의의를 논한 후 대담한 가설 하나를 남기고 있다. 놀랍게도 정신병적 증상으로서의 망상, 즉 드러나는 광기란 구성의 등가물이라는 것이다. 이 가설의 의미를 다루기 위해서 최소한의 전제를 확인해 볼 필요가 있다.

우선은 신경증과 정신병을 구별해야 한다. 잘 알려진 바와 같이 정신분석은 신경증(엄밀히 말하자면 그 하위분류로서의 히스테리)의 치료법으로 발명되었다. 환자의 '자유연상'과 분석가의 '해석'이라는 정신분석 고유의 방법은 오로지 신경증자, 즉 '억압'이라는 메커니즘에 처한 사람의 치료에 특화되어 있다. 그렇기에 정신병이라고 진단된 이를 치료하는 데 원래 의미에서의 정신분석이라는 수단을 쓰지는 않는다.

하지만 분석가가 정신병자에게, 즉 '광인'에게 관심을 기울이지 않는다는 것은 아니다. 오히려 반대로 프로이트와 라캉 모두 정신병의 메커니즘에 강한 관심을 보였다. 라캉은 분석가이기 이전에 편집증적 정신병을 전문으로 하는 의사로서 커리어를 시작한 인물이었으며, 그의 작업 또한 광기에 대한 관심을 거두지 않았다. 어떤 면에서는 정신병을 곁에 두면서 신경증과 마주함으로써 그의 실천과 이론이 크게 앞으로 나아갈 수 있었다고 해도 좋을 것이다.

실제로 망상이라는 정신병의 증상과 신경증자의 분석에서 이루어지는 구성 작업이 등가적이라는 프로이트의 가설은 그가 신경증을 치료하는 데 정신병의 메커니즘에서 배울 만한 것이 있다고 생각했기 때문에 나올 수 있었다. 이러한 점을 고려하여 프로이트 자신의 설명을 참조해 보자.

> 환자의 망상은 내가 보기에, 우리가 정신분석 치료에서 건설하는 구성 ─ 즉, 설명과 복원의 시도 ─ 과 같은 것이다. 그렇지만 그 시도는 정신병이라는 조건하에서는, 현재 부정되는 현실의 단편을 먼 유년 시절에 부정된 다른 단편으로 대체하는 것으로 귀결될 뿐이다. (…) 우리의 구성이 효과가 있는 것은 오직 잃어버린 경험을 회복시켜 주기 때문이듯, 망상은 그것의 설득력을 거부된 현실 대신에 삽입된 역사적 진리에 빚지고 있다.[20]

구성과 망상 모두 잃어버린 현실을 복원하기 위한 것이

20 같은 책, S. 55-56.
    한국어판은『끝이 있는 분석과 끝이 없는 분석』, 299쪽. 단, 본문의 내용과 호응하도록 인용문 말미 부분의 "역사적 진실"을 "역사적 진리"라 번역했다. 원문은 "historische Wahrheit". ─ 옮다. 프로이트는 여기에서 망상에 대해 그때까지의 이해, 즉 망상이란 현실로부터 이탈한 것이라는 데에 파문을 일으키고 있다. 분명 망상은 관찰 가능한 외적 세계라는 의미에서의 '현실'과는 분명히 다른 세계, 굳이 말하자면 정신병자의 머릿속에서만 존재하는 세계나 다름없다. 예를 들면 프로이트가 그 수기를 읽고 감탄하여 장문의 논고를 썼던 유명한 정신병자 다니엘 파울 슈레버Daniel Paul Schreber의 망상은 '여성이 되어 신과 성교하고 새로운 인류를 낳음으로써 세계를 구원한다'는 특이한 전개를 보였다. 대체 누가 그와 세계를 공유할 수 있을까.

그러나 프로이트에 따르면, 정신병자의 망상이 아무리 현실로부터 이탈해 있는 것처럼 보일지라도 결코 근거 없이 생긴 것은 아니다. 망상에도 역시 어떠한 '현실'이 관여하고 있다. 그렇다면 이 '현실'이란 대체 어떠한 '현실'일까.

프로이트는 망상이란 "현재 부정되는 현실의 단편을 먼 유년 시절에 부정된 다른 단편으로 대체하는 것"이라고 규정한다. 즉, 환자가 예전에 거부했던 현실, 망상에 빠진 지금보다 훨씬 예전에 환자가 버렸던 현실이 망상 속에서 복원되고 있다는 것이다. 망상은 '잃어버린 현실'을 환자가 살아가는 현재로 재구성하려는 시도이며, 그러한 점에서 구성과 동일한 이론을 따르고 있다. 물론 이는 망상이 환자의 과거를 그대로 재현한다는 의미는 아니다. '잃어버린 현실'은 망상 속에서 어떤 부분은 왜곡되고 어떤 부분은 반전되

긴이

며 모습을 바꾼다. 그렇다 해도 망상의 본질이 과거의 '현실'에 뿌리를 내리고 있음은 바뀌지 않는다.

한편으로 위에서 인용한 부분에서 프로이트는 이 '잃어버린 현실'을 '역사적 진리historische Wahrheit'라고 부른다. 바로 여기서 광기와 진리가 얽히고 있다. 앞서 쓴 것처럼 구성이란 환자가 잊어버린 과거를 일깨움으로써 효력을 발휘한다. 망상 또한 마찬가지다. 망상에 의해 만들어진 세계가 '잃어버린 현실'이라는 진리에 뿌리를 내리고 있는 한 정신병자는 절대적인 확신을 가지고, 즉 의심 따위는 하지 않고 자신의 '현실'로서 그 세계를 살아간다. 이러한 의미에서 프로이트는 "광기는 (…) 역사적인 진리의 단편을 갖고 있다"[21]고 말하고 있다. 여기에서 『햄릿』의 등장인물 폴로니어스Polonius의 대사를 인용해 볼 수 있을 것이다. "틀림없는 정신병인데, 그러나 말에는 조리가 있거든Though this may be madness, yet there's method in it."[22]

여기서 "조리가 있다"고 하는 부분의 영어 표현 'method'에 주목해 보자. 기묘하게도, 데카르트가 회의를 '방법'이라고 했다는 점(라틴어의 methodus, 프랑스어의 méthode)과 완전히 맞아떨어진다. 이와 같은 일치에서 무엇이 보이는가 — 광기의 안쪽에서도 진리로 이어지는 길을 발견할 수 있다. 하지

---

21 같은 책, S. 54.
    한국어판은 『끝이 있는 분석과 끝이 없는 분석』, 299쪽. 여기에서는 한국어판의 "광증"을 글의 내용과 호응을 위해 "광기"로 번역하였다. 독일어판 원문은 "Wahnsinn". — 옮긴이
22 한국어판은 윌리엄 셰익스피어, 『햄릿』, 최재서 옮김, 올재, 2014, 86쪽. — 옮긴이

만 그와 동시에 진리로 향하는 방법도 어디에선가 광기로 통할 수 있다. 이들의 가능성은 언제나 둘이면서 하나다. 데카르트와 프로이트는 각각의 방법으로 이러한 상황과 마주하고 있었다.

3장 의심의 저편
데카르트적 경험으로서의 무의식

무의식이라는 가설

앞의 장에서는 프로이트의 논의를 따라가면서 광기와 진리가 얽혀 있다는 점에 초점을 맞추었다. 광기 속에서도 진리로 이어지는 길을 찾을 수 있지만, 진리를 향한 방법도 어딘가에서 광기와 이어져 있을지도 모른다. 기회와 위험이 표리일체가 된 이 지점에서 — 이는 정신분석과 철학이 만나는 지점이기도 하다 — 프로이트는 정신병자의 망상과 정신분석가의 구성 사이에 등가성을 발견했다. 이 장에서는 그 가설에 대해 조금 다른 각도에서 생각해 보는 것으로 논의를 시작한다.

이 가설이 대담해 보이는 것은, 프로이트가 여기에서 치료자와 환자라는 고착화된 관계를 넘어서고 있기 때문이다. 구성이란 환자가 무의식에 억눌린 채로 잊힌 것들을 다시금 떠올려 말해 내기 위한 준비 작업이었다. 이 작업은 분석가에게 치료를 위해 필요한 단계다. 이 작업이 정신병적 증상인 망상과 등가라고 한다면, 그것은 **치료의 방향을 정하는 논리가 증상의 근거를 규정하는 논리**와 마찬가지라는 소리다. 프로이트의 이러한 생각은 치료와 증상을 단순한 대립 관계에 두려는 발상, 혹은 치료를 행하는 자-치료를 받는 자라는 능동-수동의 관계를 설정하는 발상과는 근본적으로 맞지 않는다.

실제로 '말'이라는 행위를 통해 분석 실천의 주도권을 쥐는 것은 분석가가 아니라 환자다. 환자의 무의식이야말로 분석 과정에서 진정한 '주체'가 되어야 하는 것이다. 예를 들어 환자의 무의식과 증상의 의미에 대해 '전문적 식견'에 근거해 올바른 길을 찾아내고 그것을 환자에게 '가르친다'는 것은 분석가의 작업(분석 주체의 자유연상에 대한 응답으로서의 '해석')과 동떨어져 있다.

이 점에 대해서 프로이트 자신이, 특히 정신분석을 경험하지 못한 사람들이 던지는 비판을 염두에 두고 여러 곳에서 반박하고 있다. 앞의 장에서 보았던 것처럼 「분석에 있어서 구성의 문제」에서도 프로이트는 분석가의 구성이 어디까지나 추측에 지나지 않는다는 점을 강조하고 있다. 중요한 내용이기에 프로이트의 설명을 다시 한번 확인해 보도록 하자.

개별적인 구성은 검토나 확인 또는 폐기를 기다리는 가정에 지나지 않는다. 우리는 그러한 구성에 대한 권위를 주장하지 않을 뿐더러, 환자에게 어떠한 직접적인 동의도 구하지 않으며, 그가 처음부터 그것을 부인한다 하더라도 그와 논쟁하지 않을 것이다.[23]

구성이 옳은지 그른지에 대한 판단이 지연된 채로 분석 작업이 진행된다는 점은 구성의 특징이다. 분석가가 비범한 교사처럼 행동하고 그것을 환자에게 강요하지는 않는다. 해답은 분석 중에 지속적이고 자연스럽게 밝혀지기에 분석가와 환자도 그것을 기다려야 한다는 것을 잊어서는 안 된다. 분석가가 구성해서 전달한 것에 촉발되어 환자 자신이 억압된 기억의 단편을 떠올리고 그것을 말로 표현할 수 있게 되는 것이 최선이다.

이 '지연된 가설'의 지위에 주목해 보자. 이는 정신분석이라는 방법의 본질을 고찰할 때 대단히 중요하다. 왜냐하면 분석가를 찾아와 그 자신이 '분석 주체'가 되어 분석을 시작한다는 행위 자체가 실은 하나의 '지연된 가설'에 의해 유지되고 있기 때문이다. 그것은 '무의식'이라는 가설이다. 즉, 무의식이라는 것이 존재하며 지금 자신을 괴롭게 만드는 증상이 실은 자신의 무의식에서 유래했다는 것이다.

이를 '전제'가 아니라 '가설'로 불러야 하는 것은 무의식이라는 것이 누구에게나 자명한, 관찰 가능한 대상으로 존재하지 않기 때문이다. 무의식이 먼저 있고 그것을 전제로 해서 분석이 시작되는 것이 아니다. 분석이 시작되는 시점에서 무의식은 어디까지나 하나의 가설로 머무른다. 분석 과정이 시작되면서 무의식은 모습을 드러낸다. 요컨대 무의식은 정신분석의 실천에서 떨어질 수 없다.

1915년, 프로이트는 정신분석의 독자적인 개념을 기초하

---

23 Sigmund Freud, "Konstruktionen in der Analyse", 앞의 책, S. 52. 한국어판은『끝이 있는 분석과 끝이 없는 분석』, 295쪽.

려는 기획하에 열두 편의 논고를 집필했다. 이른바 '메타 심리학(초심리학)' 논문이 그것이다. 그중 하나인 「무의식das Unbewusste」이라는 텍스트에서 그는 다시 한번 무의식이라는 기본 개념의 정당성을 논한다. 여기에서도 프로이트는 "무의식에 관한 우리의 가정Annahme이 **필수적인 것**일 뿐만 아니라 **정당한 것**"[24]이라고 말하고 있다. 물론 프로이트는 자신의 임상 경험에서 무의식의 존재를 확신했겠지만, 그가 그것을 어디까지나 '가정'이라 부른 점에 주목할 가치가 있다.

여기에서 프로이트가 논의를 진행하는 방식은 이른바 '간접 증명'이다. 즉, 무의식이라는 것이 없다면 설명할 수 없는 사례를 보임으로써 간접적으로 무의식의 존재를 증명하는 식이다. 누구에게나 일상적으로 일어나지만 그것이 어디에서 온 것인지 확실하지 않은 착상이나 어떠한 흐름에서 온 것인가 알 수 없는(즉, 그 결과만이 의식에 떠오르는) 생각 등이 이러한 사례에 해당한다. 그것은 우리의 마음 전체가 의식이 아님을 가르쳐 준다. 하지만 원래 무의식의 발견자인 프로이트 그 자신이 어째서 이러한 논법을 취할 수밖에 없었던 것일까?

실은 이와 같은 그의 문체 자체가 무의식의 본질과 밀접한 관련을 가지고 있다. 우리는 오로지 의식을 경유해서만 자신의 마음이 움직이고 있음을 분명히 알 수 있다. 그리하

---

24 Sigmund Freud, "Das Unbewusste"(1915), in: *Gesammelte Werke*, Bd. X, Fischer, 1991, S. 264.
한국어판은 지그문트 프로이트, 『정신분석학의 근본 개념』, 윤희기·박찬부 옮김, 열린책들, 2011, 162쪽.

여 무의식이라 하더라도 의식이라는 우회로를 통해서야 비로소 경험된다. 자신의 의식이 뚜렷하고 직접적으로 실감할 수 있는 데 비해 무의식은 어디까지나 간접적이면서 애매함 또한 뒤따른다. 달리 말해, 그렇기에 우리는 일부러 분석가를 찾아와 '말하는' 행위를 반복하면서 그제야 자신의 무의식과 만나게 된다.

무의식은 추론에서 이끌려 나오는 '가정'이나 다름없다. 하지만 우리가 평소에 이러한 종류의 '가정'에 따라 살아가고 있는 것도 사실이다. 프로이트에 따르면 자신의 무의식과 마주하는 데에는 거의 타자의 의식과 마주하는 것이나 다름없는 태도가 요구된다. 우리는 직접적으로 경험할 수 있는 자신의 의식에 대해서는 의심을 품지 않는다. 하지만 타자의 의식에 대해서는 어떨까. 타자의 의식을 내가 직접 경험할 수는 없다. 그럼에도 불구하고 우리는 자신과 마찬가지로 타자 또한 의식을 지니고 있음을 마치 당연한 것처럼 받아들인다. 이는 우리가 타자의 표정이나 행동에서 자신과 비슷한 모습을 발견하기 때문이다.

자신이 이러하기 때문에 이 사람이나 저 사람도 그러할 것이라고 생각하는 추론. 프로이트의 말을 빌리자면 "다른 사람들도 의식을 지니고 있다. 하지만 그것은 그들의 행위를 이해하기 위해 유추 과정을 통해 우리가 관찰한 그들의 말과 행동에서 이끌어 낸 추론에 지나지 않는다."[25] 요약하자면 프로이트는 타자의 의식이라는 가정과 동일한 정도로

---

25   같은 책, S. 268.
    한국어판은『정신분석학의 근본개념』, 165-166쪽.

무의식이라는 가정도 유효하면서 필연적이라고 보고 있다.

이처럼 프로이트는 무의식을 하나의 기정 사실로, 즉 자명한 것으로 다루지는 않았다. 무의식이 프로이트의 경험 그리고 시행착오와 결코 떨어질 수 없음은 아무리 강조해도 지나치지 않다. 하지만 일단 그것이 개념으로 정착되면 이 우여곡절은 자연스럽게 잊힌다. 어떤 의미에서 정신분석의 역사란 이러한 망각의 역사이기도 하다. 누구보다 이러한 점을 날카롭게 파고든 것이 라캉이었다. 라캉은 '프로이트로의 회귀'라는 슬로건 아래 점차 제도화되고 경직되어 갔던 정신분석의 실천과 이론을 프로이트 자신의 경험과 시행착오에 다시 한번 대조해 봄으로써 부활시키려 했던 것이었다.

회의에서 확신으로

1964년의 세미나 『정신분석의 네 가지 근본 개념』의 서두에서 라캉은 독자적인 방법으로 무의식을 재정의하는 데 힘을 쏟았다. 라캉은 먼저 무의식의 존재론적인 지위를 다시 묻는다. 프로이트적인 '가정'으로서의 무의식, 즉 '지연된 가설'로서의 무의식을 존재라는 철학적인 관점과 관련시켜 다시 생각한다는 것이다. 지금까지의 논의에서 알 수 있었던 것처럼 무의식이 '있다=존재한다'고 단순하게 말할 수는 없다. 그럼에도 불구하고 무의식 없는 정신분석이 있을 수 없는 이상, 분석가는 '무의식이란 무엇인가'를 지속적으로 자문하며 그에 대한 증언을 되풀이해야만 한다.

라캉의 재정의는 무의식에 항상 따라다니는 이러한 위태로움을 정면에서 다루고 있다고 할 수 있다. 무의식이란 무엇인가 실패했을 때 순간 그 빈틈에서 보이는 '간극'과 같은 것이다 — 그렇게 말한 후 라캉은 다음과 같이 설명한다.

무의식의 간극béance, 우리는 그것을 전前 존재론적이라 말할 수 있을 겁니다. 저는 무의식이 처음 출현했을 때와 관련해 사람들이 까맣게 잊고 있는 — 의미가 없지 않은 어떤 방식으로 잊힌 — 어떤 성질을 강조했지요. 즉 그것이 존재론의 대상으로는 적합하지 않다는 겁니다. 실제로 프로이트, 탐험가들, 최초의 발걸음을 내디딘 이들이 처음에 확인했고, 분석 중에 말 그대로 무의식의 질서에 속한 것을 잠시라도 관찰해 본 사람이라면 누구나 다시 한번 확인할 수 있는 것, 그것은 바로 무의식은 존재하는 것도 아니고 존재하지 않는 것도 아닌, 실현되지 않은 것non-réalisé이라는 사실입니다.[26]

무의식은 있는가(존재) – 없는가(비존재)라는 존재론적 물음의 앞에 '있다'. 무의식은 발견되자마자 잊힌다. "의미가 없지 않은 어떤 방식으로 잊힌"다. 무의식이 나타나자마자 그

---

26 Jacques Lacan, *Le séminaire livre XI, Les quatre concepts fondamentaux de la psychanalyse* (1964), Seuil, 1973, pp. 31-32. 국제라캉협회판의 텍스트를 참조하면서 쇠이유판의 텍스트를 약간 변경했다.
한국어판은 자크 라캉, 『정신분석의 네 가지 근본 개념』, 맹정현·이수련 옮김, 새물결, 2008, 52쪽.

51

본질은 간과되며 잊힌다 ― 이러한 덧없음 그 자체가 실은 무의식이 가진 본질의 일부다. 프로이트는 이처럼 시야에서 멀어지고 파묻혀 버릴 운명으로부터 무의식을 구해 내는 역할을 맡고 있었던 것이다.

하지만 이 역할은 최초 발견자 한 사람에게 맡겨 두면 되는 것이 아니었다. 라캉은 정신분석가라면 프로이트와 같은 역할을 맡아야 한다고 부르짖었다. 무의식이라는 '가설'의 손을 잡은 분석 주체에 대해, 분석가가 이 '가설'을 지지하고 분석 주체가 가는 길의 동행이 되는 것. 그리고 가장 기본적인(따라서 가장 필요한) 원칙으로 계속 되돌아가야 한다는 것이 변함없는 라캉의 입장이었다.

리캉은 여기에서 프로이드가 어떻게 해서 무의식이라는 '가설'의 필연성을 확신했는가라는 주제로 이야기를 풀어 간다. 이때 라캉은 정신분석의 역사적인 출발점으로 기억되는 기념비적 저작 『꿈의 해석』을 인용하고 있다. 프로이트는 증상에 해석해야 할 의미가 있는 것과 마찬가지로 꿈에도 감추어진 의미(억압된 욕망의 표현)가 있다고 생각했다. 즉, 환자가 '자유연상'을 펼치면서 하는 말과 마찬가지로 꿈을 이야기하는 것도 분석의 소재로서 가치가 있다는 것이다. 라캉은 꿈을 해석하는 작업에 선행하는 단계, 즉 환자가 꿈을 떠올리고 그것을 언어화하는 단계에 주목을 촉구했다.

프로이트는 환자의 꿈 이야기를 듣고도 해석의 실마리가 보이지 않을 때는 항상 한 가지 방법을 취했다. 그것은 같은 이야기를 한 번 더 해 달라고 요청하는 일이다. 그렇게 하면 흥미롭게도 환자는 두 번째 이야기를 할 때 반드시 어딘가를 다른 표현으로 바꾸어 말한다는 것이다. 프로이트는 이러한 곳이 해석의 출발점이 된다고 한다. 왜냐하면 이렇게 사소한 말 바꾸기는 환자의 무의식이 무엇인가를 감추려고 하고 있다 ― 억압하고 있다 ― 는 징표이기 때문이다.

혹은 환자 자신이 자기 이야기에 의심을 품는 경우도 있다. "이런 꿈을 꾼 것 같은데, 확실하지는 않아요"라는 식이다. 자신이 꾼 꿈의 이미지를 잘 표현할 수 없다. 아무리 말로 표현하려 해도 무언가 불확실한 감각이 남는다. 말하는 사람 자신이 품는 이러한 의심 또한 무의식에 의한 은폐의 징표로 볼 수 있다. 그것은 꿈을 명확하게 말할 수 없게 방해하는 일종의 '흐리게 만들기'로 기능한다.

물론 환자가 의도적 또는 의식적으로 은폐한 것은 아니다. 그보다는 별 생각 없이 할 말을 정할 때나 이야기가 헛나올 때 숨겨진 주체로서의 환자의 무의식이 가끔씩 엿보이는 것이다. 프로이트는 이를 '무의식적 사고'라고 불렀다. '내'가 의식하고 생각하는 것이 전부가 아니다. 그 배후에서 '나'의 무의식이 생각하고 있다. 이 생각을 '내'가 직접적으로 알 수는 없지만, '내'가 말함으로써 그 말 속에, 혹은 말의 틈새에 무의식이 흔적을 남긴다.

무의식이라는 '가설'의 유효성 혹은 정신분석이라는 실천의 유효성은 언어에 달려 있다고 해도 과언이 아니다. 그런데 프로이트는 환자의 꿈뿐만 아니라 자기 자신의 꿈도 해석했다. 물론 여기에서도 본질적인 것은 꿈을 언어화한다는 과정이다. 말로 잘 표현할 수 없고 무언가 의심스럽다. 이를 발견했을 때 프로이트는 확신했다 ― 그곳에서는 '나'

가 아니라 '나'의 무의식이 생각하고 있다고. 이처럼 언어화
(꿈의 내용을 말하는 것) → 회의(헛나오는 말이나 불확실한 부분을 발견
하는 것) → 확신(그곳에 무의식적 사고가 있다)이라는 흐름을 따라
프로이트는 무의식을 발견했다. 이에 대해 라캉은 다음과
같이 말하고 있다.

> 그런데 회의는 바로 확실성의 근거입니다. 이것이 바로 프
> 로이트가 가장 힘주어 강조하는 바입니다.
> 프로이트는 어째서 회의가 확실성의 근거가 되는지를 밝힙
> 니다. 즉 회의 자체는 무언가 지켜야(숨겨야) 할 것이 있음
> 을 뜻하는 기호라는 것입니다. 회의는 저항의 기호인 셈이
> 지요.
>
> 그럼에도 불구하고 그가 회의에 부여한 기능은 여전히 모
> 호하게 남아 있습니다. 왜냐하면 지켜야(숨겨야) 할 무언가
> 란 또한 드러나야 할 무엇일 수도 있기 때문입니다. (…) 하
> 지만 어찌되었건 제가 주장하고 싶은 바는 데카르트의 행
> 보와 프로이트의 행보가 서로 근접해 수렴하는 지점이 있
> 다는 사실입니다.[27]

언어화 과정에서 떠오르는, 무의식이 저항하며 무언가를

---

27 같은 책, p. 36.
    한국어판은『정신분석의 네 가지 근본 개념』, 61쪽. 한국어판에
    는 본문의 '회의'가 '의심'으로 되어 있으나 일관성을 위해 '회
    의'로 바꾸었다. ― 옮긴이

감추려고 하는 징표는 동시에 무의식이 자신의 모습을 나타낸 흔적이기도 하다. 그러한 의미에서 프로이트의 회의는 양가적이다. 이 양가성의 특징이란 불확실함, 애매함이 오히려 확신이 된다는 것이다. '나'에게 불확실하다는 것은 그곳에 확실히 무의식이 있다는 반전을 의미한다.

놀랍게도 라캉은 이러한 반전에 주목함으로써 프로이트와 데카르트를 이어주고 있다. 데카르트는 모든 것을 의심함으로써 의심하고 있는 '나'의 존재만은 확실하다는 결론을 내린다. 그의 '코기토'는 프로이트의 경우와 마찬가지로 회의에서 확신으로 전개됨으로써 이루어진다. 물론 프로이트와 데카르트의 행보가 완전히 동일하다는 뜻은 아니다. 예를 들면 데카르트에게 사고란 의심하는 '나'와 떨어질 수 없는 것이지만 프로이트는 사고를 '나'로부터 떨어뜨려 무의식으로 연결하고 있다. 분명 이는 큰 차이다.

하지만 라캉은 이러한 것을 충분히 이해하면서 둘의 발걸음을 겹쳐 보아야 한다고 논한다. 정신분석의 앎을 통해 철학의 이면을 깨닫는다는 발상인 것이다. 다음 장에서는 이 발상이 어디로 이어지는지 검토해 보도록 한다.

4장 철학자의 꿈
코기토의 이면, 속이는 신의 가설

언어와 무의식

앞의 장에서는 데카르트적 코기토와 프로이트적 무의식을 잇는 라캉의 발상에 대해 다루었다. 우선 이 발상을 다시 짚어 보도록 하자. '회의에서 확신으로'라는 과정에 주목함으로써 라캉은 프로이트가 데카르트적 방법으로 무의식을 발견했다(=프로이트는 데카르트주의자다)는 비전을 보여 주었다. 라캉이 정신분석가이면서도 철학에 예사롭지 않은 관심을 가졌으며, 그중에서도 데카르트로 몇 번이나 되돌아간 배경에는 이러한 비전이 있었다.『정신분석의 네 가지근본 개념』세미나에서 라캉이 했던 말을 보자.

프로이트의 확실성 반대편에는 데카르트 이후 거기서 기다리고 있었다고 방금 설명한 바로 그 주체가 있습니다. 감히저는 프로이트의 장champ freudien은 오직 데카르트적 주체가출현하고 어느 정도 지나고 나서야 비로소 가능한 것이었다는 점을 하나의 진리로 내세우고자 합니다.[28]

요컨대 라캉은 이렇게 말하고 싶은 것이다 ― 데카르트의 방법을 경유하지 않으면 프로이트가 발견한 것의 임팩트가 얼마나 큰지를 알 수 없으며, 프로이트의 발견으로 인해 데카르트의 방법이 가진 진정한 가치가 처음으로 드러났다. 이렇게 주장함으로써 라캉은 한편으로 정신분석을 신경증의 치료 기법에서 하나의 사상으로 변모시켰으며, 다른 한편으로 철학자들을 정신분석으로, 그 자신의 말을 빌리자면 '프로이트의 장'으로 꾀어낸 것이다. 실제로 라캉이 1964년부터 세미나를 개최했던 파리 고등사범학교에 젊은 철학과 학생들이 흘러들어 왔다. 후에 라캉의 사위로서 라캉 학파를 견인하게 될 자크 알랭 밀레Jaques-Alain Miller도 당시에는 고등사범학교에서 마르크스주의 철학자 루이 알튀세르Louis Pierre Althusser의 가르침을 받고 있었다. 그는 곧 학파에서 커다란 세력을 쌓게 된다.

이러한 흐름을 따라 다시 데카르트로 초점을 맞추면서 라캉의 논의를 살펴보자. 라캉은 프로이트가 '무의식적 사고'라 불렀던 의식되지 않는 사고를 데카르트와 대비시키면서 새로이 부각시키고자 했다. 데카르트는 의심하는=생각하는 '나', 자신이 지금 생각하고 있음을 생생하게 인식하고 있는 '나'라는 존재를 문제시했다. 이에 비해 프로이트는 '내'가 짐작조차 할 수 없는 사고로서 무의식을 규정한다. 프로이트로 인해 사고는 '나'로부터 완전히 떨어지게 되었다. 이는 '주체'(=사고하는 무의식적 주체)와 '나'(=자신을 의식하는 자

28   같은 책, p. 47.
      한국어판은 『정신분석의 네 가지 근본 개념』, 78쪽.

아)를 명확히 구분하는 것이기도 하다.

프로이트는 꿈을 말로 표현할 때, 정확히는 말하려고 해도 잘 나오지 않았을 때 회의를 품었다. 정신분석이 말을 통한 실천인 이상, 이 점은 매우 본질적이다. 정신분석에서 꿈이 문제시되는 것은 환자가 어떤 꿈을 꾸었느냐만이 아니다. 그보다는 환자가 자신이 꾼 꿈에 대해 어떤 식으로 말하는지가 중요하다. 프로이트가 쓴 "꿈은 무의식에 이르는 왕도"라는 명제가 유명한데, 여기서 말하는 꿈이란 어디까지나 이야기된 꿈, 말로 번역된 꿈이다. 무의식적 주체는 꿈을 꾸는 일, 그리고 말하는 일을 통해 나타난다.

이처럼 무의식의 발견에서 언어가 대단히 중요한 의미를 지닌다고 한다면, 프로이트를 한 사람의 데카르트주의자로 보는 라캉의 아이디어에서 다음과 같은 질문이 솟아오른다. 데카르트적 코기토에게 언어란 어떤 역할을 하는가? 실제로 데카르트는 『성찰』에서 코기토와 언어의 관계에 대해 거의 이야기하지 않는다. 주목할 것은 이에 대해 라캉이 다음과 같이 지적하고 있다는 점이다. ─ "우리가 보기에 '나는 생각한다'는 데카르트가 암묵적으로나마 그것을 말로 진술함으로써만 비로소 공식화될 수 있다는 사실과 당연히 분리될 수 없는데 ─ 바로 이것이 데카르트가 잊고 있었던 점입니다."[29] 코기토라는 주체의 존재 근거를 확립하는 데 언어가 필수 불가결함에도 불구하고 데카르트는 이 점을 간과하고 있다는 것이다. 이에 대해서는 다음 장에서도 상

---

29   Jacques Lacan, 앞의 책, p. 36.
     한국어판은 『정신분석의 네 가지 근본 개념』, 61쪽.

세하게 다루겠지만, 그 준비를 겸해서 이론적인 전제를 확인해 보도록 하자.

주체와 '타자'

라캉에게 '주체'란 다름 아닌 '말하는 주체'다. 주체가 먼저 있어서 언어를 사용하는 것이 아니라, 언어가 마치 환경처럼 존재하고 그 환경에 몸을 던짐으로써 사람은 주체가 된다. 라캉은 이러한 언어의 장을 '타자Autre'라고 부른다. 그렇다면 인간은 어떻게 '타자'의 영역으로 들어가게 되는 것일까. 라캉은 이를 아이와 '어머니'의 관계의 문제로 생각했다. 덧붙이자면 라캉이 말하는 '어머니'란 반드시 생물학적인 어머니는 아니다. '어머니'의 위치를 점하는 인물이 아이보다 먼저 언어를 사용하고 있다는 것이 중요하기 때문이다. 말하는 존재, 자신을 향해 말을 건네 오는 존재와 마주하는 경험을 통해 아이는 언어의 세계로 들어간다. 어머니는 아이를 언어로 이끌며, 바로 그러한 의미에서만 어머니는 아이에게 있어 최초의 '타자'가 된다.

주체의 욕망이 구성되는 것은 바로 엄마가 말하고 명령하고 의미화하는 것 저편에 혹은 이편에 엄마의 욕망이 존재하는 한에서입니다. 즉 엄마의 욕망이 미지의 것으로 남아 있는 한에서입니다. 주체의 욕망이 구성되는 것은 바로 이러한 결여의 지점에서입니다.[30]

어머니가 아이에게 언어를 전달하는 것은 욕망désir을 전달하는 것이기도 하다. 인간은 매우 미발달된 상태로 태어나기에 '타자'의 도움 없이는 생명을 유지할 수 없다. 때문에 이 '타자'가 무엇을 생각하는지, 무엇을 원하는지의 문제에 아이는 사활을 걸 수밖에 없다. 그리고 이 물음을 풀 실마리는 '타자'가 하는 말에서만 얻을 수 있다. '타자'의 욕망을 묻는 것과 언어를 획득하는 것은 아이가 주체가 되는 과정의 두 가지 측면이다. 중요한 것은, 이 프로세스 속에서 아이 자신의 욕망, 주체로서의 욕망이 생겨난다는 점이다. 어머니가 무슨 말을 하려고 하는지, 어머니는 무엇을 원하는지라는 어머니의 욕망의 수수께끼를 향해 시행착오를 거치는 것 자체가 아이의 말과 욕망의 기반을 만든다.

욕망이 성립할 때 작동하는 이러한 메커니즘은 아이뿐만 아니라 많은 사람에게서도 폭넓게 발견된다. 오히려 말을 하는 이의 욕망은 반드시 어떠한 형태로 이 메커니즘에 기반해 있다. 라캉은 이를 "인간의 욕망은 '타자'의 욕망"이라고 정식화했다. 우리들의 욕망은 어디까지나 우리들에게 가장 중요한 누군가의 욕망과 만난 결과로서 생겨난다. 그렇기에 우리들이 소망하는 것에는 반드시 '타자'가 욕망하는 존재, 즉 '타자'에게 어떠한 가치를 지닌 존재가 되길 원하는 근원적인 욕망이 내재해 있다.

이러한 '타자'의 기능을 수행하는 것은 꼭 특정한 개인만은 아니다. 보다 일반적으로 사회를 '타자'로 다룰 수도 있

---

30   같은 책, p. 199.
    한국어판은 『정신분석의 네 가지 근본 개념』, 331쪽.

을 것이다. 분명 우리는 자신이 속해 있는 사회가 자신에게 요구하는(그렇게 생각되는) 역할을 많든 적든 추측하려 하며, 그것에 어떠한 형태로든 응하려 한다. 이는 자신을 형성하는 데 불가결한 과정이다. 우리가 가진 선택지에는 자신이 의식하지 못하더라도 어떤 식으로든 '타자'의 욕망이 반영되어 있다. '타자'가 자신에게 보내는 메시지에 응답하려는 노력이 우리의 사회적 아이덴티티를 만든다고 해도 좋을 것이다.

하지만 그로 인해 이 메시지가 저주처럼 기능할 때도 있다. 이 저주는 예를 들면 사회적 통념으로서의 '도덕'이라는 형태로 힘을 휘두를 수도 있고, 성별에 관한 고정관념으로서 우리의 사적 영역에 침입할지도 모른다. 문제는 '타자'가 원해 나에게 부여하는 역할과 나 자신이 항상 일치하지는 않는다는 점이다. 오히려 그곳에는 필연적으로 어긋남과 부조화가 따라다닌다. 한 개인이 **다른 누구도 아닌 바로 그 사람**인 이상, 개인의 자기 규정과 '타자'가 그에게 부여하는 가치 사이에는 자연스럽게 틈이 생기기 때문이다. 때문에 "인간의 욕망은 '타자'의 욕망"이라는 명제를 진지하게 받아들이면, 이러한 어긋남이나 부조화와 마주하는 것이 사회적 존재로서의 인간의 삶이 품는 본질적인 과제 중 하나가 된다.

많든 적든 '타자'와의 관계가 내포하고 있는 갈등은 '타자'에게 우리 자신을 완전히 내어줄 것 같은 순간 가장 분명히 나타난다. 이는 주체가 자신을 상실하게 되는 계기다. 이를 막아 내고 문제에서 벗어나기 위해서는 '타자'와의 관계를 유지함과 동시에(말을 하는 이상 그것은 어떻게 한들 사라질 수 없다) 자신의 주체로서의 욕망, 요컨대 직책이나 역할로는 결코 담아낼 수 없는 고유명처럼 대체할 수 없는 욕망을 만들어 가야 한다. 그것은 '나는 어떻게 존재해야 하는가'라는 근본적인 물음에 확고한 '정답'이 있으며 '타자'만이 그 정답을 알려 준다는 환상에서 빠져나가는 일이기도 하다. 어느 순간 자신에게 이입된 욕망을 원래의 의미에서 자신의 욕망으로 만들 수 있는지는 그 사람 자신에게 달려 있다.

그렇다면 욕망이라는 라캉의 독자적인 테마는 데카르트의 코기토와 어떤 관계가 있을까. 즉, 코기토라는 주체에게 '타자'의 역할을 맡고 있는 것은 대체 누구일까. 미리 답을 해 보자면 그것은 『성찰』이 실재를 증명하고 있는 신이다.

회의의 두 단계

데카르트의 회의에는 크게 나누어 두 가지 단계가 있다. 우리는 앞 장에서 감각에서 일어나는 착오나 꿈과 현실을 구별하는 일의 불확실함에 대한 회의를 살펴보았다. 그 회의란 눈에 보이는 것이 꼭 그대로의 모습으로 존재한다고는 단언할 수 없으며, 지금 여기에서 일어나고 있는 일이 꿈이 아니라고도 이야기할 수 없다는 것이다. 그곳에서 광기의 가능성이 생겨나지만, 이는 데카르트의 논의에서 어디까지나 회의의 제1단계에 지나지 않는다. 데카르트는 이러한 회의를 거쳤어도 여전히 회의해야 할 것이 있다고 한다.

감각에서 얻을 수 있는 정보 모두가 착오라고 가정하더

라도 여전히 진짜라고 할 수 있는 것. 데카르트에 의하면, 대수학과 기하학처럼 구체적인 대상이나 그에 관한 경험에 의거하지 않더라도 성립하는 앎이 그것이다. 이런 종류의 앎을 의심할 수 없는 이유에 대해 데카르트는 다음과 같이 쓰고 있다. "(⋯) 왜냐하면 내가 잠깨어 있든 잠자고 있든 2에다 3을 더하면 그 합은 항상 5가 되고, 사각형은 네 개의 변만을 갖는 것이며, 따라서 이만큼 투명한 진리가 허위로서 의심받게 되는 일은 생길 수 없다고 생각되기 때문이다."[31] 수학적 진리는 회의의 제1단계에서는 흔들리지 않는다. 이처럼, 이것만은 무슨 일이 있어도 확실하다고 할 수 있는 것을 밝혀내는 점에 회의라는 방법의 본질이 있다.

하지만 어이없게도 데카르트는 앞의 구절 바로 다음에 이 논의를 반대로 뒤집어 버린다. 앞서 확실하다고 했던 수학적 진리에도 아직 의심의 여지가 있다는 것이다. 이것이 회의의 제2단계다. 그리고 이 두 번째 회의, 데카르트 자신이 '형이상학적'이라 일컬은 새로운 회의의 근거야말로 『성찰』의 주요한 테마인 신이다. 라캉은 이 국면에서 코기토와 신의 관계를 주체와 '타자'의 관계로 독해하려 했다. 우선은 데카르트의 논의에 윤곽선을 그려 보자.

신의 전지전능함을 긍정하고 그것이 가져올 수많은 결과를 이성에 기초한 방법으로 받아들인다는 점이 중요하다. 신은 모든 것을 만든 창조자임에 반해 인간은 어디까지나 유한한 피조물에 지나지 않기에 양자의 관계는 완전히 비

---

31 René Descartes, *Meditationes De Prima Philosophia*, p. 20.
    한국어판은 『성찰』, 112쪽.

대칭적이다. 이러한 전제를 두자면 우리들이 무엇을 진리로 보며 무엇을 착오라고 볼 것인가 그 자체가 신의 의지로 이미 결정되어 있는 셈이 된다. 여기에서 데카르트가 이끌어 낸 가설이 '속이는 신의 가설'이다.

나는 다른 사람이 자기로선 아주 완전하게 알고 있다 싶은 사항에 있어 잘못되어 있다고 생각하는 일이 때때로 있지만, 그것과 마찬가지로 내가 2에다 3을 더할 때마다, 혹은 사각형의 변을 헤아릴 때마다, 혹은 이밖에 좀더 쉬운 일을 생각해 낼 수 있다면 그것을 할 때마다 내가 그르치도록 이 신은 유도한 것이 아닐까.[32]

신을 무엇이든 할 수 있는 절대적인 존재로 본다면 코기토와 진리의 관계 그 자체가 완전히 신의 통제하에 있다고 인정해야만 한다. 예를 들면 "2+3=5"라는 매우 단순하고 기본적인 인식, 그것도 감각을 경유하지 않는 순수하게 지성적인 인식을 코기토가 진리라고 여기는 그 순간조차 신의 의지는 작용하고 있다. 그렇다고 한다면 신은 코기토가 계속 틀리게 만드는, 즉 오류를 분명한 진리라고 여기도록 만드는(!) 일도 마음만 먹으면 간단하게 해낼 수 있다고 데카르트는 말한다. 그 때문에 수학적 진리조차 실은 의심스럽다고 하고 있다. 이렇게 되면 신이 이러한 악의를 품느냐의 여부가 중대한 문제가 된다. 신은 대체 무엇을 원하는가.

---

32   같은 책, p. 21.
      한국어판은 『성찰』, 112쪽.

여기에서 '타자'의 욕망이 하나의 물음이라는 형태로 떠오른다.

악령과 속이는 신

더욱이 데카르트는 이 뒤에서 '악령genius malignus', 즉 악의에 찬 전능자가 존재하고 끊임없이 자신을 기만하려고 할지도 모른다는 망상과 같은 생각까지 끌어낸다. 이 같은 광기 어린 철저함이야말로 과장된 회의에 걸맞다. 현대의 독자가 이러한 서술을 실감하면서 읽는다는 것은 어쩌면 어려울지도 모른다. 하지만 이것이 데카르트의 **방법**이며 어디까지나 확실한 진리에 도달하기 위한 걸음이라는 점을 잊어서는 안 된다. '악령'이 등장하는 곳에 이르러 『성찰』의 주인공은 드디어 아무것도 믿을 수 없다는 지경에까지 내몰린다. 하지만 회의의 제2단계에도 진리를 향해 나아가기 위한 긍정적인 효용성이 있다. 다음은 제2성찰의 초반부에 있는 구절이다.

지금 누군지 모르지만 극히 유능하고 극히 교활한 사기꾼이 있어 계책을 꾸미고, 언제나 나를 기만하고 있다. 따라서 그가 나를 기만한다면 내가 존재한다는 것은 의심할 여지가 없다. 내가 스스로를 어떤 존재인가 하고 생각하는 동안은, 그는 결코 나를 아무것도 아닌 듯이 할 수는 없을 것이다.[33]

만약 '악령'이 존재해서 지금 '나'를 기만하고 있다 할지라도 기만당하는 '나'는 분명히 존재한다. 즉 '속이는 신'이나 '악령'이라는, 진리로 향하는 길을 완전히 닫아 버리는 존재의 가설, 철학이라는 방법 그 자체가 완전히 무의미해지는 가설조차도 코기토라는 주체의 존재 근거를 보증하는 데는 오히려 도움이 된다. 여기에서 "내가 생각하고 있는 한 나는 존재한다"라는 코기토의 명제가 절대적으로 확실한 토대로 나타난다. 데카르트에 따르면, 비록 코기토가 지속적으로 '악령'의 속임수에 당한다 할지라도 그 속임수에는 기대지 않는, 즉 아무것도 믿지 않는다는 식으로 '악령'에 대해 끝까지 저항할 수 있다. 그렇지만 이 저항은 결연한 의지의 힘을 필요로 하기 때문에 더없이 어려워진다. 제1성찰의 끝에서 데카르트는 인상적인 말을 남긴다.

그렇지만 이것은 매우 어려운 계획[34]으로서, 게으름을 피우다가는 나는 평소의 생활 태도로 다시 끌려가고 말 것이다. 그것은 마치 꿈속에서 때마침 공상적인 자유를 즐기고 있던 죄수가, 나중에 이르러 자기는 꿈을 꾸고 있는 것이 아닐까 하고 의심하기 시작할 때, 불러일으켜지는 것을 두려워하고 천천히 상쾌한 환상에 잠기고자 하는 일과 같은 것이다.[35]

---

33 같은 책, p. 25.
    한국어판은 『성찰』, 117쪽.
34 악령을 최대한 조심하는 것. — 옮긴이
35 같은 책, p. 22.

혹 '악령'이 존재한다면, 우리는 결국 자신이 감옥에 갇혔다는 것을 잊고 행복한 꿈을 꾸고 있는 죄수와 같다. 이 꿈, '악령'이 보여 주는 일상이라는 꿈에서 깨어날 기회는 의심하는 일과 생각하는 일에만 존재한다. 그러나 그 첫걸음을 내딛기보다는 비록 허구라 할지라도 기분 좋은 일상에 몸을 맡기는 편이 훨씬 즐겁다. 데카르트는 여기에서 진리를 향한 생각과 허구의 만족에서 생겨나는 일상을 대립 관계에 두고 각각을 깨어남과 꿈에 대응시킨다.

이처럼 꿈에 부정적인 가치를 부여한다는 점에서 데카르트와 프로이트의, 혹은 철학과 정신분석의 대비가 명확히 드러나기에 이 구절은 흥미롭다. 프로이트는 꿈속에서도 생각이 있으며 꿈을 통해 비로소 드러나는 진리가 있음을 내세웠다. 그것은 주체의 욕망에 관한 진리다. 거칠게 말하자면 신이라는 '타자'의 욕망에 대한 물음에 봉착했던 데카르트지만, 그는 자기 자신의 욕망에 대해서는 그다지 깊이 파 내려가지 않았다. 정신분석은 깨어 있는 상태의 '나'만이 생각하고 진리에 도달할 수 있다는 비전 그 자체가 **철학자가 갇혀 있던 꿈**이었음을 알려 준다. "프로이트의 장"이 나타나는 것은 철학이 이 꿈에서 깨어났을 때다.

한국어판은 『성찰』, 115쪽.

5장 언어와 욕망
푸코와 데리다가 벌인 논쟁의 곁에서

데리다의 코기토론

라캉은 데카르트의 형이상학에서 알 수 없는 '타자'의 욕망이라는 정신분석의 근본적 문제를 끌어냈다. 여기에 정신분석과 철학이 공유하는 점 중 하나가 있다. '속이는 신'의 가설, 그리고 '악령'이라는 형태로 데카르트는 신이라는 절대적인 '타자'의 욕망에 대한 물음에 직면했다. 여기에 이르러 데카르트는 수학적 진리도 불확실한 것으로 본다. 왜냐하면 '타자'가 원한다면 우리의 사고 그 자체가, 비록 그것이 순수하게 지성적인 방법이라 할지라도 피할 길 없이 허구로 유도되기 때문이다.

이러한 치명적인 지점까지 회의를 몰아붙임으로써 "내가 생각하고 있는 한 나는 존재한다"라는 코기토의 명제를 확증할 수 있었다는 점이 중요하다. 여기서 제1장에서 다루었던 미셸 푸코와 자크 데리다의 코기토 논쟁을 떠올려 보자. 앞서 논했던 것처럼 푸코는 코기토를 이성이 광기를 배제함으로써 만들어진 산물로 보았다. 『광기의 역사』에서 푸코는 데카르트의 회의에 대해 다음과 같이 쓰고 있다. "꿈

69

이나 착오는 진리의 구조 그 자체 안에서 극복될 수 있지만, 그에 비해 광기는 회의하는 주체에 의해 배제된다. 주체가 생각하지 않는다는 것이나 존재하지 않는다는 것이 즉시 배제되는 바와 마찬가지로."[36]

이에 대해 데리다는 오히려 코기토의 성립과 광기는 떨어뜨릴 수 없다고 생각했다. 데리다의 논의 속에서도 '악령'은 대단히 중요한 위치를 점하고 있다. 데리다는 「코기토와 광기의 역사」에서 이것이 '완전한 광기'로 이어진다고 말한다. 그것은 "순수한 사고, 사고에 대해 순수하게 지성적인 대상, 분명한 관념의 영역 안쪽 그리고 자연적 회의에서 벗어난 수학적 진리 속에 전복을 이끌어 내는 광기가 있다."[37] 데카르트의 회의의 제2단계, 즉 '자연적 회의(감각에서 유래한 정보나 경험적 사실에 대한 회의)'라는 제1단계보다 한 걸음 더 나아간 '형이상학적 회의'의 단계에서 광기는 더 이상 사고의 바깥에 있지 않다. 그것은 생각한다는 행위 그 자체에 뿌리를 깊게 내리고 있으며, 수학적 진리의 확실성도 무위로 돌려 버린다. 이러한 의미에서 코기토의 확립은 곧 인간적 이성의 반대편에 서 있다고도 할 수 있을 것이다. 하지만 데리다에 따르면 오늘날 우리는 이를 정면으로 다루고 있지 않다고 한다. 그 이유에 대해 데리다는 다음과 같이 말하고 있다.

---

36 Michel Foucault, *Histoire de la folie à l'âge classique*(1961), Gallimard, Col. "tel", 1976, pp. 68-69.

37 Jacques Derrida, "Cogito et histoire de la folie"(1963), in: *L'écriture et la différence*, Seuil, Col. "Tel Quel", 1967, p. 81.

데카르트적 코기토의 과장된 대담함, 그 광기 어린 대담함을 아마도 우리는 이미 대담함으로서 이해하지 않고 있다. 그것은 데카르트의 시대와는 달리 우리가 코기토의 급진적인 경험보다 그 도식에 너무나 익숙해져 있기 때문이다.[38]

코기토의 급진적인 경험 그 자체, 완전한 광기의 가능성을 통해 주체의 존재 근거를 확립한다는 극단적인 경험 그 자체는 점점 잊히고 있다. 원리적으로는 데카르트가 그것을 『성찰』에 썼던 바로 그때부터 경험 그 자체는 말의 뒤편으로 자연스럽게 물러나 버렸기 때문이다. 그 결과 흡사 데카르트 자신의 경험을 파묻어 버리는 것처럼, 우리가 익히 아는 납작하고 엉성한 데카르트의 모습 — 예를 들면 악명 높은 심신 이원론을 낳은 데카르트 — 이 세력을 떨치게 된 것이다.

하지만 이는 데카르트만의 이야기가 아니라 보다 일반적으로 경험과 그것을 말하는 언어가 지닌 본질적인 괴리의 문제다. 언어는 항상 무엇인가를 잘못 말함으로써 기능한다. 라캉의 '데카르트로의 회귀'란, 즉 이렇게 해서 파묻힌 데카르트의 경험 그 자체를 다른 형태로 회귀시키려는 시도다. 『성찰』에서 증언한 현실을 독자 자신이 따라가는 것이 데카르트가 『성찰』을 하나의 다큐멘터리로 썼던 이유라고 한다면, 라캉의 시도는 데카르트의 철학에 대단히 충실했다고 할 수 있을지도 모른다. 다만 라캉은 망설임 없이

---

38 같은 책, p. 86.

데카르트를 철학과는 이질적인 영역으로, 즉 정신분석이라는 영역으로 끄집어 냈다.

이처럼 생각하면 라캉이 데카르트와 프로이트의 발걸음을 겹쳐 보려 했던 필연성이 분명하게 보인다. 정신분석에서 가장 기본적인 개념인 무의식은 프로이트 자신이 저질렀던 시행착오의 경험과 떨어뜨릴 수 없다. 라캉의 '프로이트로의 회귀'란 프로이트 자신의 경험을 파내어 정신분석을 다시 발명하려는 기획이었다. 생생함을 잃어버린 표본과 같은 개념으로부터 그것을 만들어 낸 경험과 사건으로. 데카르트에 대해 라캉은 이와 마찬가지의 작업을 수행했다. 그렇기에 정신분석의 재발명이라는 라캉의 독자적 프로젝트에서 '프로이트로의 회귀'와 '데카르트로의 회귀'는 완전히 맞물린다.

언어가 일으키는 분열

경험을 말로 한다는 것은 그 경험의 어떤 부분을 피치 못하게 잘못 말한다는 의미를 포함한다. 하지만 경험과 언어는 단순한 대립 관계에 있지 않다. 오히려 여기에서는 경험 그 자체가 언어에 의해 엮이는 경우, 즉 경험과 언어가 떼려야 뗄 수 없게 되는 경우를 생각해 봐야 한다. 물론 정신분석의 실천이 이러한 경우에 해당한다고 새삼 강조할 필요는 없을 것이다. 말하는 주체로서의 경험을 빼놓고 정신분석은 존재하지 않는다.

라캉의 데카르트 독해에서 중심적인 모티프는 이렇게 코

기토가 성립한다고 본다는 점에 있다. 앞의 장에서 다룬 것처럼 "나는 존재한다"는 코기토의 확신을 가져오는 "나는 생각한다"는 실제로 그것을 **말함**으로써 비로소 의미를 가지는데, 라캉은 데카르트가 이를 간과했다고 보았다. 코기토란 하나의 발화parole, 즉 언어의 효과다. 그리고 그 뒤를 들춰 보면 코기토에는 필연적으로 언어에서 누락된 것이, 즉 어떠한 상실이 따라다님을 알 수 있다.

예를 들어 "나는 ○○다"라는 발화에 대해 생각해 보자. 이 발화의 주어는 "나"라는 일인칭 대명사다. 당연하겠지만 이 "나"라는 말은 그 말을 하는 인물 자신이 아니라 어디까지나 그 대리로서 언어의 영역으로 파견된다. 관점을 바꾸어 보자면, 이는 사람이 '나'라는 말을 할 때 **그 사람의 존재 자체는 언어가 자아내는 '의미'의 세계로부터 쫓겨난다**는 뜻이다. 언어는 발화자를 교환 가능한 말의 하나로 깎아 냄으로써 말하는 주체를 낳는다. 이것이 말하는 주체의 본질이 가지는 역설이다.

언어가 가져오는 이러한 상황을 라캉은 "주체의 분열"이라 불렀다. 말하는 주체란 말이 만들어 내는 '의미'의 차원과 그곳에서 잃어버리는 '존재'의 차원 사이에서 분열되어 있다. 주체의 분열은, 예를 들어 '언표 내용énoncé'의 주어와 '언표 행위énonciation'의 주체의 분열로 나타난다. 이는 쉽게 말하자면 말의 의미 내용과 그 말을 하는 행위 그 자체에 어긋남이 있다는 것이다. 라캉은 언어에 대한 과거와 현재의 고찰 속에서 이러한 분열이 종종 발견되기는 하나 정확하게 다루어지지는 않았다고 생각했다. 예를 들어 자기 언급에 관한 고전적인 패러독스는 바로 이 분열에서 생겨난다. 코기토를 논하면서 라캉은 '거짓말쟁이의 패러독스'를 인용한다.

"나는 거짓말을 하고 있다"라는 발화는 진실일까 허위일까. 이를 진실이라고 보면 언표 행위의 주체가 사실을 말하고 있다고 봐야 한다. 하지만 그렇게 되면 "거짓말을 하고 있다"라는 언표 내용과 모순이 생긴다. 반대로, 이것을 거짓으로 보고 이 말 자체가 거짓말이라고, 즉 이 언표 행위의 주체가 실은 솔직한 사람이라고 하더라도 역시 언표 내용과의 사이에 모순이 생긴다. 요컨대 진실인가 허위인가를 판단해 보아도 그 판단을 부인하는 결론에 다다르게 된다. 하지만 잘 알려진 이 패러독스를 액면 그대로 받아들이고 만족할 수는 없다. 실제로 라캉은 여기에서 하나의 안티노미antinomie(이율배반)를 발견하고 그 "지나치게 형식 논리적인 사유"[39]를 어리석다고 하면서 거리낌 없이 야유를 보낸다. 라캉은 이런 종류의 형식주의가 가지는 맹점이 '주체의 분열'을 간과했다는 점에 있다고 한다.

"나는 거짓말한다"는 말을 듣고 "만약 네가 '나는 거짓말한다'고 말한다면 이는 진실을 말하는 것이기 때문에 너는 거짓말을 하는 것이 아니다"라고 대답한다면 이는 완전히 잘못된 것입니다. "나는 거짓말한다"가 역설적임에도 불구하고 전적으로 유효하다는 것은 너무나 자명한 이야기이지

---

39 Jacques Lacan, *Les quatre concepts fondamentaux de la psychanalyse*, p. 127.
한국어판은 『정신분석의 네 가지 근본 개념』, 211쪽.

요. 왜냐하면 이 말을 하고 있는 '나', 즉 언표 행위의 '나'는 언표 내용의 '나', 언표 내용 속에서 '나'를 지칭하는 연동소 (Shifter)와 동일하지 않기 때문입니다.[40]

간단하게 이야기하자면, 위의 '패러독스'는 이름만 그런 것이 아니라 언어가 주체를 분열시킨다는 ─ 그리하여 언표 내용의 차원과 언표 행위 사이에는 필연적인 불일치가 생긴다 ─ 하나의 사실로 보아야만 한다. 그렇다면 이 사실을 잘못 인식하게 될 때 어떤 결과가 나타날까. 한마디로 표현하자면 말하는 주체의 욕망이 간과된다. 라캉에 의하면 욕망은 언표 행위의 차원에 위치한다. **무언가를 말할 때 그가 원래 무엇을 말하려 했던 것인가, 무엇을 욕망했는가**는 말의 내용과 마찬가지로 언제나 문제적이다.

예를 들어 "지금 당신과 할 얘기는 없다"라는 말은, 순수하게 언표 내용의 차원에 머무른다면 그 의미가 명확해서 혼동할 여지가 없다. 하지만 실제로 이 말을 듣는 사람은 언표 행위의 차원에서, 즉 그 언표의 배경에 있는 욕망의 차원에서 상대방과 마주하여 생각하게 된다. '지금'은 말하고 싶지 않다, 즉 시간을 두고 이야기하고 싶다는 것인가

---

40   같은 책.
한국어판은『정신분석의 네 가지 근본 개념』, 211쪽. 한국어 번역본에는 언표 내용과 언표 행위가 각각 "언표", "언표 행위"로 번역되어 있는데, 오인의 소지가 있어 여기에서는 "언표 내용"과 "언표 행위"로 구분되게 번역했다. 또, 프랑스어판과 영어판, 일본어판을 참조하여 번역을 약간 수정했다("왜냐하면 이 말을 하고 있는 '나'"). ─ 옮긴이

혹은 다른 누군가와 이야기해야 한다는 것인가. 또는 더 이상 얽히지 말아 달라는 것일까? 그것도 아니라면 나를 이렇게 제자리걸음을 하도록 만드는 것이 목적인 일종의 퍼포먼스일지도 모른다……

이 발화가 업무 회의에서 나왔을 때와 연인 사이의 대화에서 나왔을 때, 각각의 상황에서 읽히는 욕망은 자연스레 완전히 달라질 것이다(둘 다 바늘방석 같은 분위기라는 점은 다를 바가 없겠지만). 살아 있는 말에서는 누가 누구를 향해, 그리고 어떠한 욕망을 담아 그것을 말하는가가 항상 큰 비중을 차지한다. 라캉이 말하는 "지나치게 형식 논리적인 사유"는 이 사실을 완전히 추상화해 버리므로 만약 욕망을 문제시한다면 나설 자리가 없어진다.

'타자'의 욕망의 수수께끼

라캉의 코기토 해석으로 돌아가자. 언표 행위의 차원에 있는 말하는 주체의 욕망이 말을 통해 걸러짐으로써 간신히 드러나긴 하지만 이윽고 사라져 버린다는 점은 중요하다. 그래서 라캉은 언어가 주체의 '존재'를 상실케 한다는 것을 강조할 필요가 있었다. '나는 생각한다'가 하나의 발화이며 코기토가 그 발화의 산물이라 한다면, 코기토 또한 순간적인 성질을 가지고 있다고 해야 하기 때문이다. 데카르트의 입장에서 보자면, "나는 생각한다, 그리하여 나는 존재한다"는 누가 언제 그것을 발화한다 할지라도 **언표 내용과 언표 행위가 완전히 일치하는 궁극적인 명제**일지도 모른다. 이에 비해 라캉이 생각하기에, 언어가 가져오는 분열은 모든 주체에게 일어나는 현실이며 코기토 또한 예외가 아니다.

때문에 라캉은 데카르트의 실수가 "'나는 생각한다'를 단순한 소실점으로밖에 여기지 않았다"[41]는 것이었다고 한다. "나는 존재한다"는 코기토의 확신은 역설적으로 언어 속에서 그 '나'의 존재가 소실되는 순간에만 얻을 수 있다는 것이다. 사실 데카르트는 '나'를 순수한 정신적 존재, 즉 '사유하는 실체res cogitans'로 보고 '연장된 실체res extensa'로서의 육체와 엄밀하게 구분했다. 이러한 의미에서 데카르트적 주체란 실체를 가지지 않는 망령과 같은 존재라 해도 좋을 것이다. 코기토의 성립 과정에서 신체가 배제되고 있다. 데카르트가 악랄한 심신 이원론자로 취급되는 이유가 여기에 있다.

그렇다면 자기 상실이라는 극한 상황에서 데카르트는 어떻게 '나는 존재한다'라는 앎을 확립할 수 있었던 것일까? 그는 그러한 확신에 대한 보증을 어디에서 이끌어 낸 것일까? 이 물음에 대한 라캉의 대답은 전능한 신, 즉 모든 것의 근거를 그 손안에 쥐고 있는 '타자'다. 다만 앞서 본 것처럼 코기토가 확립되는 단계에서 데카르트는 '속이는 신'의 가설을 내려놓지 않는다. 만약 신이 코기토를 교묘하게 속여

---

41   같은 책, p. 204.
한국어판은 『정신분석의 네 가지 근본 개념』, 340쪽. 한국어판의 '소실의 지점'을 '소실점'으로 번역했다. 프랑스어 원문은 "point d'évanouissement". ― 옮긴이

내는 악의에 찬 '타자'라면 그로부터는 어떠한 보증도 얻을 수 없을 것이다. 코기토의 확신 다음으로 증명해야 하는 것은 신뢰해 마땅한 '타자'의 존재다.

데카르트의 논의는 대략 다음과 같은 절차를 밟아 나간다. 우선 두 가지 방법으로 신의 존재를 증명한다(관념에 포함된 현상성을 통한 증명과 '나'라는 존재의 인과성을 통한 증명). 이어 신의 본질로서의 무한성을 근거로 그 최상의 완전성을 논증한다. 이 완전성에는 악의를 가진 신에 대한 부정이 포함된다. 사람을 속이는 신이란 데카르트가 보기에는 불완전성(결여)의 증거에 불과하며, 불완전한 데가 있다면 신이 아니기 때문이다. 그리고 세 번째 방법을 통한 신의 존재 증명(이른바 존재론적 증명)이 이어진다. 하지만 라캉은 이러한 데카르트의 논증 과정보다도 오히려 결과에 주목했다.

여기에서 '속이는 신'의 가설이 수학적 진리에 대한 회의로 이어진다는 것을 생각해 보자. 데카르트 철학에서 신과 진리는 서로 떨어뜨릴 수 없다. 반대로, 신의 실재와 선의가 증명되기만 한다면 신이야말로 진리의 최종적인 근거가 됨과 동시에 철학자가 이성의 길을 따라 순조롭게 진리에 도달하는 것을 보증한다. 이러한 관점에서 데카르트는 '영원진리 창조설'을 주장했다. 데카르트는 오랜 친구였던 수도사 마랭 메르센Marin Mersenne에게 보낸 편지에서 인상적인 비유를 들어 다음과 같이 쓰고 있다.

영원하다고 일컬어지는 수학적 진리는 그 모든 피조물과 마찬가지로 신에 의해 확립된 것이며, 신에게 완전히 의존하고 있다는 점입니다. (⋯) 마치 왕이 자신의 왕국에 법을 선포하는 것처럼 신이 자연 속에 이 법칙을 확립했음을 가는 곳마다 단언하는 것, 공언하는 것을 두려워하지 마십시오.[42]

데카르트가 보기에, 모든 학문의 기초를 세우기 위해서는 필수적으로 신의 존재를 증명해야 한다. 신 없이 진리는 존재하지 않으며 무엇이 진리이고 아닌지는 유일신의 의지만이 결정할 수 있기 때문이다. 이는 예를 들어 2+3=5라는 가장 단순한 수학적 진리에서조차 신이 그것을 원하지 않는다면 진리가 될 수 없다는 것이다. 마찬가지로 메르센에게 보낸 편지에서는 이렇게 말하고 있다. "신에게 있어 소망과 이해, 창조는 동일한 것이기 때문입니다."[43] 신이 무언가를 소망하는 순간, 혹은 신이 무언가를 이해한 순간 현실은 그대로 창조된다. 데카르트에게 진리란 '타자'의 욕망의 산물 이외에 그 무엇도 아니었다.

그뿐만이 아니다. 다름 아닌 '나' 또한 신의 손에 의해 창조되었다. 엄밀하게 말하면 신의 인식에는 신이 만들어 낸 작품의 하나로서 '나' 자신에 대한 인식이 포함되어 있다. 극한 상황에서의 경험을 통해 세워진 코기토는 신의 존재 증명을 경유함으로써 하나의 인식, 즉 '나는 존재한다'는 진리의 인식으로 변화한다. 데카르트의 논의 속에서 신의 존

---

42 Descartes à Mersenne, Amsterdam, 15 avril 1630, in: *Œuvres de Descartes*, AT-I, p. 145.

43 Descartes à Mersenne, Amsterdam, 27 mai 1630, in: *Œuvres de Descartes*, AT-I, p. 153.

재 증명은 경험에서 인식으로의, 사건에서 앎으로의 전환
축과 같은 역할을 하고 있다.

데카르트는 모든 근거를 '타자'의 안에서 발견함으로써
코기토를 "단순한 소실점"이 아니라 오히려 진리를 탐구
하기 위한 시작점으로 보았다. 여기를 분기점으로 정신분
석의 주체와 데카르트적인 코기토는 완전히 다른 방향으
로 나아가게 되었다. 정신분석에서 묻는 진리는 '타자'에 의
해 인정받는 것이 아니라 **주체가 자신의 무의식과 마주함으로
써 새롭게 만들어져야 하는 것**이기 때문이다. 문제는 데카르
트가 '속이는 신'의 가설에서 적어도 한 번은 '타자'의 욕망
을 의문시하는 국면에 이르렀음에도 불구하고, 마지막에는
'영원진리 창조설'이라는 형태로 '타자'의 욕망을 더 이상
캐묻지 않고 오히려 완전히 복종하는 길을 선택했다는 점
이다. 데카르트의 선택에서 라캉은 무엇을 보았을까. 그에
대해 정신분석이 보여 줄 수 있는 다른 길은 어디로 나아가
는 것일까. 다음 장에서는 이 물음으로부터 논의를 시작해
보도록 한다.

6장 과학에게 신이란 무엇인가
정신분석의 시작과 끝

안다고 가정된 주체

나를 끊임없이 속이고 있을지도 모를 악의에 찬 신으로 부터 진리의 궁극적인 보증자로서의 신으로 ─ 앞의 장에 서는 이와 같은 데카르트의 전능한 '타자'에 대한 논리 전 개를 다루었다. 라캉은 신이라는 '타자'에게 진리의 최종 근 거를 완전히 위임해 버린 데카르트의 방법을 반복해 언급 하면서 그 의미를 다시금 묻는다. 얼핏 보자면 이는 기묘해 보일지도 모른다. 아주 간단하게 생각해 보자면, 신의 의지 를 운운하는 형이상학적인 논의와 분석가가 있는 곳에서 생각나는 대로 이야기하는 정신분석의 일상적인 실천은 상 당히 다르기 때문이다. 이 장에서는 이들이 어떠한 식으로 얽혀 있는지 생각해 보고자 한다.

우선 코기토와 신의 관계, 그곳에서 진리의 위치에 대해 라캉이 무엇을 이야기했는가 살펴보기로 하자.

데카르트는 2+2가 4가 되는 이유는 그저 신이 그것을 원하 기 때문이라고 말하려 했고 실제로도 그렇게 말했다는 점

을 잘 알아주시기 바랍니다. 그것은 바로 신의 소관이라는 것이지요.[44]

　여기서 인용 마지막 부분의 "그것은 바로 신의 소관"이라는 부분에 주목하고자 한다. 데카르트가 보기에, 무엇이 진리인가의 여부에는 애초에 인간이 관여할 수 없다. 그것은 어디까지나 '타자'의 욕망 나름이며, 유한한 존재인 인간은 '타자'가 이미 결정한 것을 나중에 따라감으로써 부분적으로만 깨달을 수 있을 뿐이다. 즉, '나는 아직 모른다. 하지만 '타자'는 이미 그것을 알고 있다'는 것이 데카르트적 진리 탐구의 출발점이었다.

　데카르트는 철학자임과 동시에 과학자였다. 예를 들면 오늘날 뉴턴의 이름이 거론되는 '운동의 제1법칙'으로서의 '관성의 법칙'은 데카르트가 처음으로 정식화했다. 주체(로서의 과학자)보다 앞서 진리를 알고 있는 '타자'에 의거함으로써 비로소 데카르트적 근대 과학이 성립했다. 데카르트식으로 말하자면, 신이 진리를 영원 불변한 것으로 창조했다는 형이상학적 전제가 있음으로써 자연계가 수미일관한 법칙성을 가지며 과학이 그것을 점진적으로 밝혀낼 수 있게 되기 때문이다.

　반대로 '타자는 이미 알고 있다'는 데카르트적 전제는 라캉에 따르면 정신분석적 주체의 전제이기도 하다. 무의식

44　Jacques Lacan, *Les quatre concepts fondamentaux de la psychanalyse*, p. 205.
　　한국어판은 『정신분석의 네 가지 근본 개념』, 341-342쪽.

이란 그 정의와 같이, '나' 자신은 알 수 없는 영역이다. 그럼에도 불구하고 그 미지의 영역에 현재의 자신을 결정하는 무언가가 있다는 하나의 가설을 기초로 정신분석을 시작한다. 분석가와의 관계 속에서 자신의 무의식이 일정 정도 밝혀지고, 그럼으로써 자신이 변해 갈 수 있다는 기대를 품지 않는다면 누구도 실제로 정신분석을 하려 하지는 않을 것이다.

그렇다면 정신분석에서 '이미 알고 있는 '타자''의 역할을 맡고 있는 것은 대체 누구일까. 라캉이 말하는 '타자'의 가장 기본적인 정의를 되돌아보자면, 그것은 언어의 장 그 자체다. 그렇지만 주체가 자유연상을 통해 말하기 위해서는 당연하게도 분석가가 말의 대상이 되어 이야기를 들어 주어야만 한다. 즉, 분석 관계 속에서는 사실상 분석가가 '타자'를 대표하고 있다. 오히려 '타자'의 임시적인 대리인이라는 포지션에 위치하는 것이 정신분석이 시작될 때 분석가의 중요한 역할이다. 이를 가리켜 라캉은 분석가를 "주체의 (⋯) 증인" 그리고 "진리의 주인"이라 불렀다.[45]

그러나 이는 물론 분석가가 데카르트적 신처럼 무엇이든 알고 있다든지 주체의 무의식의 내용을 파악할 특권을 가졌다는 이야기가 아니다. 오히려 정반대. 위에서 '임시적인 대리인'이라는 말을 썼던 것은 바로 이 이유 때문이다. 분석가는 주체의 무의식과 발화parole가 이어짐을 보증하는

45 Jacques Lacan, "Fonction et champ de la parole et du langage en psychanalyse" (1956), in: *Écrits*, p. 313.
한국어판은 『에크리』, 367쪽.

'타자'의 기능을 어디까지나 잠시 동안 떠맡는다. 달리 말하자면 분석가가 '타자'의 위치에 마냥 있을 수도 없거니와 그렇게 해서도 안 된다. 이는 라캉의 정신분석 사상의 가장 중요한 지점 중 하나다.

그렇다면 분석이 시작될 때 분석가가 임시적으로 '타자'가 된다는 것은 무엇을 의미할까. 이에 대해 라캉은 '안다고 가정된 주체sujet supposé savoir'라는 독자적인 개념을 다듬음으로써 자신의 생각을 펼쳐 나갔다. 라캉에 따르면 데카르트적 신은 '알고 있는 신'이다. 즉, 코기토라는 주체가 '진리를 알고 있다'고 생각하는 또 하나의 주체(='타자'), 그것이 신이다. 라캉이 굳이 '앎의 주체(알고 있는 주체)'가 아니라 '안다고 '가정된' 주체'라는 표현을 사용하고 있다는 점은 중요하다. 이는 '신이 진리를 알고 있다'라는 것이 어디까지나 코기토만의 '생각'이라는 점을 의미한다.

실제로 데카르트의 논의 속에서도 신의 존재 증명이나 '영원진리 창조설' 주장은 오로지 코기토의 시행착오에서만 도출되며, 이를 외부에서 보증해 주는 층위는 존재하지 않는다. 신이 실제로 무언가를 알고 있다기보다 그 내용이 무엇이든 신은 진리를 알고 있다고 **코기토가 가정하는 것** 자체가 실은 본질적이다. '타자'가 알고 있다고 가정하는 것은 하나의 주체적 행위이며, 진리를 탐구하는 데 반드시 필요한 첫걸음이다.

정신분석의 시작에 대해서도 이와 마찬가지로 말할 수 있다. 제3장에서 다룬 것처럼 무의식이란 그 자체가 하나의 가설이다. 이 가설은 일종의 가정된 앎(문제는 자신의 무의식이며, 그곳에는 알아야 할 무언가가 있다는 가정)이며, 분석가는 분석 주체가 품는 이 가정을 구현한다. 바꾸어 말하자면 분석가는 아직 증명되지 않은 이 가설을 지지하는 자이자 그것에 몸소 구체적인 형태를 부여하는 지지대가 된다. 이러한 구조를 통해 성립하는 분석 관계로, 라캉은 프로이트가 말했던 '전이Übertragung'를 다시 정의하고 있다.

드러난 무의식으로서의 전이

'전이'란 한마디로 말하자면 강한 감정적 연결이다. 프로이트에 따르면 전이란 친밀한 인간관계에서 나타나며, 정신분석 실천뿐만 아니라 일반적으로도 널리 볼 수 있다. 예를 들어 성적인 요구가 동반된 연애처럼 명백한 것도 있다면, 존경이나 신뢰처럼 표면적으로는 보다 정연한 것도 있는 등 그 형태는 다양하다. 물론 친밀함이라는 것이 항상 긍정적인 감정만으로 형성되지는 않는다. 오히려 드러나든 드러나지 않든 그곳에는 종종 적대적인 마이너스 감정도 포함되어 있다는 점을 강조하는 것이 프로이트의 리얼리즘이었다. 양가감정 없는 감정(예를 들면 미움을 전혀 동반하지 않는 사랑)은 적어도 신경증자의 세계에는 존재하지 않는다.

어찌 되었든, 고양되는 감정과 타자에 대한 강한 결부가 전이 현상의 핵심이다. 그런데 정신분석 실천은 이 현상과 떼려야 뗄 수 없다. 이는 치료자와 환자 사이에서 언제나 전이가 발견된다는 임상적 사실에서만 비롯되는 것은 아니다. 그보다 적극적인 차원에서 프로이트가 **전이를 원동력으로 하는 기법**으로서 정신분석을 발명했기 때문이다. 프로이트는 환자가 사랑의 감정을 고백하거나(양성 전이) 강한 공격성을 보이는(음성 전이) 경험을 반복하면서 그것을 치료 중에 우발적으로 생기는 장애가 아니라 오히려 치료의 본질을 이루는 현상으로 규정했다. 정신분석이란 인위적으로 전이를 낳는 실천이며, 전이 관계야말로 정신분석 고유의 영역이다.

프로이트에 따르면 전이란 증상이 분석 관계 속에서 이동하는 것이다. 전이의 원래 표현인 독일어 동사 übertragen은 '옮기다' 혹은 '번역하다'라는 의미다. 환자의 무의식 속에 억눌려 있는 기억이나 그와 연결된 감정은 전이의 메커니즘에 의해 분석 관계 속에서 새로운 형태를 지니고 재연된다. 예를 들어 환자가 예전에 품었던 모친에 내한 혐오나 이미 돌이킬 수 없이 파탄 나 버린 연애 관계를 회복하려는 요구가 분석가에게로 향한다. 이는 환자의 안에서 억압되어 왔던 것이 말하자면 현재형으로, 직접 다룰 수 있는 형태로 모습을 드러낸다는 의미로 분석이 진전되는 데 필수적인 과정이다.

하지만 전이에는 분석이 진전되는 것과는 반대로 '저항 Widerstand'이라는 측면도 있다. 분석에 대한 환자의 저항은 그 기원을 찾자면 억압의 메커니즘에서 비롯된다. 분석이 억압된 것을 기억하게 하고 그것을 말로 표현한다는 어려운 작업을 환자에게 요구하는 한 환자의 안에서 작동하는 억압이 이번에는 분석에 대한 저항으로 나타난다. 분석가에 대한 집착이든 반발이든 환자가 그것에 완전히 빠져 버려 거기에서 자신의 무의식을 발견하려 하지 않는다면 분석의 진전은 기대하기 어렵다. 프로이트는 이를 '전이 저항

Übertragungswiderstand'이라고 불렀다.

  그러나 프로이트는 이러한 저항을 뿌리치려 하지 않았다. 오히려 저항의 필연성을 인정하고 분석 관계 속에서 그것을 마음껏 펼치게 하는 길을 선택했다. 프로이트는 환자 자신이 저항과 철저하게 맞서서 그것을 주체적으로 뛰어넘게 하고자 했다. 이론적으로나 경험적으로나 분석이 환자의 증상의 뿌리에 가까워지면 가까워질수록 환자의 저항이 강해진다는 확신이 있었기 때문이다. 전이야말로 정신분석의 원동력이라는 프로이트의 생각은 '전이 저항', 그리고 보다 본질적으로 전이를 통해 새로운 모습을 띠게 된 증상 그 자체 모두를 긍정하는 발상으로 이해해야 한다.

  그(환자)는 자신의 병의 현상에 주의를 기울일 수 있도록 용기를 내야 한다. 병 자체가 더 이상 얕볼 수 있는 것이 아니라 오히려 맞설 가치가 있는 적수, 자기 존재의 일부 ─ 확실한 이유 때문에 그것이 존재하는 것이며 그로부터 나중의 그의 삶을 위한 가치 있는 것을 이끌어낼 수 있다 ─ 로 인식되어야 한다.[46]

  여기에서 제3장에서와 마찬가지로 프로이트의 일관된 입장을 볼 수 있다. 즉, 정신분석은 증상에 대립하는 것이 아

---

46 Sigmund Freud, "Erinnern, Widerholen und Durcharbeiten" (1914), in: *Gesammelte Werke, Bd. X*, S. 132.
한국어판은 지그문트 프로이트, 『끝낼 수 있는 분석과 끝낼 수 없는 분석』, 이덕하 옮김, 도서출판 b, 2004, 114쪽.

니라 반대로 증상을 파트너로 삼아 나아가는 실천이라는 것이다. 프로이트가 환자의 주체성을 분석 실천의 최종 근거로 삼았다는 점은 환자가 품고 있는 증상의 가치를 최대한 존중하는 것과 마찬가지였다. 한 사람의 환자가 다른 누구도 아닌 바로 그 사람이라는 사실과, 환자를 사로잡고 그 무의식에 깊이 각인되어 이윽고 증상을 낳는 운명은 어떻게 한들 서로 떼어낼 수 없기 때문이다.

정신분석의 끝

전이에 대한 프로이트의 통찰로부터 정신분석이 증상의 전개 과정과 마찬가지 방향으로 나아간다는 원칙이 도출된다. 정신분석이란 그 자체가 **환자와 분석가의 이자 관계二者關係에 의해 대리된 증상**이다. 제2장에서 서술한 것처럼, 증상의 경감이나 해소는 정신분석의 '결과'이기는 해도 '목적'은 아니다. 그렇다면 당연히 다음과 같은 의문이 떠오른다.

정신분석은 어떻게 끝나는가?

실은 이 점에 대해 프로이트의 생각은 흔들리고 있다. 한 번의 정신분석이 끝난다는 것은 대체 무엇일까, 명확한 끝을 설정할 수 있는가라는 근본적인 문제는 정신분석의 역사 속에 오랫동안 남아 있었다. 그리고 그 물음에 확실한 대답을 내놓은 이가 라캉이었다. 여기서 분석 작업을 거친 '전이의 해소'가 어떻게 일어나는가가 문제시된다. 전이가 성립함으로써 시작되는 과정이 전이가 해소됨으로써 끝난다는 것은 어떤 의미로 당연하겠지만, 라캉은 이를 원리적인 차원에서 다시 고찰하고 이론화했다. 이러한 맥락에서 앞서 살펴본 '안다고 가정된 주체' 개념이 큰 의미를 가진다.

여기까지 숨가쁘게 확인해 왔던 프로이트의 논의는 전이의 현상적인 측면, 즉 거기에 나타나는 성가시게 뒤엉킨 감정의 의미와 그것을 취급하는 방법을 큰 주제로 삼았다고 할 수 있다. 그에 비해 라캉은 논의를 독자적으로 재구축하면서 문제의 현상을 조건 짓는 기본 구조를 부각시킨다. 이 기본 구조란 분석가가 임시적인 '타자'가 되고, 분석 주체가 이 '타자'가 알고 있음을 가정한다는 것이다. 반대로 전이는 이 구조 자체가 해체됨으로써 해소된다. 즉, 분석 주체가 더 이상 분석가를 '타자'로 보지 않고 자신의 무의식에 대해 자신 이상으로 분석가가 무언가를 알고 있다고 생각하는 것을 멈췄을 때 정신분석은 끝을 맞이한다.

사람은 누군가가 자기에 대해 자신보다 더 잘 알고 있다고 생각했을 때 그 상대에게 강한 감정적인 유대감을 가진다. 그리고 그를 통해서 본 자신이야말로 진짜 자신이라고 믿게 된다. 흔해 빠진 연애 관계에서도 이러한 면을 쉽게 찾아볼 수 있다. 이는 전이를 통해 상대를 이상화하고 있는 상황으로, '안다고 가정된 주체'란 이렇게 이상화된 타자다. 정신분석에서 분석가가 이러한 이상화의 대상이 되는 국면은 피할 수 없다. 그래서 프로이트의 말처럼 애증이 임상의 일상적인 풍경이 되는 것이다. 그러나 반대로 말하자면 이런 이상화를 확고하게 종결시키는 것이 정신분석의 진정한 끝이며, 나아가 그 목적에 부합한다. 라캉은 "분석가는 바로 그러한 이상화를 떨쳐내야만 합니다"[47]라고 말한다.

다만 이는 분석가의 직업적 능력의 한계가 드러난다는 뜻은 아니다. 그보다는 개인의 무의식의 가장 특이한 부분에 대해 어떠한 분석가나 '타자'도 결정적인 답(=진리)을 가질 수 없다는 것을 분석 주체가 정신분석 경험을 통해 **직접적으로** 알게 된다는 의미다. 타자는 자신이 누구인가를 결정할 수 없다. 그러한 '타자'는 존재하지 않는다. 이 근본적인 인식을 새로운 출발점으로 삼아 첫걸음을 내디뎠을 때 주체는 더 이상 분석가를 필요로 하지 않는다.

주체가 '타자'에게 기댐으로써 시작되는 정신분석은 '타자' 그 자체가 의문에 부쳐지고, 이윽고 타자가 부재한다는 것이 그 나름의 방식으로 받아들여짐으로써 끝난다. 라캉이 제시한 이러한 발상은 임상의 주도권을 오로지 환자의 편에 두고 환자의 증상이 전개될 때 같이 따라가는 것을 임상가의 사명으로 봤던 프로이트의 논의에 이미 배태되어 있었다고 볼 수도 있다. 프로이트의 기법론은 치료자가 환자에게 앎이나 권위를 휘두를 수 있는 계기를 철저하게 배제하는 태도를 취했기 때문이다.

여기까지 살펴보면 라캉의 실천 원리와 데카르트의 형이

---

47   Jacques Lacan, *Les quatre concepts fondamentaux de la psychanalyse*, p. 245.
      한국어판은 『정신분석의 네 가지 근본 개념』, 411쪽. 일본어판에는 인용구 뒷부분에 "권위를 상실해야만 합니다"가 추가되어 있다. — 옮긴이

상학의 대비가 명백히 보일 것이다. 정신분석의 주체와 데카르트적 코기토는 '타자'가 알고 있음을 가정한다는 출발점을 공유하고 있다. 하지만 데카르트가 진리의 결정을 '타자'에게 맡겨 버린 채 그에 대한 의문을 품지 않았던 것에 비해 라캉은 정반대 입장을 취했다. 주체는 '타자'를 의문시하는 데까지, 즉 자신의 출발점이었던 가설을 완전히 뒤집는 데까지 나아가야 한다. 진리는 더 이상 '타자'가 존재하지 않는 지점에서 주체가 자신의 힘으로 결정함으로써 비로소 창조된다. 이는 어디까지나 주체 자신의 문제다.

2부

정신분석적 현실로

7장 사랑은 존재하지 않는다?
「전이 사랑에 대한 소견」을 다시 논하다

쿳시의 『추락』

쿳시J. M. Coetzee의 『추락』은 이제 말하지 않아도 모두 알고 있는 명작이다. 학생 멜라니 아이삭스에게 성폭력을 행사하여 대학교수 자리를 잃은 데이비드 루리는 인생을 반쯤 포기한 기분으로 떨어져 사는 딸에게 의탁해 새로운 생활을 시작한다. 그는 그곳에서 뜻하지 않게 끔찍한 사건과 조우하게 된다. 이야기의 무대는 아파르트헤이트 폐지 후의 남아프리카공화국으로, 역사의 파도에서 생기는 사회적인 혼란 그리고 삶과 죽음의 긴장이 시시각각으로 그려지고 있다.

루리와 아이삭스의 관계를 그린 초반부는 작품의 특성상 책을 다 읽은 후에도 강한 인상을 남길지 어떨지는 모르겠지만 시사하는 바는 적지 않다. 고전문학 전문가인 루리는 대학의 조직 개편으로 인해 폐지된 '문학부'가 아니라 '커뮤니케이션 학부'에서 교직을 맡고 있는데, 그는 이 조직에 친숙해지지 못하고 일에 대한 정열을 완전히 잃고 있었다. 이를 읽고 일본의 대학(특히 인문학부)을 남김없이 뒤덮고 만 위기를 겹쳐 보지 않기란 어려운 일이지만, 여기서는 어디까지나 주인공 루리와 성폭력의 피해자인 여대생 아이삭스의 관계에 주목하고자 한다.

쿳시는 불필요한 말을 자제하고 대단히 간소한 기술법으로 이 관계를 전개시킨다. 루리 자신이 명확하게 인정했던 것처럼 이 성폭력 사건에 관해 루리를 감쌀 여지는 조금도 없다. 그러한 전제를 세우더라도 아이삭스가 루리에게 어떤 것을 요구했는가는 여전히 수수께끼로 남는다.

그녀가 루리와의 성행위에 동의하지 않았다는 것은 묘사되는 곳곳마다 확실히 읽어 낼 수 있으며, 루리도 그것을 충분히 이해하고 있다. 하지만 아이삭스가 갑자기 루리의 집으로 찾아와 한동안 머무르고 싶다고 말하는 것 등을 보면 일이 그렇게 단순하지 않음은 분명하다. 아무래도 그녀는 루리와의 관계를 완전히 끊어 버리기 직전의 단계에서 루리에게 무엇인가를 — 루리가 그녀에게 강요한 육체관계와는 다른 그 무엇을 — 요구했던 것처럼 보인다.

이야기는 아이삭스와 그 주변 인물들이 고발하는 형태로 아이삭스가 가진 욕망의 수수께끼를 드러낸다. 문제는 스캔들을 진화하기 위해 허둥거리는 대학 측의 조사를 루리 본인이 초연하게 받아들임으로써 그 수수께끼를 조금도 마주하지 않으려 한다는 점이다. 그는 아이삭스에 대한 고양된 감정을 일종의 '사랑'이라고 확신하고 있었지만 이 '사랑'의 정체는 분명하지 않다. 그는 그것을 '평범한 섹스'로 생각했다고 하는데, 그 냉정한 행동으로 미루어 보건대 단순히 성적 욕구의 충동을 이겨 내지 못했다고 볼 수도 없는 듯하다.

아마도 이는 자신의 성적 매력이 눈에 띄게 사라지고 있다는 루리의 자기 진단과 관련이 있을지도 모른다(스스로에 대한 루리의 진단은 자신의 직장을 둘러싼 개탄스러운 상황과 그의 내면에서 연동되어 있다). 어찌 되었든, 루리의 내면에서 그 자신의 욕망이 전혀 고려되지 않고 있다는 점과 그가 아이삭스의 욕망의 수수께끼에 손을 뻗지 않고 방치해 두고 있다는 점은 병행 관계에 있다. 바로 그 때문에 주인공이 이번에는 딸 루시와의 사이에서 같은 문제에 직면하게 되는 것일지도 모른다. 이 이야기 속에서 루리를 따라다니는 어려움의 본질은, 그가 **자신의 욕망에 대해 아무것도 모른다, 혹은 알려고 하지도 않는다**는 점이 아닐까.

사랑의 정의

그렇다면 루리와 아이삭스의 관계가 '사랑'은 아니었을까. 제3자의 관점에서 보자면, 혹은 제도적 공간으로서의 대학에서 보자면 둘의 관계는 학생에 대한 교원의 악질적인 폭력 이상의 의미를 가지지 않는다. 마찬가지로 아이삭스 또한 그것을 '사랑'이라 할 수 없었으리라. 하지만 위와 같은 사정을 살펴보자면 루리에게 있어 그것은 역시 일종의 변종으로서의 '사랑'이었다고 볼 수 있다. 적어도 사랑이 하나의 주관적이면서 감정적인 경험이며(따라서 외부의 시선으로 그것을 사랑이라고 부를 수 있는지를 결정하는 것은 원리적으로 불가능하다), 이 경험 속에 있는 사람 자신이 상대에 대한 애정을 언제나 확신한다고는 할 수 없다(대부분의 경우 사랑의 감정은 다른 잡다한 감정과 섞여 있으며, 설령 애정에 의문이 생겨도 바로 관계를 해소할 수는 없다)는 점을 인정한다면, 결코 그것이 사랑이 아니라고 할 수는 없다.

한마디로 말하자면, 루리와 아이삭스의 관계에서 욕망의 수수께끼란 사랑의 수수께끼다. 우리가 평소 '사랑'이라고 한데 묶어 부르는 것에는 당사자를 포함하여 누가 보아도 '사랑'인 것부터 관점과 생각하는 방식에 따라 아직/이미 '사랑'이 아니게 되는 것까지 다양한 상황이 존재한다. '이것이야말로 진짜 사랑이다'와 '이건 절대로 사랑이 아니다'의 사이에는 광대한 회색 지대가 있으며, 이 회색 지대를 완전히 내친다면 사랑의 본질(혹시 그런 것이 정말로 있을 때의 이야기지만)도 같이 놓치게 되고 만다.

『추락』에 대해서 할 이야기는 많지만 슬슬 본론으로 들어가 보자. 앞의 장에서는 전이라는 현상에 대해 프로이트와 라캉의 논의를 참조해 보았다. 이 장에서는 '사랑이란 무엇인가'라는 관점에서 전이에 대해 다시 프로이트와 함께 생각해 보기로 한다. 프로이트가 분석 실천의 구체적인 문제를 논했던 일련의 기술론 중에 「전이 사랑에 대한 소견」(1915)이라는 논문이 있다. 프로이트의 수제자였던 어니스트 존스Ernest Jones의 증언에 따르면 프로이트는 이 논문을 자신의 기술론 중에 가장 잘 쓴 논문이라고 했다.[48] 그의 증언대로 이 논문은 찬찬히 뜯어볼 가치가 있다.

'전이 사랑Übertragungsliebe'이란 이름 그대로 전이 관계 속

---

48   Ernest Jones, *The Life and Work of Sigmund Freud*, vol. 2, *Years of Maturity* (1901-1919), Basic Books, 1955, p. 237.

에서 환자가 분석가에 사랑의 감정을 품는 것을 가리킨다. 프로이트는 이 논문에서 여성 환자가 남성 분석가에게 사랑의 감정을(언행이나 태도로) 분명히 나타내는 사례를 언급하면서 '전이를 어떻게 다루어야 하는가'라는 실천의 문제를 논하고 있다. 이 논의는 동시에 '사랑이란 무엇인가'라는 보다 일반적인 질문을 정신분석의 독자적 관점에서 관찰하고 있기도 하다.

프로이트에 따르면, 많은 사람들에게 사랑이란 "다른 어떤 것과도 비교가 불가능"한 것, "다른 어떤 것도 쓰일 수 없는 특별한 페이지에 있어야만" 하는 것이다.[49] 따라서 위와 같은 상황은 분석가와 환자 모두에게 진퇴양난의 사태다. 일반적인 관점에서 보자면 ─ 여기서 프로이트는 표준적인 도덕을 갖춘 비분석가의 관점을 상정하고 있다 ─ 이러한 경우에 고를 수 있는 선택지는 둘밖에 없다. 즉, 치료자와 환자라는 관계를 넘어 정식으로 교제를 시작할 것인가, 혹은 분석가가 어떠한 구실을 대고 치료를 그만둘 것인가다. 하지만 앞의 선택지(예를 들면 분석가나 환자가 기혼자일 경우에는 이혼한다는 선택)를 고르는 경우는 거의 없다.

또 하나 제3의 가능성으로는 치료를 계속하면서 비밀스럽게 관계를 가지는 방법도 있지만, 프로이트는 "일반적인 도덕"과 "의사의 품위"에 비추어 보아 그러한 일이 있어서는 안 된다고 단언한다. 무엇보다 이는 분석가가 치료자로

---

49   Sigmund Freud, "Bemerkungen über die Übertragungsliebe" (1915), in: *Gesammelte Werke*, Bd. X, S. 307.
한국어판은 『끝낼 수 있는 분석과 끝낼 수 없는 분석』, 127쪽.

서의 역할을 등한시하고 있다는 점에서 논점을 벗어난다. 하지만 물론 이러한 예가 없는 것은 아니다. 잘 알려진 것처럼 한때 프로이트의 제자였던 융C. G. Jung은 자신의 환자였던 자비나 슈필라인Sabina Spielrein과의 사이에서 이 세 번째 선택지(지속적인 불륜 관계)를 고른 적이 있다.

세 가지 선택지의 배후에는 분석 실천과 연애 관계가 양립하지 않으며 양립해서도 안 된다는 전제가 있다. 이에 비해 프로이트는 정신분석가가 이 전제를 뒤집어야만 한다고 주장했다. 분석 실천은 어떤 다른 방법으로(즉, 위에서 본 제3의 선택지와는 전혀 다른 방법으로) 연애 관계와 양립해야 한다. 바꾸어 말하자면, **환자의 연애 감정을 치료에 도움이 되도록 이용**하는 것이 여기서 분석가가 선택해야 할 유일한 방법이다. 프로이트는 이러한 상황에서 분석가가 종종 선택하는 치료의 중단이라는 방법이 가져올 결말에 대해 이렇게 말하고 있다.

그러나 환자의 상태 때문에 곧 다른 의사와 두 번째로 분석을 시도해야 할 필요가 생긴다. 그런데 그 환자는 이 두 번째 의사와도 사랑에 빠졌다는 것을 깨닫게 된다. 그리고 그녀가 다시 [치료를] 중단하고 다시 [다른 의사와 치료를] 시작하더라도 상황은 마찬가지이다. 틀림없이 일어나는 이런 사실[전이 사랑]은 잘 알다시피 정신분석 이론의 근거 중 하나이며 분석을 행하는 의사에 의해 이용될 수도 있고 분석을 받을 필요가 있는 여성 환자에 의해 이용될 수도 있다.[50]

여기에서는 앞의 장에서 다루었던 것과 마찬가지로 프로이트의 명제, 즉 전이야말로 정신분석의 원동력이라는 명제를 볼 수 있다. 전이가 증상의 한 형태이며 그것이 사랑의 감정이라는 형태를 띤다면 환자가 가지는 사랑의 감정은 하나의 증상이 된다. 그리고 정신분석은 이 특이한 증상을 원동력으로 삼는다. 만약 이 연애 감정을 무리하게 배제하면 그것은 반드시 다른 증상이 되어, 즉 다른 누군가에 대한 동일한 사랑의 감정으로 되돌아온다. 이때 프로이트가 사용하는 비유가 상당히 재미있다.

이것은 마치 정교한 주문을 통해서 저승으로부터 유령을 불러낸 다음에 질문 하나 던지지 않고 그 유령을 다시 저승에 보내려는 것과 같다. 억압된 것을 의식으로 불러일으키곤 놀라서 새로 억압하는 꼴밖에 안 되는 것이다.[51]

요컨대 사랑이라는 새로운 증상을 보고 뒷걸음치지 말고 그것을 정신분석의 독자적인 방법으로 완전히 끝내는 것이 중요하다. 그렇다면 이 "유령"을 어떤 식으로 대해야 좋을까. 세상의 도덕을 융통성 없이 그대로 적용한들 효과가 전혀 없다는 점은 확실하다. "분석가가 따라가야 할 길은 [이 둘 모두가 아닌] 다른 길이며 그것은 현실의 삶에서 모델을

---

50   같은 책, S. 308.
      한국어판은『끝낼 수 있는 분석과 끝낼 수 없는 분석』, 128쪽.
51   같은 책, S. 312.
      한국어판은『끝낼 수 있는 분석과 끝낼 수 없는 분석』, 134쪽.

찾을 수 없는 그런 길이다."[52]

증상으로서의 사랑

프로이트가 내놓은 방법은 여기까지 이어 온 논리에서 필연적으로 도출되었다고 해도 좋을 것이다.

우리는 사랑 전이[53]를 틀어쥐고 있어야 한다. 하지만 우리는 그것을 일종의 비현실적인 것으로서, 치료 중에 겪어야 하는 상황으로서, 그것의 무의식적 원천으로 거슬러 올라가야 하는 상황으로서, 환자의 애정 생활에 아주 깊이 숨겨져 있는 것을 의식화함으로써 환자가 통제할 수 있도록 도움을 주는 상황으로서 다루어야 한다.[54]

이 방법의 특징은 분석가가 환자로부터의 사랑을 딱 잘라 거절하는 것도 받아들이는 것도 아닌 중립적인 입장을 취

52　같은 책, S. 314.
　　한국어판은 『끝낼 수 있는 분석과 끝낼 수 없는 분석』, 137-138쪽.
53　원문은 "Liebesübertragung". 연구자 혹은 분석가에 따라 "사랑 전이"와 "전이 사랑"을 구별해야 한다는 의견도 있지만(예를 들어 Manfred Klemann), 여기에서는 특정 개념이 아니라 '사랑이 전이된 다'는 일반적인 의미로 이해하는 것이 타당하다고 판단된다. — 옮긴이
54　같은 책, S. 314-315.
　　한국어판은 『끝낼 수 있는 분석과 끝낼 수 없는 분석』, 138쪽.

한다는 것, 그리고 이 사랑을 하나의 '눈속임'으로 보고 그 너머에 있는 것을 이끌어 낸다는 것이다. 사랑을 할 때 어째서 다른 누구도 아닌 바로 그 사람이 상대여야만 하는가는 본인도 모르는 일이다. 이는 정신분석의 용어로 '대상 선택Objektwahl'의 문제다. 대상 선택은 당사자가 경험해 왔던 만족과 상실, 그리고 그에 따르는 기쁨과 아픔에 영향을 받는다. 제2장에서 논했던 것처럼 오늘날의 그 사람을 만들어 낸 과거의 경험을, 비록 그 자신이 잊어버렸다 할지라도 무의식은 결코 잊지 않기 때문이다. 사람은 자기 자신의 역사에서 자유로울 수 없다. 그러한 의미에서 프로이트의 방법은 엄밀한 결정론적 입장을 따르고 있다.

프로이트에 따르면 이러한 과거는 환자의 유아기까지 거슬러 올라간다. 지금 사랑의 감정을 느끼는 사람에게 눈앞의 상대는 대단히 특별하며 그 누구도 대신할 수 없는 것처럼 보인다. 하지만 이러한 경우에도, 아니 오히려 그러한 경우에야말로 무의식에 새겨진 과거의 경험을 뼈저리게 추궁하게 된다. 그가 사랑하는 사람은 예전에 잃어버린 사람의 "유령"일지도 모른다. 사랑에 강렬히 사로잡힌 환자 앞에서 분석가는 그의 사랑을 현재로부터 분리시키고 그 배후에 있는 역사를 상대한다.

그런데 프로이트가 전이 사랑을 "비현실적unreal"인 것으로 보아야 한다고 하는 점에 다시 한번 주목해 보도록 하자. 우리는 이를 '눈속임'으로 바꾸어 말하고 있지만, 프로이트는 이에 더해 환자의 사랑을 "umgeworfen"이라고도 형용하고 있다. 이 말은 조금 번역하기 어려운데, 문자 그대로는 '뒤집다, 엎다(영어로 하자면 overturned)'라는 의미로, 요컨대 원래의 상태에서 완전히 벗어나 있는 상태를 가리킨다. 프로이트의 이러한 언어 사용은 전이 사랑을 **허구적인, 나아가 거짓된 사랑**으로 보는 쪽에 기울어 있는 것처럼 보인다.

그러나 프로이트는 여기에서 방향을 돌려 어떻게 진정한 사랑과 거짓된 사랑을 구별할 수 있는지, 그리고 현실 생활에서의 사랑과 임상에서의 전이 사랑을 어떻게 구분할지에 대해 묻는다. 어떻게 전이 사랑은 진정한 사랑이 아니라고 주장할 수 있을까. 프로이트는 여기까지의 논의를 되짚으며 이 주장을 정당화할 수 있는 논거 두 가지를 들고 있다.

첫 번째로 전이 사랑에는 치료에 대한 환자의 저항이 깊게 관련되어 있다는 점이다. 저항으로 인해 환자는 분석가의 말에 귀를 기울이지 않고 자신이 직접 치료를 시도한다. 그러나 분석가를 정말로 사랑한다면 둘 모두에게 이익이 되도록 치료에 협력하는 편이 오히려 자연스럽지 않겠는가. 그렇다면 전이 사랑은 어디까지나 가짜이며, 그 원래 성격은 분석에 대한 저항인 셈이다. 두 번째로, 전이 사랑은 유아기를 포함한 환자의 과거에 그 뿌리를 내리고 있다는 점이다. 전이 사랑은 그 원래 성격상 분석가 본인의 특징에 의해 생기는 것이 아니라 환자의 과거의 산물이다. 그렇다면 이는 진정한 사랑, 즉 눈앞의 상대로 향해야 할 애정과는 구분되어야 한다.

그러나 프로이트는 여기까지 논하고서 이 두 논거를 다음과 같이 완전히 부정한다.

우리의 두 논거 중 첫 번째 논거가 더 강력하다. 전이 사랑에서 저항이 한몫한다는 사실에는 이론의 여지가 없으며 저항은 매우 현저한 역할을 한다. 그러나 저항이 이 사랑을 만들어낸 것은 아니다. 저항은 이 사랑을 발견하여 그것을 이용하고 그것의 표현을 과장하는 것이다. 그 현상의 진실성[그 사랑이 진짜라는 것]이 저항에 의해 무효화되는 것도 아니다. 우리의 두 번째 논거는 훨씬 더 약하다. 이 사랑에-빠짐이 이전의 특성들의 재판再版들로 구성되어 있으며 유아기의 반응들을 되풀이하는 것은 사실이다. 하지만 이것은 모든 사랑에-빠짐의 본질적 특성이다. 유아기의 전형들을 되풀이하지 않는 사랑에-빠짐은 없다.[55]

우선, 저항에 이용되는가 아닌가는 전이 사랑의 본질과는 다른 문제다. 또, 전이 사랑을 현실 생활에서의 사랑과 구별할 수 있는 것처럼 보였던 특징, 즉 과거의 경험에 의해 결정된다는 특징은 실은 일반적인 사랑 모두에 보편적으로 발견된다. 때문에 전이 사랑을 거짓된 사랑이라고 볼 권리는 누구에게도 없다. 만약 이를 거짓으로 본다면 사랑이란 모두 거짓, 즉 사랑은 존재하지 않는다(!)고 해야 되기 때문이다.

반대로 보자면 우리가 일상적으로 경험하고 있는 사랑과 전이 사랑은, 전이 사랑이 치료 관계에서 생긴다는 사실로만 구분할 수 있다. 더욱이 프로이트는 오히려 전이 사랑이 현실에 대한 고려를 결여하고 있으며, 맹목적이라는 점

---

55 같은 책, S. 317.
    한국어판은『끝낼 수 있는 분석과 끝낼 수 없는 분석』, 138쪽.

에서는 일반적인 사랑을 넘어선다고도 쓰고 있다.[56] 만약에 직선적이고 열정적인 것을 사랑의 이상이라고 한다면 전이 사랑이야말로 이 이상을 체현하고 있다고 할 수도 있을 것이다. 반복하지만, 그렇다고 해서 분석가가 환자의 사랑에 응해서는 안 된다. 따라서 프로이트와 함께 우리가 내리는 결론은 다음과 같다. 전이 사랑이란 **처음부터 잃어버린 사랑**, 시작했을 때부터 이미 끝나 있음에도 불구하고 정신분석에서 일순간 생겨나야만 하는 사랑이다. 돌이키자면, 모든 사랑은 전이가 그러한 것과 마찬가지로 하나의 증상이다.

56　같은 책, S. 318.
　　한국어판은 『끝낼 수 있는 분석과 끝낼 수 없는 분석』, 142쪽.

8장 도덕인가 정욕인가
칸트와 또 하나의 이율배반

칸트의 도덕법칙

코기토에서 '타자'의 욕망에 대한 물음을 발견했던 라캉의 독해를 따라감으로써 우리는 정신분석의 원동력인 '전이'의 문제에 도달했다. 여기까지의 논의는 결국 다음과 같은 기본적인 문제의 주위를 맴돌고 있었다고 할 수 있을 것이다. 바로 욕망은 대체 무엇에 근거를 두고 있는 것인가, 무언가를 욕망한다는 것은 무엇인가라는 문제다. 말할 것도 없이 우리의 모든 행동은 우리의 욕망과 관계를 맺고 있다. 따라서 '욕망이란 무엇인가'라는 문제를 정면으로 돌파해 나가면 의지와 행동 원리라는, 우리가 평소에 당연하다고 전제해 왔던 것들도 자연스럽게 의문시된다.

한편 일본어(그리고 한국어 ─ 옮긴이)로 '욕망'이라 하면 무언가 좋지 않은 것, 이성으로 제어해야만 하는 것이라는 단편적인 인상을 주는 경우가 많은데, 이와 마찬가지 상황을 전통적인 철학의 세계에서도 발견할 수 있다. 예를 들어 임마누엘 칸트의 의사意思의 자유Freiheit der Willkür에 대한 논의에서는 이성이 욕망을 차단하는 것이 중요한 의미를 가진다. 다만 칸트는 여기에서 '욕망'이 아니라 '정욕의 경향성 wollüstigen Neigung'이라는 말을 쓰고 있다. 칸트는『실천이성비판』(1788)에서 인간이 어떻게 '자유'를 인식할 수 있는가를 설명하기 위해 약간의 에피소드를 소개하며 다음의 두 가지 예를 든다.

(1) 어떤 남자에게 마음에 든 상대를 얻을 수 있는 기회가 찾아온다면 그는 자신의 '정욕의 경향성'에 저항할 수 없다고 한다. 그렇다면 다음과 같은 조건 아래에서는 어떨까. 이 남자의 마음속 상대의 집 앞에는 교수대가 있어서 남자가 집에 들어가 정사를 나누자마자 그곳에서 처형된다. 그것을 알고 있어도 남자는 그러한 행위를 할 것인가 ─ 칸트는 그렇게 묻는다. 물론 이 철학자는 아니라고 하고 싶을 것이다.

(2) 어느 잔인한 군주가 어떤 정직한 사람을 살해할 구실을 얻기 위해 다른 사람에게 거짓 증언을 하라고 협박한다. 위증을 거부하면 그 자신이 군주에게 살해당한다. 이런 경우에 위증을 요구받은 사람은 자신의 삶을 우선시할 수 있을 것인가. 그렇지 않다면 자신이 희생되는 것을 선택할까. 칸트의 답은 이러하다 ─ "그는 그런 일을 할지 못할지 아마 감히 확언하지 않을 것이다. 그러나 그런 일(희생)이 가능함을 그는 서슴지 않고 용인할 것이다."[57]

57 Immanuel Kant, *Kritik der praktischen Vernunft* (1788), "Philosophische Bibliothek", Bd. 506, Felix Meiner, 2003, S. 40. 한국어판은 임마누엘 칸트,『순수이성비판/실천이성비판』, 정명오 옮김, 동서문화사, 2013, 598-599쪽. 본문에서는 말미 부분의 번역을 약간 수정했다. ─ 옮긴이

(1)에서는 '정욕'으로부터의 자유, 즉 합리적인 비판을 위해 불순한 동기에 휘둘리지 않는 의미에서의 자유를 볼 수 있다. (2)의 사례는 어떠한 상황에서도 진리에 충실하며 그 자신이 타자의 생명을 부당하게 침해하지 않으려는 도덕적 의지로 인해 생명에 대한 집착에서 자유로워질 가능성을 나타내고 있다.

칸트가 말하는 '도덕 법칙'이란 언제 어디서나 '해야 할 것을 한다'라는 원리로, 이 원리를 준수함으로써 인간은 자신 안에서 자유를 인식할 수 있다. 이와 같이 어떤 조건도 필요하지 않은 — 즉 누구든 언제 어디에 있든, 어떠한 상황에서든 따라야만 하는 — 의무를 '정언명령Kategorischer Imperativ'이라 부른다. 인간은 항상 개별적인 상황에 좌우되며, 끊임없이 개인적인 관심사에 휘둘린다(앞서 든 예로 말하자면, 육체를 가지고 성적 욕구의 충동질로 움직인다). 이는 유한한 존재자인 인간을 규정하는 조건이다. 자유의지를 가지고 있음은 이러한 조건 모두를 괄호에 넣고 순수하게 자율적인 원리(=도덕법칙)에 따라 자신의 행동을 결정할 수 있다는 뜻이다. 칸트의 유명한 정식을 확인해 보자.

자유는 확실히 도덕법칙의 존재 근거인 한편, 도덕법칙은 자유의 인식 근거라는 것을 지적하려고 한다.[58]

칸트의 실천철학에서 법(도덕법칙)은 자유와 대립하지 않

---

58   같은 책, S. 4.
     한국어판은 『순수이성비판/실천이성비판』, 570쪽.

으며 오히려 그 반대로 자유야말로 법에 근거를 부여하는데, 따라서 법이야말로 우리에게 자유를 가르쳐 주는 것이다. 다르게 말하자면 도덕 법칙이 없다면 우리는 자유를 인식할 수 없을 뿐만 아니라 상상조차도 할 수 없다. 위에서 보았던 (2)의 사례는 자유와 법이 표리일체라는 칸트 윤리학의 근본 원칙을 보여 주고 있다.

그런데 칸트가 내세운 두 건의 사례를 한 쌍으로 삼아 음미해 보면 양자 사이에 결정적인 비대칭성이 있음을 간파할 수 있다. 죽음을 어떻게 생각하는지에 대한 비대칭성이 그것이다. (1)에서는 죽음의 공포가 정욕을 억제하는 요소로 작용한다. 따라서 죽음을 회피한다는 모티프가 없으면 이 사례는 성립하지 않는다. 그에 비해 (2)에서는 죽음을 받아들이는 것이 도덕적 경험을 가져오며 자유를 증명한다. 죽음을 피할 것인가 받아들일 것인가 — 이 점을 주의 깊게 살핀다면 이들 사례가 칸트의 설명과는 전혀 다른 얼굴을 드러낼 것이다.

죽음을 향한 결단의 의미

라캉은 『정신분석의 윤리 L'éthique de la psychanalyse』(1959~1960) 세미나에서 『실천이성비판』을 독자적인 방법으로 독해하고, 칸트가 아리스토텔레스 이후의 전통적인 윤리학에 단절을 가져왔다고 평가함과 동시에 그 한계를 다양한 각도에서 검증하고 있다. 그중에는 위의 두 사례에 대한 언급도 있다. 우선 라캉이 칸트의 논의를 비꼬면서 요약하고 있는 부분부터 살펴보자.

우리의 친애하는 칸트 씨는 너무나 순진하게, 즉 그 특유의
천진난만함으로 다음처럼 말합니다. 앞의 사례에서는 양식
을 갖춘 인간이라면 누구나 아니라고 하겠지요. 누구라 한
들 여성과 하룻밤을 보내기 위해 치명적인 결말로 달려가
는 미친 사람은 없을 겁니다 (…).
또 하나의 사례는 위증이 가져올 쾌락이 얼마나 중요한들,
혹은 그러한 증언을 거부함으로써 약속된 형벌이 얼마나
견디기 힘들든 간에 적어도 다음과 같은 것은 알 수 있습
니다. 즉, 주체가 멈추어 선다는 것, 그리고 그에게 갈등이
생긴다는 것입니다. 심지어 위증을 하는 것보다 주체가 정
언명령의 이름으로 죽음을 받아들이려고 한다는 것까지도
요.[59]

라캉이 칸트의 논증에 만족하지 못하고 있음을 말투에
서 분명히 알 수 있을 것이다. 라캉은 둘 중 (1)에 관심을 가
졌던 것처럼 보인다. 그렇다면 칸트가 "너무나 순진"했다
고 단언하는 라캉은 대체 무엇을 생각하고 있었을까? 단적
으로 말하자면, 그것은 칸트가 말하는 것과는 반대로 **죽음**

59 Jacques Lacan, *Le séminaire livre VII, L'éthique de la psychanalyse*
(1959-1960), Seuil, 1986, p. 222.
여기에서는 밀레판의 페이지 번호만을 써 두지만, 이하의 인용
에서는 국제라캉협회판을 참조하면서 몇 가지 문장을 보충 내
지는 수정했다.

을 걸고 섹스를 선택하는 주체가 존재할 수 있다는 점이다. 물론 여기에서 앞에 지적했던 비대칭성이 중요하다. (2)와 마찬가지로 (1)의 경우를, 죽음을 회피하는 것이 아니라 받아들인다는 모티브로 생각해 본다면 어떻게 될까. 라캉의 독해는 칸트 자신이 보여 주는 (2)가 (1)의 전제를 무너뜨리고 있다는 것이다.

즉, 갈등의 끝에 자신의 생명을 내던져서 도덕적 결단을 내리는 주체가 있다면 그와 마찬가지 논리로 마지막 정사를 향해 뛰어드는 주체가 있다고 해도 전혀 이상하지 않다. 적어도 칸트가 두 사례를 조합해서 보여 주었을 때 그러한 가능성의 존재를 전혀 짐작하지 못했다면, 역시 그가 "너무나 순진"했다고 할 수밖에 없을 것이다. 이처럼 (1)과 (2)의 관계를 뒤집음으로써 칸트의 맹점을 찌르는 라캉의 발상은 몇 가지의 중대한 귀결로 이어진다.

이 장의 처음에서 다루었던 칸트의 설명은 욕망을 도덕에 반대되는 불순물로 보는 통속적 이미지에 가깝다. 즉, 도덕법칙과 욕망은 대립 관계에 놓여 있다. 반면 라캉은 이 대립 관계 그 자체를 무효화하는 쪽으로 향한다. 왜냐하면 (1)의 사례에서 욕망이 죽음을 받아들이는 것이 (2)의 결단, 즉 정언명령의 이름으로 죽음을 선택한다는 결단과 동등한 가치를 가진다면, 이는 바로 욕망과 법(=도덕법칙)이 병렬적인 관계에 있음을 보여 주기 때문이다.

실제로 라캉은『정신분석의 윤리』에서 이루어진 논의를 응축시키고 심화시킨 텍스트「사드와 함께 칸트를Kant avec Sade」(1963)에서 다음과 같이 간결하게 말한다. "법과 억압된 욕망이 하나의 동일한 것이기 때문이다. 프로이트가 발견한 것이 바로 그것이다."[60] 억압된 욕망, 즉 정신분석이 다루는 무의식적 욕망은 칸트가 말하는 도덕법칙과 마찬가지로[60] 무조건적인 법으로 기능하며 주체의 행동 원리가 된다. 다만 욕망을 하나의 법의 위상으로 높이고 이를 철저히 추구해 나가는 것은 결코 마음 편한 일이 아니다. 라캉이 죽음을 받아들인다는 극단적인 경험을 경첩으로 삼아 (1)과 (2)의 사례를 잇고 있음은 결코 우연이 아니다.

쾌락원칙 저편으로서의 주이상스

그렇다면 우리가 매일같이 경험하는 종류의 욕망은 칸트=라캉이 다루었던 치명적인 경험과 연결될 수 있을까? 아마도 아닐 것이다. 경탄이 절로 나오는 근사한 식사를 하든, 타인에게 말할 수 없을 정도로 커다란 기쁨에 젖는 성생활을 누리든, 우리의 욕망을 이끄는 것들 대부분은 그때마다 우리를 달콤함에 적시더라도 조금만 시간이 지나면 가끔 가야 떠올릴 법한 흔해 빠진 기억의 하나로 사그라들고 만다. 그렇다면 이러한 일상적인 욕망과 법과 동일시되는 날카로운 욕망의 관계는 어떠할까. 『정신분석의 윤리』를 조금 더 읽어 보자.

여기서 멈춰 서서 다음과 같은 점을 비판해 볼 수 있지는 않

---

60 Jacques Lacan, "Kant avec Sade" (1963), in: Écrits, p. 782.
     한국어판은 『에크리』, 917쪽.

을까요. 즉, 이들 사례를 보았을 때 우리를 놀라게 만드는 것은 역설적으로 여성과 하룻밤을 보내는 것이 하나의 쾌락으로서, 즉 참아야 하는 형벌(=고통)과 함께 천칭에 놓인 무언가로서, 양자를 균질화하는 하나의 대립 구조 속에 제시됨으로써 성립한다는 점입니다.[61]

우선, 논의의 이론적 전제를 다소나마 확인해 보아야만 한다. 라캉은 여기에서 프로이트가 말하는 '쾌락원칙'을 염두에 두고 있었다. 프로이트는 쾌와 불쾌를 에너지론적으로 정의하고 전자를 긴장과 흥분의 해소, 후자를 긴장과 흥분의 고조로 보았다. 중요한 점은 이러한 관점이 쾌와 불쾌를 양적인 증감이라는 하나의 축을 통해(마치 눈금이 오르고 내리는 것처럼) 다루고 있다는 것이다. 쾌락원칙이란 문자 그대로 이와 같이 정의된 쾌를 추구하는 것이며 불쾌를 회피하려는 근원적인 경향이다.

라캉이 생각하기에 칸트는 죽음을 목전에 두고 마음에 둔 여성과 성행위를 하는 경험을 단순한 쾌의 경험으로 보았다. 그리고 칸트가 섹스와 그 후에 기다리고 있는 사형 사이에 설정해 둔 대립 관계는 프로이트가 말했던 쾌/불쾌와 마찬가지로 실은 양자를 균질화함으로써 성립하고 있다. 즉, 일률적으로 틀을 만들어 둠으로써 득실을 판단할 수 있도록 섹스와 사형을 설정해 둔 것이다. 바로 이 때문에 섹스에서 얻을 수 있는 쾌락보다 사형이 가져올 상실이 크다

61   Jacques Lacan, *L'éthique de la psychanalyse*.

는 계산을 가능케 하여 정욕에 브레이크를 걸 수 있다는 것이 칸트의 설명 뒤편에 있는 논리였다.

이 논리는 『실천이성비판』에 명시되어 있지는 않지만 다른 저작에서 칸트가 보여 주는 예에 보다 확실히 나타나고 있다. 「부정량 개념을 철학에 도입하는 시도Versuch den Begriff der negativen Größen in die Weltweißheit einzuführen」(1763)에서 칸트는 다양한 개념의 대립을 플러스와 마이너스라는 수학적 틀로 다루고 있는데, 그중에 심리학의 영역에서 예로 들고 있는 것이 쾌/불쾌라는 대립쌍이다.

칸트는 여기에서 불쾌가 단순한 쾌의 결여(쾌가 0인 상태)와는 달리 쾌와 완전히 반대 벡터를 향하는 적극적인 감각(쾌가 마이너스를 향하는 상태)이라고 설명하면서 전쟁으로 자식을 잃은 어머니의 심리 상태를 예로 들고 있다. 칸트에 따르면 자식이 영웅적인 전투 끝에 명예롭게 전사했다는 보도를 들은 모친은 쾌와 불쾌의 감각 모두를 느낀다. 즉, 아들의 명예가 가져오는 쾌와 그의 죽음이라는 상실의 불쾌다. 애초에 상실감과 비애를 불쾌와 동일시할 수 있는가라는 의문이 바로 떠오르지만, 칸트의 다음과 같은 이유는 우리를 더욱 놀라게 한다.

아들이 보여 준 용감함에서 오는 쾌를 4a로 하고, 또 하나의 이유에서 오는 불쾌가 작용한 후에 남긴 쾌를 3a로 해 보자. 그러면 불쾌는 a이며, 이는 쾌의 부정량이다. 즉 -a로 표시되며, 4a - a = 3a가 된다.[62]

대체 이 유사 수학적 도식이 모친의 심리 상태를 조금이라도 반영하고 있다고 느끼는 사람이 있을까. 감정과 욕망에 대한 문제를 이처럼 소박한 계산을 통해 타개할 수는 없으며, 위대한 철학자가 여기서 풀어내는 설명이 난센스임은 말할 필요도 없다. 라캉은 섹스가 가져오는 쾌락과 사형이 가져오는 상실이라는 앞의 계산식도 이와 마찬가지로 우스꽝스럽게 여겼다. 라캉은 이 계산에 기초한 논리야말로 칸트가 저지른 근본적인 착오라 생각했다. 그렇다면 라캉은 죽음과 한 쌍이 된 성행위에서 무엇을 발견했을까. 그것은 쾌와 엄밀히 구별된, 뿐만 아니라 원래부터 쾌/불쾌라는 대립으로 수습될 수 없는 '주이상스jouissance' — 이는 라캉 정신분석의 독자적인 개념이다 — 다.

하지만 다음에 주목해 봅시다. 칸트가 든 예는 관점을 한번 비틀어 봄으로써, 즉 여성과 보내는 밤을 쾌라는 항목에서 주이상스라는 항목으로 이행시키는 것만으로 — 그리고 그렇게 하기 위해 승화는 전혀 필요하지 않습니다 — 완전히 무효화됩니다. 그것은 주이상스 그 자체로서의 주이상스이며, 죽음을 받아들이는 것을 포함하고 있습니다.[63]

주이상스란 쾌락원칙이라는 한계 건너편에서 주체를 유혹하는 근원적인 만족이며, 욕망의 진정한 원동력은 쾌가

62　イマヌエル・カント,「負量概念の哲学への導入」, 田山令史 訳, 『カント全集』第三巻, 岩波書店, 2001, 141-142쪽. 표기를 통일하기 위해 번역을 일부 수정했다.

63　Jacques Lacan, L'éthique de la psychanalyse.

아니라 주이상스다. 칸트의 눈에는 광기로 비칠 주체, "여성과 하룻밤을 보내기 위해 치명적인 결말로 달려가는" 주체는 주이상스에 이끌린 욕망의 구체적이면서 범례적인 이미지를 나타낸다. 정의상 주이상스는 필연적으로 긴장감과 고통이라는, 쾌락원칙의 틀에서는 단순한 불쾌로서 처리되는 것을 포함한다. 따라서 그곳에는 (2)의 경우에서 자기희생을 주저하는 주체가 느끼는 갈등이 따라다닌다. 그럼에도 불구하고 그것은 우리의 욕망에서 결코 떨어지지 않는다. 적어도 **주이상스와 무관한 욕망은 존재하지 않는다.**

이렇게 보면 앞에서 다룬 욕망의 일상적인 형태와 무조건적인 법으로서의 형태의 괴리는 그대로 쾌와 주이상스 사이를 가로막는 단절과 겹쳐 볼 수 있다. 쾌락원칙의 한계를 넘지 않는 것이 욕망의 일상을 정의하며, 그것은 우리들을 주이상스에서 떨어뜨려 놓는 보이지 않는 벽과 같다. 하지만 이는 어디까지나 욕망의 한쪽 면일 뿐이다. 라캉은 칸트의 도덕법칙이 가지는 준엄함에서 욕망의 또 하나의 얼굴인 치명적인 주이상스로 주체를 이끄는 명령의 잔혹함을 발견했다.

칸트는 (1)의 사례를 오로지 쾌의 문제로 그리기 위해 법과 욕망을 단순하게 대비하는 선에서 머물렀다. 그렇다 해도 『실천이성비판』이 칸트의 의도를 넘어 욕망의 본질, 즉 쾌와 주이상스 사이를 찢어 놓는 이율배반을 보인다는 점은 분명하다. 그러한 이상, 정신분석은 칸트로부터 배울 점이 있다. 라캉은 칸트 철학의 '비판', 요컨대 그 근거와 한계를 음미한다는 칸트적인 의미에서의 '비판'을 수행했다. 또한 이는 철학이라는 방법 그 자체에 대한 창조적인 '비판'이기도 할 것이다.

9장 깨어난다는 것은 무엇인가
현실을 다시 정의하는 꿈의 해석

꿈과 실재계

앞의 장에서는 칸트에 대한 라캉의 비판적 독해에서 '주이상스'라는 개념을 이끌어 냈다. 주이상스란 쾌적함을 유지하기 위한 문턱(쾌락원칙)의 바깥으로 우리를 끌어당기는 인력과 같은 것이다. 이 주이상스로 인해 우리를 충동질하는 욕망이 쾌/불쾌라는 축으로 나뉘지 않는다. 반대로 말하자면, 만약 주이상스가 없다면 욕망은 기계적인 프로그램과 전혀 다를 바 없어질 것이다. 그러한 의미에서 주이상스는 인간적인 삶의 조건이기도 하다.

그런데『정신분석의 윤리』세미나 이후 라캉은 주이상스를 '실재계le réel' 64와 연결하고 있다. 이 장에서는 '실재계'라

---

64 일본어 원문은 '現實界(현실계)'. 이는 일본 정신분석학계에서 라캉의 'le réel'을 가리키기 위해 일반적으로 사용되는 번역어로, 한국에서 통용되는 '실재계實在界'라는 표현과 차이가 있다. 본문에서는 한국의 사정을 반영하기 위해 용어와 부연 설명 등을 약간 다르게 번역했다. ― 옮긴이

는 개념을 다루기 위해 구체적인 이미지를 고찰해 보아야 할 것이다. 아니 오히려 반대로 우리는 애초에 어떤 경험을 가리키기 위해 라캉이 '실재계'라는 개념을 사용했는가를 생각해야 한다.

실재계란 한마디로 하자면 우리에게 가장 근원적인 현실, **우리를 가장 깊은 곳에서 결정하고 있는 현실**이다. 여기서 개인의 무의식 깊은 곳에 있는 현실이 문제시되는데, 객관적으로 관찰하거나 검증할 수 있는 것(요컨대 일상적인 의미에서 '실제로 존재한다고 하는 것')은 아니다. 알기 쉽게 설명하기 위해, 여기에서는 라캉이 말하는 실재계를 '내적 현실', 객관적인 것의 세계를 '외적 현실'이라고 해 보자.

이렇게 구분하는 것은 대체 어떠한 의미를 가지는가. 정신분석에서 항상 그래 왔던 것처럼, 꿈이라는 경험은 우리에게 이와 같은 구분의 의미를 가르쳐 준다. 『정신분석의 네 가지 근본 개념』에서 라캉은 꿈에서 깨어나는 경험에 주목했다. 꿈을 꾸고 꿈에서 깬다. 이는 달리 말하자면 외적 현실(각성 상태에서 우리들이 경험하는 세계)에서 꿈으로 향했다가 다시 외적 현실로 돌아오는 것이다. 그렇다면 내적 현실(실재계)은 어디에 위치시킬 수 있을까. 물론 꿈속이다. 꿈속 깊은 곳에, 혹은 꿈에서 보이는 이미지 건너편에 있는 또 하나의 현실. 그것은 깨어나기 직전까지 우리를 둘러싸고 있다가 깨어났을 때 완전히 사라져 버리는 현실이다.

라캉은 프로이트가 『꿈의 해석』 제7장 서두에서 소개하고 있는 인상적인 꿈, 즉 얼마 전에 아들을 잃은 아버지가 꾼 비통한 꿈을 예로 들고 있다. 아버지는 며칠 밤에 걸쳐 병에 걸린 아들을 돌봤지만 아들은 숨을 거두었다. 아버지는 죽은 아들의 시신이 놓인 방의 옆방에서 오랜만에 숙면을 취했는데, 아들이 안치된 방의 모습을 언제라도 볼 수 있도록 문을 열어 두었다. 시체가 촛불로 둘러싸여 있었기 때문에 화재가 나지 않도록 노인을 시켜 지키게 했다. 몇 시간 후에 아버지는 이러한 꿈을 꾼다. 아들이 아버지가 자고 있는 침대의 옆에 서서 아버지의 팔을 잡아끈다. 그러고 비난하는 말투로 이렇게 말한다 — "아빠, 내가 불에 타는 것이 안 보여요?" 아버지는 놀라 눈을 뜬다. 그랬더니 옆방의 노인은 잠이 들었고 넘어진 촛불에서 아들의 시신에 불이 옮겨붙고 있었다.

여기서 꿈속에서 일어난 것과 외적 현실의 대립 관계를 쉽게 알 수 있다. 프로이트는 꿈을 꾸었던 아버지가 매우 정확하게 이 대응 관계를 설명하고 있다고 소개한다. 촛불이 넘어져 아들에게 불이 옮겨붙으면 불은 한순간에 커져서 빛을 발한다. 이 빛은 옆방의 아버지에게까지 이르며, 비록 잠을 자고 있을지라도 지각된다. 그는 말하자면 이 지각을 영상으로 '번역'함으로써 이 사건을 꿈의 화면으로 재생시켰다. 분명 외적 현실의 소리나 빛을 조합한 꿈은 자주 경험할 수 있다. 멀리서 전화가 울리는 것 같아 그곳을 향해 보니 실은 그것이 꿈이었고 실제로는 자명종이 울리고 있었다는 얘기처럼 말이다. 프로이트는 또한 노인에게 촛불을 살피라고 해도 괜찮을까라는 불안도 아버지가 이 꿈을 꾸도록 하는 데 하나의 역할을 하지 않았을까 하는 견해를 더하고 있다. 하지만 프로이트의 독창성이 드러나는 것은 다음과 같은 점이다.

"아빠, 내가 불에 타는 것이 안 보여요?"라는 아들의 대사는 대체 어디에서 유래한 것일까. 프로이트의 생각은 이러하다 ─ "아이의 말이 생전에 아이가 했던 말과 아버지에게 중요한 사건을 상기시키는 말들로 조합되어 있다는 주장을 덧붙일 수 있다."[65] 즉, 이 말은 아버지가 예전에 아이에게서 실제로 들었던 말로부터 비롯되었으며 아버지의 내면에 이 말과 연관된 기억, 그것도 격한 감정을 불러일으키는 사건의 기억이 잠들어 있다는 것이다. 아버지가 프로이트의 분석을 받으러 오지는 않았기에 아쉽게도 이것이 구체적으로 어떤 사건이었는가는 알 수 없다. 꿈속의 아들이 아버지를 비난하는 듯한 점에서 유추할 수 있는 것은, 이 사건이 아버지에게 깊은 죄책감과 후회를 남기고 있다는 것뿐이다.

결여된 현실과의 만남

프로이트는 여기에서 한층 더 본질적인 물음으로 향한다. 그것은 옆방에서 화재가 일어났을 뿐만 아니라 아들의 시신이 불타고 있다는 급박한 상황에서 어떻게 아버지가 눈을 뜨지 않고 그 상황을 꿈으로 '번역'하고 있었는가에 대한 물음이다. 그만큼 정확한 '번역'이 가능하다면 오히려 그

---

65 Sigmund Freud, *Die Traumdeutung* (1900), in: *Gesammelte Werke*, Bd. 2/3, Fischer, 1961, S. 514.
한국어판은 지그문트 프로이트, 『꿈의 해석』, 김인순 옮김, 열린책들, 2012, 594쪽.

때 바로 눈을 뜨는 것이 자연스러워 보이기도 한다.

이 의문에 대해 프로이트는 『꿈의 해석』 전체를 꿰뚫는 명제, 즉 "꿈은 소망 충족이다"로 대답하고 있다. "아버지는 이러한 소원 성취를 위해 수면을 한순간 더 연장한다. 꿈은 생전의 아이 모습을 한 번 더 보여줄 수 있기 때문에, 깨어나면서 하는 신중한 생각보다 우선한다."[66] 프로이트에 따르면 아버지는 두 번 다시 볼 수 없게 된 아이와 만나기 위해 그를 꿈속에 불러들였다. 외적 현실에서는 결코 채워질 수 없는 욕망이 자진해서 픽션에, 즉 꿈에 몸을 맡기게 되는 것이다. 그렇게 생각해 보면 우리가 내적 현실이라고 부른, 꿈속에 있는 또 하나의 현실이라는 것은 결국 자기 자신도 모르게 만들어 낸 픽션의 한 측면에 지나지 않는 것처럼 보인다.

하지만 상황은 그렇게 단순하지 않다. 라캉은 이 꿈에 대한 해석에서 한걸음 더 앞으로 나아가 프로이트의 물음을 반전시키면서 다음과 같이 말한다.

만약 꿈의 기능이 잠을 연장하는 것이라면, 그리하여 어쨌거나 꿈이 그 꿈을 꾸게 만든 현실에 그처럼 가까이 접근할 수 있다면 잠에서 깨지 않고도 꿈이 그러한 현실에 응답할 수 있다고 말할 수 있지 않을까요? 결국 여기에는 몽유병적인 활동이 있는 겁니다. 여기서 우리는 프로이트가 그 전에 지적한 사항들에 근거해 다음과 같은 질문, 즉 "잠을 깨우

---

66   같은 책.
　　한국어판은 『꿈의 해석』, 594쪽.

는 것은 무엇인가?"라는 질문을 제기할 수 있을 겁니다.[67]

'왜 꿈을 꾸는가'라는 프로이트의 질문에 이어 라캉은 한 걸음 나아가 '왜 꿈을 깨는가'라는 질문을 제기한다. 프로이트의 말마따나 살아 있던 자식의 모습을 한 번 더 보고 싶다는 아버지의 이처럼 절실한 소망이 그에게 꿈을 꾸게 했다고 한다면 왜 그는 꿈을 계속 꾸지 않았을까. 라캉의 생각으로는, 지금 아들의 신체가 불에 타고 있음을 잠에서 깨게 된 이유로 보는 것은 너무 어설프다. 몽유병자라면 꿈을 꾸면서 불을 끌 수는 있었을 것이다. 그렇다면 몽유병이라는 대단히 극단적인 해결책을 내세워서라도 파고들어야 할 이 꿈의, 그리고 거기에서 깬다는 일의 의미는 대체 무엇일까. 라캉이 다음과 같이 주장했을 때, 그 말은 어떤 사무친 진실을 멋지게 밝혀 주고 있다.

이어지는 꿈은 본질적으로 결여된 현실, 즉 아무리 긴 시간이 흘러도 결코 도달할 수 없는 깨어남 속에서 무한히 반복됨으로써만 이뤄질 수 있는 현실에 바치는 오마주라 할 수 있지 않을까요? 사고에 의해 마치 우연처럼 일어난 불길이 그에게 옮겨붙는 바로 그 순간에 이뤄지는 만남이 아니라면 불꽃에 타들어가는데도 영원히 움직이지 않는 [비활성의] 존재를 달리 어떻게 만날 수 있을까요? 이 우연한 사

67 Jacques Lacan, *Les quatre concepts fondamentaux de la psychanalyse*, p. 57.
한국어판은 『정신분석의 네 가지 근본 개념』, 94쪽.

고 속에서 현실은 어디에 있는 걸까요? 결국 보다 운명적이라 할 무언가가 아버지가 잠이 깨서 올 때까지도 시신을 지켜볼 임무를 맡은 사람이 잠들어 있던 현실, 바로 그 현실을 '수단으로' 해서 반복되는 것이 아닐까요?[68]

꿈은 아버지와 아들 사이에서 생긴 하나의 만남이다. 이 만남으로서의 꿈은 실은 그것에 앞선 또 하나의 만남의 반복이며, 그것에 바치는 오마주다. 이 또 하나의 만남을 라캉은 "결여된 현실", 그리고 "보다 운명적이라 할 무언가"라 불렀다. 이는 외적 현실에는 가져다 놓을 수 없으며 꿈의 풍경에 담을 수도 없는(표상되지 않는) 현실이다. 그렇지만 이 반복이 "결코 도달할 수 없는 깨어남" 속에서 생겨난다는 점은 간과할 수 없다. 라캉 자신이 질문했던 것처럼 아버지는 분명 깨어나지 않았는가.

여기서 앞에서 보았던 현실의 두 가지 정의를 떠올릴 필요가 있다. 아버지는 눈을 뜨기 전에 어디까지나 외적 현실을 기다리고 있었다. 라캉이 이야기하려고 하는 것은 **눈을 뜸으로써 잃어버리게 되는 별개의 현실**이 있다는 점이다. 그것은 아버지의 내적 현실, 즉 그의 욕망을 결정하는 실재계다. 외적 현실에 눈을 뜬다는 것은 내적 현실에 눈을 뜨는 것을 불가능하게 만든다. 이렇게 해서 실재계는 "결여된 현실"로 머무르며, 어디까지나 상실 속에서 자신이 있을 장

68 　같은 책.
　　　한국어판은 『정신분석의 네 가지 근본 개념』, 95쪽. 본문에서는 번역을 약간 수정했다. — 옮긴이

소를 찾는다. 그 의미를 이해하기 위해서는 이 꿈이 어떠한 만남을 반복하고 있는가를 살펴보면 된다. 그렇게 하면 우리는 하나의 역설과 마주친다. 왜냐하면 이 꿈은 아버지와 아들의 돌이킬 수 없는 엇갈림, 즉 **어긋난 만남**을 보여 주는 것과 마찬가지이기 때문이다. 실재계란 항상 어긋날 수밖에 없는 만남을 통해 간신히 발견된다.

꿈에서 깨어난다는 것의 진정한 의미

이렇게 생각하면 비로소 아버지가 이 꿈을 꾼, 아니 꾸어야 했던 이유를 분명하게 떠올릴 수 있다. 결코 메울 수 없는 상실에 균형을 맞추려면 이 상실을 반복함으로써, 즉 잃어버린 것을 계속해서 잃어버림으로써 대처할 수 있지 않을까. 아버지는 오로지 아들을 죽음으로써만 잃은 것이 아니다. 오히려 이 죽음은 그에 앞선 어떤 어긋난 만남을 최종적으로 결정했다. 다르게 말하자면 아버지는 아들이 어떤 존재인가, 자신에게 아들은 누구였는가, 혹은 아들은 자신에게 무엇을 원했는가, 그 진실을 아들의 생전에 알아차릴 수 없었던 것이다. 그의 꿈은 이를 생생하게 영상화하고 있다. 어쩌면 갑작스럽게 찾아오는 이별의 아픔은 실은 그 전부터 생겨났던 엇갈림이 드러나게 됨으로써 느껴지는 것일지도 모른다.

라캉이 제기한 물음은 '무엇이 눈을 뜨게 하는가'였다. 그 대답은 이제 분명해진다. 꿈을 꾸는 주체의 눈을 뜨게 하는 것은 그가 깨어 있을 때 오히려 잠들어 있는 또 하나의 현실, 그의 마음속 깊은 곳에 있는 실재계다. 여기에는 아들의 상실로 인한 아버지의 욕망, 언제 생겼는지조차 모를 아들과의 엇갈림을 어떻게든 수습하고자 하는 실현 불가능한 (그렇기에 끝나지 않는다) 욕망이 있다. 물론 아들과 다시 만나고 싶다는 소망 그 자체는 아버지의 의식에 뚜렷이 드러나 있다. 하지만 그 소원의 근원에 자리한 엇갈림은 여전히 그가 의식할 수 있는 범위 바깥에 존재한다. 이 엇갈림에 대해 생각하고 물음을 던지고 있는 것이 그의 꿈이며 무의식이다.

라캉에 따르면 "꿈은 대상의 상실을 더없이 잔인한 부분까지 그려냄으로써 욕망을 현전화"한다.[69] 즉, 이 욕망이 얼마나 억누르기 힘든 것인가, 혹은 아버지가 얼마나 그것으로 괴로워하고 있는가를 꿈은 이야기하고 있다. 누구보다도 소중했던 이가 팔을 부여잡고 자신을 책망하고 있다 — 이토록 참을 수 없는, 마치 마음이 타들어 가는 듯한 상황이 있을까. 졸고 있는 아버지를 깜짝 놀라 깨어나게 만든 이 참기 어려운 상황이야말로 그의 욕망이 얼마나 고통스러운지를 보여 주고 있다.

아버지는 이렇게 하여 꿈속에서 아주 짧은 순간 자신의 내적 현실에 접촉했으며, 이윽고 외적 세계로 방출되고 만다. 그럼으로써 꿈속에서라면 가능했을지 모를 대화의 기회가 다시금 상실된다. 게다가 그가 눈을 떴을 때, 그곳에서는 꿈이 보여 주었던 비통한 엇갈림이 때늦게 발견한 화재

---

69   같은 책, p. 58.
     한국어판은 『정신분석의 네 가지 근본 개념』, 96쪽.

라는 형태로 다시 반복되고 있다. 이러한 의미에서 실재계란 꿈과 외적 현실의 사이, 혹은 잠과 깨어남의 찰나에 끼어 있다고도 할 수 있을 것이다.

앞서 보았던 인용에서는 이러한 상황이 "우연한 사고"로 생긴 만남이라 불리고 있다. 라캉은 이를 단순한 우연이라고 생각하지는 않는다. 오히려 그것은 우연이라는 모습을 띠고 느닷없이 나타나는 일종의 운명이다. 만약 그렇다면 화재에서 비롯된 지각이 꿈으로 '번역'되었다는 프로이트의 최초의 인식을 우리가 수정해야 한다. 우선 외적 현실이 존재하고 그것을 표상하는 꿈이 있는 것이 아니다. 그것보다는 꿈에 포함된 내적 현실을 반복하기 위해, 화재라는 우발 사태가 **선택받은 것**이다.

정신분석은 꿈을 적당히 만들어 낸 단순한 픽션으로 보지 않으며, 더구나 그것을 현실에 대해 이차적인 것으로 보지도 않는다. 그곳에는 꿈이라는 형태를 취함으로써만 간신히 접근할 수 있는 또 하나의 현실이 있기 때문이다. 이 또 하나의 현실을 진지하게 받아들였을 때 어떠한 필연성도 없이 우리에게 닥쳐온 것처럼 보이는 사건은 그 의미를 갑자기 바꾸게 된다. 이 변화, 혹은 그것이 끌고 올지도 모를 우리 자신의 변화야말로 정신분석이 가져올 수 있는 '깨어남'이다.

10장 늑대 꿈의 비밀
트라우마로서의 실재계 (1)

정신분석과 트라우마

잘 알려진 플라톤의 이데아론은 상기설想起說, anamnēsis과 떼어 놓을 수 없다. 우리의 영혼은 죽지 않으며 이데아의 기억, 예를 들면 미美의 이데아(='미' 그 자체)에 대한 기억을 가지고 있다. 육체를 가지고 존재하는 지금의 우리는 그러한 이데아를 모르는 것이 아니라 그저 잊어버리고 있을 뿐이다. 그래서 미가 무엇인지를 안다는 것은 지금 여기에 있는 육체에 머물기 이전에 영혼이 알고 있던 것을 떠올리는 일에 지나지 않는다 — 이것이 상기설의 기본적인 사고방식이다.

프로이트의 텍스트를 읽고 있으면 그의 정열이 상기설적인 관점을 견지한다고 말하고 싶어지기도 한다 — 다만 떠올리고자 하는 것들을 전생이나 이데아만큼 먼 곳에서 찾지는 않겠다는 조건을 붙여서 말이다. 프로이트의 독자적인 상기설은 환자가 자신의 무의식 속에 묻어 둔 '역사적 진리'를 떠올리는 것을 가리킨다. 어디까지나 정신의 과학자이고자 했던 프로이트는 영혼의 불사 따위는 믿지 않았지만, 결정적인 사건의 기억은 불멸임을 믿었다. 이 믿음이 프로이트가 가진 정열의 근원이었다.

앞의 장에서는 라캉의 '실재계'에 대해 상실이라는 경험에 초점을 맞추어 논의를 진행했다. 프로이트가 말하는 '역사적 진리'와 실재를 겹쳐 볼 수도 있다. 여기서는 '실재계'의, 즉 떠올린 현실=진리의 성격을 고찰해 보고자 한다. 물론 여기에서도 추상적인 개념이 아니라 구체적인 경험, 정신분석 실천에서의 고유한 경험이 중요하다. 『정신분석의 네 가지 근본 개념』에서 라캉은 이러한 질문을 던진다.

> 분석 경험의 기원에서 실재가 그 내부에 있는 '동화 불가능한 것'의 형태로 — 우발적인 것처럼 보이는 기원으로 기능하면서 그 뒤의 모든 사건들을 결정짓는 트라우마라는 형태로 — 나타났다는 사실은 놀라운 일이 아닌가요?[70]

라캉은 여기에서 주체를 트라우마의 귀결로 규정하고 있다. 우선 주체가 있고 그 후에 트라우마를 겪는 것이 아니라, **트라우마로 인해 비로소 주체가 생긴다**는 것이다. 그리고 주체란 '말하는 주체'이기에 언어와 트라우마는 빛과 어둠의 관계가 된다. 마치 딱딱한 핵核처럼 언어화를 받아들이지 않는 것, 그것이 트라우마의 본질이다. 하지만 이러한 핵을 품음으로써 주체는 언어 속에서 자신의 장소를 발견한다. 그러한 의미에서 주체를 결정함에도 불구하고 주체에

---

70 같은 책, p. 55.
한국어판은 『정신분석의 네 가지 근본 개념』, 90쪽.

게 "동화 불가능한" 채로 남아 있는 트라우마를 라캉은 실재계에서의 하나의 범례로 보았다.

'그 사건이 없었다면 지금의 나도 없다'고 생각할 법한 사건, 비록 당시에는 그 의미를 이해하지 못했더라도 지금 되돌아보면 '그것이 지금의 나를 만들었다'고 생각하게 하는 사건은 누구에게나 있을 것이다. 그러한 강렬한 임팩트는 트라우마의 필수 요소다. 하지만 정신분석의 주체가 그 사건을 떠올리거나 그에 대해 말할 수 없다는 점이 문제다. 라캉이 말하는 "동화 불가능한"이라는 말은 이와 같은 의미에서 받아들여야 한다. 가장 중요했던 사건임에도 불구하고 그것이 대체 어떤 일이었는지, 그것에 어떤 의미가 있는지 여전히 알 수 없다. 이 불균형이 정신분석이 다루는 트라우마의 특징이다.

'늑대 인간' 사례

라캉의 말을 문자 그대로 받아들이자면 실재계는 라캉이 발견한 것이 아니라 "분석 경험의 기원에서", 즉 프로이트가 임상 실천 속에서 이미 탐구했던 것이 된다. 그렇다면 프로이트의 생각과 실천 속에 실재계에 해당하는 것을 찾아보아야 할 것이다. 위에서 다루었던 것처럼 '역사적 진리'도 그중 하나라고 할 수 있겠지만, 여기에서는 라캉이 언급하고 있는 예를 되짚어 보도록 한다. 위에 인용했던 부분에 조금 앞서 라캉은 다음과 같이 말하고 있다.

환상의 기능이 프로이트에게 드러남에 따라 그가 진정으로 관심을 기울이기 시작한 것이 무엇인지를 이해하고 싶다면, 「늑대 인간」 사례가 어떻게 전개되었는지를 ― 이는 우리에게 매우 중요한 것이지요 ― 떠올려보시기 바랍니다. 프로이트가 거의 불안에 사로잡힐 정도로 골몰했던 문제는 첫 만남이란 무엇인가, 환상 뒤에 있다고 단언할 수 있는 실재는 무엇인가라는 것이었지요.[71]

라캉은 '늑대 인간'이라고 불리는, 프로이트가 보고했던 유명한 사례를 끌어오고 있다. 환자의 본명은 세르게이 판케예프Sergei Pankejeff로, 1886년에 러시아 귀족 계급의 가문에서 태어났다. 그는 아버지의 조울증, 누나의 자살, 그리고 세계대전과 러시아혁명 등 가정에서나 사회에서나 그 이상의 사건을 찾기 힘들 정도로 가혹한 운명을 맞이했으며, 문자 그대로 격동의 인생을 살았다. 빈Wien의 프로이트에게서 정신분석을 받았던 것은 20대 시절이었다. '늑대 인간'이라는 이름은 그의 분석에서 중심적인 위치를 점하고 있는 꿈에서 비롯되었다. 프로이트가 쓴 「유아기 신경증에 관하여」(1914년에 집필했지만 제1차 세계대전으로 인해 1918년에 출판되었다)에 의하면 판케예프는 네 살 때 강렬한 불안을 가져온 꿈을 꾸었다.

꿈속에서 그가 머물던 방의 창문 앞에 커다란 호두나무가 있다. 그리고 여섯 마리인가 일곱 마리의, 여우같이 커다

71 같은 책, p. 54.
    한국어판은 『정신분석의 네 가지 근본 개념』, 88쪽.

란 꼬리를 가진 하얀 늑대가 나무 위에 앉아 있다. 늑대들은 귀를 쫑긋 세우고 전혀 움직이지 않은 채로 그저 여기를 보고 있다. 방의 창문이 열리는 것 이외에는 꿈속에서 어떤 움직임도 없다. 이 장면에서 소년은 불안이 점점 심해져서 큰 소리를 내면서 눈을 떴다. 판케예프는 이 장면을 직접 그림으로 그려 프로이트에게 보여 주었던 것 같다.

우선 판케예프의 유년기에서 중요한 것은 네 살이 되기 전에 두 살 위의 누나와의 사이에 일종의 성적 접촉이 있었다는 점이다. 그는 누이가 자신의 성기를 가지고 놀았던 것을 떠올렸다. 성장한 누이는 지적으로 우수했으며 많은 남자들로부터 구애를 받는 매력적인 여성이었던 듯한데, 판케예프에게는 어린 시절부터 눈에 거슬리는 라이벌이었다. 누이의 압도적인 우위는 그를 불편하게 했는데, 앞서 말한 사건은 매우 이른 시기부터 그의 성적 아이덴티티에 그림자를 드리웠다.

프로이트는 이러한 환자의 유년기를 되짚어 보면서 분석 재료를 발견했고, 그를 바탕으로 매우 세세하게 꿈을 분석했다. 여기에서 그 복잡한 전모를 남김없이 보여줄 수는 없으니 몇 가지 중요한 점만 다루어 보자.

프로이트의 논의가 가지는 특징은 이 꿈의 원본인 현실(=외적 현실)에서의 경험과 그에서 비롯된 판케예프의 상상을 나누고 그것들 모두를 드러내는 것이었다. 예를 들어 늑대가 하얀 것은 판케예프 아버지의 영지 가까이에서 기르고 있던 양털 색깔에서 유래한다. 판케예프는 어렸을 적에 아버지와 함께 자주 양들을 보러 가곤 했다. 하지만 후에 갑작스레 퍼진 전염병으로 많은 양이 죽고 만다. 이렇게 깊은 인상을 남긴 기억은 종종 꿈에 '인용'된다.

늑대들이 나무에 올라가 있는 상황은 판케예프가 할아버지로부터 전해 들은 이야기를 일부 차용하고 있다. 그 이야기에서는 양복장이에게 꼬리를 잘린 늑대가 원수를 갚으려 한다. 늑대 무리에게 쫓긴 양복장이는 무서워하며 나무 위로 올라가지만, 늑대들은 피라미드를 세워 양복장이를 잡으려 한다. 아무래도 꿈은 이 장면의 변형인 것 같다. 그리고 커다란 호두나무에서 판케예프는 크리스마스 트리를 연상한다. 그는 크리스마스 이브가 생일이었기 때문에 매년 트리를 보면서 아버지로부터 선물을 두 배로 받을 수 있기를 기대했다. 프로이트는 여기에서 판케예프가 늑대 꿈을 꾼 것이 네 살 생일의 직전이었음을 간파한다. 크리스마스 전의 기대에 찬 광경이 일부 꿈에 들어간 것이었다.

이러한 방법으로 꿈의 구성 요소는 하나하나 환자가 현실에서 경험했던 것에 맞추어진다. 그런데 프로이트가 매달렸던 문제 중 하나는 판케예프가 꿈속에서 느끼는 불안이 대체 무엇에서 비롯되었는가 하는 점이다. 판케예프가 말한 바에 따르면, 이 꿈은 유년기의 그가 매우 무서워하던 동화 『빨간 모자』[72]의 삽화와 관계가 있는 것 같다. 그의 누이는 자주 이 삽화를 보여 주며 울음을 터뜨리는 동생을 괴롭힌 듯하다. 그러나 『빨간 모자』에는 늑대가 한 마리만 나오기 때문에 꿈의 상황과 일치하는 장면은 보이지 않는다.

---

72 원제는 Le Petit Chaperon Rouge. 오래된 서양 동화로, 샤를 페로 Charles Perrault가 정리한 판본이 가장 유명하다. 한국에서는 '빨간 두건'이라고 하기도 한다. ― 옮긴이

프로이트가 이 점에 의문을 던졌더니 판케예프는 바로 다른 동화의 기억을 떠올렸다. 그것은 『늑대와 일곱 마리 아기 염소』[73]였다. 이 동화에서는 늑대가 일곱 마리의 아기 염소 중 여섯 마리를 통째로 삼켜 버린다. 막내는 아슬아슬하게 위기를 피해서 집으로 돌아온 엄마 염소와 함께 늑대의 배를 갈라 형제들을 구출해 낸다. 여기에 등장하는 6과 7이라는 숫자는 꿈속에서 나타난 늑대의 숫자와 완전히 일치한다.

이에 더해 프로이트는 '늑대에게 잡아먹힌다'는 모티프에 주목한다. 프로이트에 따르면 이 모티프는 종종 '잡아먹는다'고 하며 애정을 담아 어린 아들을 놀리는 인물, 즉 아이들이 강대하게 느끼는 존재와의 관계로 이어진다. 이 인물은 꿈의 요소들 하나하나에 이미 암시되고 있다. 그것은 바로 그의 아버지다.

원초적 장면Urszene의 현실성

판케예프가 꿈속에서 경험한 불안은 그가 아버지에 대해 품는 불안, 그것도 무의식 속에 억압되고 있는 불안에 뿌리를 내리고 있다 — 이것이 프로이트의 해석이다. 이러한 불안을 기반으로 자신의 아버지를 여러 가지로 '인용'함으로

---

73 원제는 Der Wolf und die sieben jungen Geißlein. 그림 형제Brüder Grimm가 『어린이와 가정을 위한 이야기Kinder- und Hausmärchen』 (1812)에 수집한 독일 동화 중의 한 편. ― 옮긴이

써 늑대로 바꾸어 놓는 것이야말로 꿈을 만들어 낸 판케예프의 무의식적 창조력의 진정한 모습이다. 그렇지만 여기까지의 논의는 프로이트의 분석을 거의 반쯤만 다룬 것에 불과하다. 다음으로는 아버지의 무엇이 그를 불안에 빠뜨렸는가를 물어야 한다. 바꾸어 말하자면 판케예프의 트라우마에 아버지가 어떠한 형태로 관여하고 있는가, 그것이 문제다.

프로이트는 꿈이 가져오는 '현실감Wirklichkeitsgefühl'에 대해 다음과 같이 쓰고 있다.

우리는 꿈을 분석해 본 경험에서 이 현실감이 특별한 의미를 가지고 있다는 것을 알고 있다. 이 감정은 그 꿈에 잠재되어 있는 소재의 일부가 꿈꾼 사람의 기억 속에서 사실성을 가지고 있다는 것을 우리에게 확신시킨다. 다시 말하면 그 꿈은 단순히 상상한 것이 아니라 실제 일어난 일과 관계 있다는 것이다. 그것은 당연히 알려지지 않은 어떤 것의 현실성이란 문제일 뿐이다. (…) 동화의 비현실성에 비해 매우 대조적으로 그 꿈은 어떤 일이 실제로 있었다는 것을 나타낸다.[74]

---

[74] Sigmund Freud, "Aus der Geschichte einer infantilen Neurose"(1914), in: Gesammelte Werke, Bd. XII, Fischer, 1966, S. 59.
한국어판은 지그문트 프로이트, 『늑대 인간』, 김명희 옮김, 열린책들, 2011, 231-232쪽. 여기에서는 번역을 약간 수정했다. — 옮긴이

이 한 구절은 판케예프의 분석에서 프로이트의 입장을 잘 함축하고 있다. 여기에서는 라캉이 "거의 불안에 사로잡힐 정도로"라고 묘사했던, 프로이트를 자극시키는 현실성에 대한 집념을 발견할 수 있다. 이 집념 때문에 프로이트는 환상(환자의 마음이 만들어 낸 것)과 현실(환자가 실제로 경험한 것)이 녹아서 합쳐지는 곳에 서서 양자 사이를 오가고 있었다. 라캉의 지적을 확대해 보면 다음처럼 말할 수 있다 ― **이 사례 보고에는 프로이트 자신의 불안까지 들어가 있다.**

위의 구절에서 프로이트가 '현실'이라고 부른 것은 일단은 외적 현실이라고 보아야 할 것이다. 그렇다면 그것은 구체적으로 무엇을 가리키는 것일까. 프로이트의 생각으로는 늑대 꿈은 위에서 언급했던 소재를 현실의 경험에서 빌려 온다는 것 이상으로 판케예프가 여전히 모르는 ― 즉, 그 기억이 계속해서 억압되고 있는 ― 현실의 사건에 관계된다. 그리고 그 사건이란 트라우마라고 부르는 편이 적당한, 해소될 수 없는 충격을 남겼음이 분명하다. 프로이트는 이 트라우마적 사건에 '원초적 장면Urszene'이라는 이름을 붙였다. 그것은 ― 프로이트는 많은 사람들이 당황할 것을 충분히 알고 주의 깊게 논증해 나갔다 ― 부모가 성행위를 하는 장면이었다. 프로이트의 가설에 따르면 판케예프는 아마 한 살 반이었을 때 이 장면을 실제로 목격했다. 그의 생활사를 조사해 보면, 당시 판케예프는 말라리아에 걸려 있었기 때문에 부모와 침실을 같이 썼다고 한다.

프로이트는 이러한 사실 관계를 바탕으로 꿈과 원초적 장면 사이의 관련성을 떠올리려고 한다. 프로이트의 생각에 늑대의 꿈에서 갑자기 열리는 창문은 부모의 침실에서 갑

자기 눈을 뜬다는 상황을 가리킨다. 또 늑대가 이쪽을 지긋이 바라본다는 것은 실은 판케예프 자신이 부모가 하는 수수께끼의 행위에서 눈을 뗄 수 없었다는 것에 대응한다. 그리고 늑대들이 가만히 있었던 것은 부모의 ─ 역시 유아가 이해할 수 없는 ─ 격한 움직임이 반전된 결과다. 여기에서 늑대의 커다란 꼬리는 아버지의 성기에 해당한다. 그에 비해 어머니의 성기는 양복장이에게 꼬리를 잘린(거세된) 이야기를 연상시킨다.

이 장면은 유아였던 판케예프의 눈에는 폭력적인 행위처럼 비쳤다. 하지만 동시에 어머니의 표정은 그것과는 반대를, 즉 성적인 쾌락을 보여 주고 있었다. 따라서 원초적 장면은 아버지가 가져오는 만족의 장면이기도 했다. 프로이트는 크리스마스 직전에 판케예프가 이 장면을 꿈으로 번역할 필연성이 여기에 있다고 보았다.

> (…) 우리는 그 꿈이 아이에게(크리스마스에 그의 소원이 이루어지리라는 기대에 즐거워하고 있던 그에게) 그가 최초 성교 장면에서 보았던 것처럼 그의 아버지라는 매체를 통한 성적 만족을 얻는 장면을 보여 주리라고 기대했었다.[75]

아버지가 줄 선물을 기대하던 아이는 그 욕망을 꿈속에서 실현하기 위해 예전에 목격했던 장면의 기억, 그때까지 '동화될 수 없는' 이물질로서 잠들어 있던 기억을 일깨우고 말

---

75 같은 책, S. 69.
    한국어판은 『늑대 인간』, 242쪽.

았다. 네 살을 눈앞에 두고 이미 성적 관심에 눈을 뜬 그는 (누이와 있었던 일을 떠올려 보자) 이제 그 장면의 성적인 의미를 이해한다. 즉, 수동적이면서 여성적인 입장에서 아버지가 성교를 해 준다는 이미지를 그곳에서 발견한다. 늑대 꿈은 판케예프가 이 이미지를 그 즉시 거부하고 다시 억압하려 한 결과다. 그는 어디까지나 남성이라는 입장을 고집했다. 프로이트에 따르면 이때 판케예프가 아버지에 대해 명확하게 동성애적인 욕망을 품고 있다고 했지만, 이 욕망은 위의 이미지와 함께 억압된다. 그 결과로 아버지에 대한 성적 관심은 늑대가 가져오는 불안으로 치환되었던 것이다.

여기까지 늑대 꿈에 대한 불안의 정체를 밝혀냈던 프로이트의 발걸음을 쫓아가 보았는데, 이는 그가 내린 대단히 아슬아슬한 해석의 타당성을 운운하기 위해서가 아니다. 프로이트 그 자신이 이 해석에 대해 의심의 눈초리가 쏠릴 수 있음을 잘 알고 있었으며, 예상되는 다양한 반론 ─ 한 살 반의 아이의 기억이 완벽하게 보존될 수 있는가, 네 살 아이가 그 의미를 이해하고 꿈으로 가공할 수 있는가 등등 ─ 을 들면서 논의하고 있다. 한편으로는 원초적 장면의 현실성을 강력히 주장하는 프로이트가 다른 한편으로 환자의 상상과 외적 현실의 인접 지대를 방황하고 있다는 점은 무엇보다 흥미롭다. 다시 라캉의 지적으로 돌아가자면, 프로이트가 느낀 동요와 불안이야말로 중요한 의미를 가진다.

프로이트는 여기에서 상상인가 현실인가라는 이항 대립 그 자체를 부득이하게 되묻고 있는데, 그에 대해서는 다음 장에서 검토해 보도록 하자. 여기에서는 프로이트의 상기설이라 불러야 할 구절을 언급하는 데 그치도록 한다. "꿈을 꾸는 것은 밤을 지배하는 어떤 조건과 꿈을 형성하는 법칙에 따른 것이기는 하지만 분명 기억의 또 다른 방법임에 틀림없다. 이런 꿈이 되풀이되는 동안 환자들 자신은 이러한 원초적 장면이 현실이었다는 확신을 얻게 되는 것이다. 그 확신은 기억에 근거해서 확신하는 것보다 부족함이 없다."[76]

---

76   같은 책, S. 80.
       한국어판은『늑대 인간』, 255쪽. 번역을 약간 수정했다.─옮긴이

11장 프로이트라는 사례
트라우마로서의 실재계 (2)

망설이는 프로이트

앞의 장에서는 프로이트의 유명한 '늑대 인간' 사례의 꿈을 다루었다. 우선은 다시 논점을 정리해 보도록 하자. 라캉에 따르면, 프로이트는 이 분석에서 불안에 사로잡힌 것처럼 '실재계'를 탐구하고 있다. 이는 판케예프가 꾼 늑대 꿈의 배후에서 과거 경험했던 그의 트라우마적 경험을 찾아내려 하는 것이다. 그 경험이란 환자가 아마도 한 살 반의 시기에 목격했던 부모의 성행위 장면이었다. 프로이트는 이것에 '원초적 장면'이라는 이름을 붙였다.

꿈을 꾼다는 것은 기억해 내는 것과 마찬가지의 가치를 지닌다 — 이것이 우리가 앞 장에서 초점을 맞췄던 프로이트의 명제였다. 판케예프는 문제의 장면을 떠올리는 대신 불온한 꿈을 꾸었다. 이를 단순화하면 '원초적 장면 → 꿈'이라는 도식으로 바꿀 수 있다. 또한 여기에는 동화 등의 인상적인 에피소드 역시 소재로 담겨 있다. 프로이트는 그러한 소재가 어디서 비롯되었는지를 하나하나 특정하면서 앞의 도식을 거꾸로 돌려 '꿈 → 원초적 장면'이라는 길을 참을성 있게 파 내려갔다. 물론 이 작업 모두가 판케예프 자신의 자유연상에서 비롯되었다. 그 결과 프로이트는 다양한 반론을 떠올리면서도 이른바 상황 증거로 빈틈을 메움으로써 원초적 장면이 실제로 일어난 사실이라고 주장한다. 판케예프는 실제로 그것을 보았으며, 그렇지 않다면 너무 많은 것을 설명할 수 없게 된다고.

그러나 실은 프로이트의 최종적인 결론은 이것이 아니다. 프로이트가 이 사례 보고를 썼던 때는 1914년이지만, 텍스트에는 1917년부터 1918년에 덧붙인 부분이 있다. 원래 글에 덧붙인 부분은 거의 일곱 페이지에 가깝기 때문에, 이는 약간의 내용 수정이 아니라 그 나름대로의 무게를 지니고 지속된 논의로 보아야 한다. 그렇다면 덧붙인 부분은 무슨 이야기를 하고 있을까. 그것은 다름 아닌 원초적 장면의 현실성에 대해서다.

프로이트는 여기에서 판케예프가 실제로 부모의 성행위를 목격했다는 앞의 견해를 수정하고 있다. 그가 말하길, "나는 원초적 장면이 실제 있었던 일인가 하는 토론을 이번에는 〈증거 불충분non liquet〉이라는 말로 끝내려고 한다."[77] 그는 약 수년에 걸쳐 원초적 장면이 현실인가, 혹은 환자의 상상의 산물인가에 대한 진위를 가릴 수 없다고 생각하게 되었다. 즉, 원초적 장면이 외적 현실에 속하는지 그렇지 않

---

77 같은 책, S. 90.
한국어판은『늑대 인간』, 265쪽. 한국어 번역문의 "확실하지 않다non liquet"의 번역을 법적 용어의 의미를 가진 독일어 원문의 느낌에 가깝게 약간 수정했다. ― 옮긴이

은지는 어디까지나 결정되지 않은 상태로 둘 수밖에 없다는 것이다.

심리적 현실로

그러나 프로이트는 여기서 꽁무니를 빼고 회색 지대로 도망치지 않았다. 오히려 그것은 그의 분석과 고찰이 깊이를 더하면서 내딛게 된 한 걸음이었다고 해도 좋을 것이다. 분석과 고찰의 심화에 어떤 내실이 있었는가는 1915년부터 1917년에 걸쳐 이루어진『정신분석 강의』에서 찾아볼 수 있다. '증상 형성의 길'이라는 제목의 제23회 강의에서 프로이트는 원초적 장면의 현실성이 정신분석의 토대와 관련된 본질적인 논점임을 강조하면서 다음과 같이 말한다.

여러분은 우리가 증상들에 대한 분석에서 출발해서 유아기의 체험들에 대한 인식에 도달했다는 사실을 알고 있습니다. 또 리비도는 유아기의 체험들에 고착하며, 이로부터 증상들이 형성된다는 사실도 알고 있습니다. 이제 놀라운 점은 이 유아기의 장면들이 더 이상 진실이 아니라는 데 있습니다. 그렇습니다. 그것들은 대부분의 사례들에서 사실과 다른 내용을 담고 있습니다. 그리고 개별적인 사례들을 살펴보면 개인의 역사적 진실과도 정면으로 배치됩니다. 여러분은 다른 발견도 아닌 바로 이 발견이야말로 그 같은 결과로 인도한 분석의 신빙성을 떨어뜨리거나, 아니면 환자의 신빙성을 떨어뜨린다고 생각하실 것입니다.[78]

여기서 이야기하는 "유아기의 체험"은 성적인 트라우마를 의미하며, 판케예프가 원초적 장면을 목격한 것이 실제 이러한 트라우마에 해당함을 쉽게 알아볼 수 있다. 정신분석은 트라우마의 기억을 찾아내고 그것을 환자가 다시금 말하게 하는 것을 목표로 삼는다. 그런데 이렇게 해서 말한 기억의 다수가 실은 조작된, 더 나아가 날조된 기억이라고 한다면 어떨까. 이는 정신분석의 근간을 흔드는 상황이다. 환자의 말이 완전한 픽션일 가능성이 생겼을 때 정신분석은 그 목표를 완전히 놓치고 말게 될 것인가.

이는 생각만큼 단순하지 않다. 프로이트는 환자가 말하는 날조된 기억을 '환상Phantasie'이라는 용어로 표현한다. 이는 문자 그대로 '판타지'이며, 프로이트가 사용했던 방식을 따르자면 '공상空想'이라고 번역하는 것이 맞을지도 모르겠다.[79] 어찌 되었든 프로이트가 이 용어를 써서 외적 현실에

---

78 Sigmund Freud, *Vorlesungen zur Einführung in die Psychoanalyse* (1915-1917), in: *Gesammelte Werke*, Bd. XI, Fischer, 1998, S.381. 한국어판은 지그문트 프로이트, 『정신분석 강의』, 임홍빈·홍혜경 옮김, 열린책들, 2012, 495쪽.

79 실제로 한국에서 출판된 다수의 프로이트 번역서가 'Phantasie'를 '공상'으로 번역하고 있다. 그럼에도 '환상'이 주된 번역어로 정착된 것은 열린책들판 전집의 영향이라고 생각되는데, 이 번역이 직관적으로 이해하기 좋기는 하지만 문제가 없는 것은 아니다. 예를 들면 프로이트의 논문 「환상의 미래Die Zukunft einer Illusion」의 'Illusion'과 구별하기 어렵다는 점을 들 수 있다. ─ 옮긴이
이정민, 「프로이트 이론의 번역어에 대한 고찰: Verdrängung(억압)을 중심으로」, 『비교문학』 제69집, 2016.

의거하지 않은 기억의 가치를 정신분석 독자의 발상으로 다루고 있다는 점은 중요하다.

그러한 심리적 결과물 역시 일종의 현실성을 지닙니다. 환자가 그러한 환상의 결과를 만들어 냈다는 사실 자체는 남아 있습니다. 그리고 만약 그가 이런 환상들의 내용을 실제로 체험한 것처럼 느낀다면, 이런 사실은 그의 신경증과 관련해서 결코 적지 않은 의미를 지닙니다. 이러한 환상은 **물리적** 실재와 대립하는 **심리적** 실재들을 함축하고 있습니다. 그리고 우리는 서서히 **신경증의 세계에서는 심리적 실재가 결정적**이라는 사실을 이해하기 시작했습니다.[80]

"신경증의 세계에서는 심리적 실재가 결정적"— 이것이 프로이트가 재정의한 현실의 근간이 되는 생각이다. 우선은 이해하기 쉬운 것부터 확인해 보자. 위의 인용문에서 프로이트가 "물리적 실재"라고 부른 것은 우리가 지금까지 사용해 왔던 구별 중 외적 현실을 의미한다. 그렇다면 심리적 실재는 내적 현실, 즉 라캉이 말하는 실재계에 해당할까? 이 물음에 대답하기 위해서는 프로이트의 논의를 조금 더 따라가야 한다.

프로이트가 "심리적 실재"라는 아이디어를 낸 배경에는 정신분석이 탄생했을 때까지 거슬러 올라가는 큰 문제가 있었다. 19세기 말, 히스테리 치료를 시작했던 프로이트는

---

80 같은 책, S. 383.
　　한국어판은 『정신분석 강의』, 497쪽.

증상의 원인을 찾아가면서 유아기의 성적 경험의 기억이 트라우마가 되고 이 기억이 억압됨으로써 히스테리 증상이 발생한다는 것을 발견했다. 문제는 이 기억의 내용이다. 놀랍게도 치료가 진행됨으로써 환자들이 떠올리고 말하기 시작한 기억에는 어떤 공통점이 있었다. 그것은 환자가 어렸을 때 주위의 어른(예를 들면 아버지)으로부터 성적인 유혹을 받았다는 것이었다. 처음에 프로이트는 이러한 환자의 말을 사실이라 생각했고 1895년 전후에 이른바 유혹 이론을 확립했다. 이는 문자 그대로 히스테리의 병인이 유아기에 받았던 성적 유혹, 즉 넓은 의미에서 성적 학대에 있다는 이론이었다.

그러나 이미 1897년에 프로이트는 이 이론을 신뢰할 수 없게 되었고 망연자실해졌다. 왜냐하면 히스테리 환자가 모두 성적 학대를 받았다면 너무나도 많은 성적 도착(아동 성애나 근친상간)이 여기저기에서 횡행한다는 이야기가 된다. 당시의 빈에서 이는 분명히 무리가 있는 생각이었다. 또 어떤 경우에는 환자가 말하는 기억의 내용이 당사자의 생활사에서 사실과는 명백히 어긋났기에 프로이트는 환자의 기억이 위조되었음을 인정할 수밖에 없었다. 이렇게 유혹 이론은 점차 포기하게 되었는데 그렇다면 왜 이렇게 많은 환자들이 같은 테마의 환상, 즉 친한 어른으로부터 성적 유혹을 받았다는 환상을 품게 되었을까. 환자가 말하는 기억이 비록 픽션이라 할지라도 그 픽션이 반드시 나타난다면 그곳에 어떠한 필연성이 있어야만 했다. 심리적 실재라는 개념은 이 필연성을 다루기 위해 등장했다.

무엇보다 프로이트는 히스테리 환자가 어떠한 성적 유혹

을 실제로 경험했을 가능성을 결코 부정하지 않았다. 즉, 유혹 이론의 포기는 성적 학대의 가능성을 배제하지 않는다. 그보다는 그저 상상으로 만들어진 사건이라 할지라도 가끔은 실제로 경험했던 사건과 동등한 정도의 리얼리티(영향력)를 가진다는 인식이 중요하다. 프로이트는 우리의 마음이 상상만으로 현실의 상처를 입는 경우가 있다는 사실에서 막다른 곳에 이르렀다. 증상은 환자 본인도 모르는 과거의 사건이 가져온 상처이자 증언이다. 이 사건이 실제로 일어났을 경우("물리적 실재")나 환자의 마음 속에서 일어났을 경우("심리적 실재") 모두를 동등하게 다루는 것 — 이것이 유혹 이론의 포기가 가져온 정신분석의 독자적인 현실 인식이었다.

혹시 우리가 현실을 사실(팩트)들이 모인 것으로만 생각한다면 심리적 실재라는 용어는 단순한 자기모순에 지나지 않는다. 달리 말하자면, 정신분석적 인식은 이러한 생각에 저항하여 개인의 삶에 뿌리내린 고통으로부터 현실을 다루고자 한다. 여기에서 말한다는 행위의 중요성이 재차 강조된다. 심리적 실재가 '실재'라는 이름에 부합하는 근거는 분석 중에 환자가 그것을 직접 기억해서 말했다는 점에서만 얻을 수 있기 때문이다.

언어의 한계 지점

위와 같은 점을 바탕으로 판케예프의 분석에서 나타난 원초적 장면의 문제로 돌아가자. 결론부터 말해, 원초적 장면을 하나의 심리적 실재로 본다면 그것이 실제로 일어난 일이라 볼 필요는 없어진다. 사실 과거의 유혹설 대신에 도입된 심리적 실재라는 개념을 사용함으로써 원초적 장면의 현실성에 관한 프로이트의 입장은 변화했다.

1914년의 시점에서는 이 장면을 물리적 실재로 보아야 한다고 완고하게 주장했던 프로이트가, 이 장면이 하나의 심리적 실재로서 환자에게 늑대 꿈을 꾸게 했을 가능성을 파악하고 그것을 받아들였다. 서두에서 확인했던 "증거 불충분"으로 결정되지 않은 상태에 머물렀던 생각은 회색 지대로 후퇴해 안주하려던 것이 아니라, 무의식이라는 영역에서의 심리적 실재와 물리적 실재의 등가성이라는 생각의 의의가 다시금 확인된 결과라고 해도 좋을 것이다. 이를 정리해 보면, '꿈 → 원초적 장면 → 물리적 현실(실제 경험)'이라는 이론에서 '꿈 → 원초적 장면 → 심리적 실재(무의식 속에서 만들어진 경험)'라는 이론으로 변화함을 알 수 있다.

그런데 프로이트는『정신분석 강의』에서 유아기의 유혹과 부모의 성행위를 목격한 것, 그리고 거세라는 세 개의 테마가 많은 신경증자에게 공통적으로 발견되는 환상임을 거론하고 있다. 그리고 이러한 일반적인 성격을 가진 환상을 프로이트는 "원초적 환상Urphantasie"이라고 이름 붙였다. 이들 요인은 판케예프의 꿈을 분석할 때도 중요한 위치를 점한다는 것은 앞의 장에서 논한 바와 같다. 그러나 프로이트는 이 결과에 만족하지 않았다. 여기까지의 논의에서 하나의 문제가 해결되지 않은 상태로 남았기 때문이다. 그것은 왜 '원초적 환상'이 많은 환자의 분석에서 공통되게 나타나는가라는 문제였다. '꿈 → 원초적 장면 → 심리적 실재 → 원초적 환상'으로 진행해 온 프로이트의 발걸음은 이번에는 '원초적 환상'의 근거가 어디에 있느냐는 새로운 문제에 봉착하게 되었다.

프로이트의 이러한 발걸음이 분석을 진행해 가는 환자 자신의 발자취이기도 하다는 점은 중요하다. '원초적 환상'은 환자가 연상의 실을 풀어 가며 말을 자아내는 중에, 말하자면 막다른 곳에서 나타난다. 그런데 만약 '원초적 환상'이 많은 사람들에게 공통된 것이라고 한다면 그 근거는 원리적으로 개인의 차원이 아니게 된다. 그렇다면 이는 이미 환자 개인을 상대로 하는 분석가의 손을 벗어난 문제가 아닐까. 하지만 프로이트는 여기에서 발걸음을 멈추지 않고 보다 대담하게 가설을 제시한다. 프로이트가 "상당히 과감한 [위험한] 견해로 받아들일 것"이라는 전제를 달면서 제시하는 가설은 다음과 같다.

나는 유년기의 환상과 몇 가지 다른 환상들을 〈원초적 환상〉이라고 부를 생각입니다. 원초적 환상은 계통 발생적인 역사의 유산입니다. 개인의 체험이 지나치게 성숙하지 못한 상태에 놓여 있을 때, 개인은 원초적 환상들을 통해서 자신만의 체험을 넘어 태고 시대의 체험에 도달합니다. 우리는 분석하는 과정에서 오늘날 상상에 지나지 않는 것으로 환자가 설명하는 다음과 같은 내용들에 접하게 됩니다. 그중에는 아이들이 유혹을 받았다는 체험, 부모의 성교를 관찰함으로써 성적 자극이 촉발되는 체험, 거세해 버리겠다는 위협이나 거세당했다는 체험 등이 포함되는데, 이런 내용들은 사람들이 가족을 구성해서 살았던 태고 시대에는 한때 현실 그 자체였습니다. 그리고 상상을 하는 아이는 단지 개인적으로 모르고 있던 진실을 역사 이전의 사실로 채워 넣을 뿐입니다.[81]

결국 프로이트는 심리적 실재라는 개념을 자유자재로 구사할 수 있게 되었지만 또한 그 물리적 근거(물리적 실재 속의 근거)를 밝혀내기 위해 노심초사했던 듯하다. 프로이트는 선사시대의 체험을 그 물리적 근거로 생각했다. 다시 도식화해 보면 '꿈 → 원초적 광경 → 심리적 실재 → 원초적 환상(=계통 발생적인 역사의 유산) → 선사 시대의 체험(과거의 물리적 실재)'이 된다. 프로이트가 보기에 분석을 통해 나타나는 원초적 환상의 내용(유혹, 원초적 광경, 거세)은 역시 환자 개인이 실제로 체험한 것은 아니었다. 하지만 그것은 완전한 거짓도 아니다. 인류가 옛날에 ─ 즉, 현재에는 실증할 수 없을 정도로 오래된 ─ 경험했던 트라우마가 마치 유전자에 각인되듯이 일종의 집합적 기억으로 전달되고 개인의 무의식에 쓰인 결과라는 것이다.

덧붙이자면 프로이트는 여기서 에른스트 헤켈Ernst Haeckel의 "개체 발생은 계통 발생을 반복한다"는 명제를 인용하

---

81 같은 책, S. 386.
    한국어판은 『정신분석 강의』, 500-501쪽.

고 있다. 프로이트는 이 명제가 개인의 역사와 집단의 역사를 유사한 것으로 보고 있음을 발견하고 기묘할 만큼 매료되었다. 개인사를 거슬러 올라감으로써 잃어버린 현실을 재발견한다는 것이 정신분석의 본질적인 의의라고 한다면, 자연스럽게 인류사에서 잃어버린 현실 또한 고려의 대상이 된다. 이처럼 웅장한 비전을 향한 신념은, 예를 들어 말년의 『인간 모세와 유일신교』(1939)에 이르기까지 프로이트를 휘감고 있었다.

정신분석에 적대적인 존재가 아니더라도 이러한 생각에 찬성하기는 어려운 일이다. 이 신념이야말로 프로이트의 심리적 실재가 아닐까라고 생각되기도 한다. 예를 들어 피터 게이Peter Gay는 유명한 프로이트 전기에서 선사시대의 체험이 유전된다는 유사 생물학적 논의가 "가장 기이하고 또 전혀 변호할 수 없는 지적 태도"라고 말하고 있다.[82] 이러한 묘사에는 어떠한 과장도 없다. 여기서 문제는 환자의 증상이 아니라 **프로이트 자신의 증상**이다.

물론 이러한 프로이트의 논의를 말도 안 되는 것으로 쉽게 내쳐 버릴 수도 있다. 하지만 적어도 라캉은 이러한 길을 선택하지 않았다. 오히려 라캉은 이만큼 위험한 가설에 손을 뻗치면서까지 프로이트가 추구했던 것이 무엇이었는가, 무엇이 프로이트를 부추겼는가를 생각하고자 했다. 이

---

82 Peter Gay, *Freud — A life for our time*, W. W. Norton & Company, 1988, p. 290.
한국어판은 피터 게이, 『프로이트 I』, 교양인, 정영목 옮김, 2011, 540쪽.

물음에 대한 답이 실재계다. 라캉은 프로이트가 말하는 선사시대의 체험 대신에 주체의 기원으로서의 트라우마, 즉 주체의 개인사에서 더 이상 거슬러 올라갈 수 없는 한계 지점으로서의 실재계를 정의했다.

라캉의 시도를 도식화하면 '꿈 → 원초적 광경 → 심리적 실재 → 환상 → 실재계(=주체의 기원으로서의 트라우마)'가 된다. 이러한 라캉의 이론에서 정신분석이 다루어야 할 현실의 최종적인 근거는 어디에 있을까. 그것은 역사 이전의 실증 불가능한 사실이 아니라 분석 주체의 기억(떠올리는 것)과 언어(말하는 것)의 한계 지점이다. 위에서 논했던 바와 같이, 심리적 실재가 '현실'이라는 근거는 무엇보다도 주체가 하는 말에, 혹은 말한다는 행위 그 자체에 있다. 그리고 그 말의 연쇄가 도달하는 막다른 곳이 실재계다. 그 때문에 라캉은 실재계를 언어로 표현하기가 '불가능한 것'으로 정의한다. 그것은 말하자면 심리적 실재의 핵이다. 심리적 실재는 그 단단한 핵 앞에 이르게 되면 말이 속절없이 멈추고 만다는 점에서 단순한 허풍과 구별된다.

12장 헤겔에 저항하는 라캉
정신분석적 시간의 발명

언어의 이면

앞의 장까지 프로이트의 '늑대 인간' 사례를 소재로 하여 정신분석에서의 현실이란 무엇인가를 고찰했다. 환자가 네 살 때 꿨던 꿈을 해석함으로써 '원초적 장면(=부모가 성교를 하던 장면)'을 도출해 낸 프로이트는 이 장면이 '심리적 실재', 즉 환자의 환상일 가능성을 인정했지만 그 근거를 어디까지나 '물리적 실재' 속에서 찾으려고 했다. 이 만족을 모르는 탐구는 결국 역사 이전에 겪은 인류의 경험이 개인의 무의식 속에 각인된다는 상당히 비약된 가설로 프로이트를 이끌었다.

'실재계'라는 독자적인 개념을 통해 라캉은 프로이트의 비약(좋은 의미든 나쁜 의미든)이 지닌 가치를 최대한 이끌어 냄과 동시에 분석 주체가 말을 함으로써 자신의 기억을 파 내려간다는 분석 실천의 기본으로 이 비약을 되돌리려 했다. 다만 라캉이 프로이트의 환상보다 '진지한' 논의를 도출했다는 것은 아니다. 프로이트의 모든 생각은 실천에 대한 물음과 연관 지음으로써 비로소 진정한 의미를 나타낸다 —

이것이 라캉이 시종일관 양보하지 않았던 기본 자세였다.

앞 장에서 논했던 것처럼 실재계란 말하는 주체의 말이 부딪치는 한계, 혹은 그 말이 자아내는 개인의 역사의 기원(이 이상 거슬러 갈 수 없는 지점)이다. 라캉은 이러한 의미에서의 실재계를 정신분석이 트라우마라 불러왔다고 이야기한다. 아무리 해도 그에 대해 말할 수 없다는 불가능성이야말로 트라우마의 본질이다.

그렇다면 반대로 이러한 불가능성에서 해방된 완전한 언어란 대체 무엇일까. 혹은 자신의 모든 것을 알고 있으며 그것을 말할 수 있는 주체란 존재할 수 있을까. 정신분석은 아니라고 대답한다. 무언가에 대해 끊임없이 어긋나게 말하는 것, 아무리 해도 말할 수 없는 것을 마냥 껴안고 있는 것, 이는 말하는 모든 주체에게 동등하게 부여된 조건이다. 그렇다면 우리는 말을 할 수 있게 된 바로 그때부터 **구조적으로**, 트라우마를 품고 있다는 뜻이 된다. 그런 의미에서의 트라우마는, 그리고 트라우마로부터 비롯된 증상은 꼭 정신분석이라는 영역에만 한정되지는 않는다.

예를 들면, 반드시 **저 사람에게 이것을** 말하고 싶었지만 막상 말을 했는데 전혀 통하지 않을 때 우리는 어떤 느낌을 받을까. 이러한 상황이 그저 한 번뿐이었다면 단순한 우연이라 보고 그냥 잊어버릴 수 있다(피곤했으니까, 생각이 정리가 안 되었으니까 등등). 하지만 이렇게 말이 통하지 않는 경우가 몇 번이나 되풀이된다면 무언가 본질적인 원인이 있다고 생각하게 될지도 모른다. 우리가 그 원인을 자신 속에서 찾고자 했을 때 아주 사소한 우발 상황이 '증상'으로서의 가치를 지니게 된다. 우리가 어디까지나 언어에 의거해서 삶을 영위하는 존재라는 사실과 그 이면에서 끊임없이 맴돌고 있는 트라우마는, 그렇게 해서 기회가 있을 때마다 자신의 존재를 잊지 않도록 얼굴을 내민다.

트라우마의 사후성

여기까지 누차 '역사=이야기'라는 표현을 써 왔는데, 언어와 시간은 여기에서 항상 문제시된다. 이 장에서는 특히 시간에 초점을 맞추어 생각해 보고자 한다. 왜냐하면 트라우마에 대한 프로이트의 논의는 어떤 특징적인 시간성을 발견했다는 것과 떼려야 뗄 수 없는 관계이기 때문이다. 프로이트는 이 시간성을 '사후성Nachträglichkeit'이라고 불렀다. 참고로 라캉은 어느 곳에서 프로이트가 말하는 '사후성'에 주목하여 그것을 정신분석의 중요 개념으로 위치시킨 것이 자신의 공적이라고 했다.[83]

그렇다면 '사후성'이란 무엇일까. 사후성을 고찰하기 위한 소재 역시 '늑대 인간' 속에 있다. 이 사례는 사후성이라는 메커니즘이 명확하게 나타나고 있다는 의미에서도 많은 가르침을 준다. 프로이트는 원초적 장면이 판케예프에게 가져온 영향에 대해 다음과 같이 말하고 있다(만일을 위해 말해 두자면, 이 텍스트를 쓰던 1914년의 시점에서 프로이트는 원초적 장면의 목적을 현실에서 일어난 사건으로 보고 있었다).

---

83 Jacques Lacan, "Position de l' inconscient" (1964), 앞의 책, p. 839. 한국어판은 『에크리』, 989쪽.

그리고 그 [최초 성교] 장면을 활성화하는 것은(나는 여기서 의도적으로 〈상기〉한다는 말을 피했다) 그것이 최근의 경험인 것처럼 영향을 미친다는 것을 더욱 기억해야 한다. 그 장면의 영향이 나타나는 것은 뒤로 미루어졌다. 그러나 한 살 반에서 네 살이 되는 기간 동안에 그것은 생생함을 전혀 잃지 않았다.[84]

여기서 판케예프가 원초적 장면을 목격했다고 생각되는 한 살 반부터 그가 늑대 꿈을 꾸었던(즉, 원초적 장면이 편집되어 꿈의 형태로 나타난) 네 살까지라는 타이밍이 어떻게 생긴 것인가를 물어야 할 것이다. 프로이트는 원초적 광경이란 이해 불가능한 것이며, 말하자면 얼어붙은 상태로 기억되다가 나중에 어떤 계기로 인해 '활성화Aktivierung'됨으로써 작용한다고 보았다 — 마치 갑자기 녹아 바로 지금 경험하고 있는 듯한 생생함을 동반하면서. 말할 것도 없이 늑대 꿈은 이 작용의 산물이다. 프로이트가 주의 깊게 쓰고 있는 것처럼, 두 살이 넘을 때까지 동결되어 있었던 원초적 장면의 기억이 그대로 '상기'되지는 않았다. 네 살 당시의 판케예프는 무의식에서 솟아나와 그대로 '활성화'된 이 장면을 기억하는 대신에 꿈을 꾸었다. 이 꿈이 교묘하게 편집됨으로써 원초적 장면과 전혀 다른 모습을 띠게 된 것은 그가 이 장면과 그곳에 담긴 자신의 욕망을 억압하고 있기 때문이다. 그

---

84 Sigmund Freud, "Aus der Geschichte einer infantilen Neurose", 앞의 책, S. 71.
한국어판은 『늑대 인간』, 245쪽.

욕망이란 제10장에서 본 것처럼 아버지가 가져다주어야 했을 성적 만족에 대한 욕망이다.

원초적 장면의 효과를 사후적으로 일깨우는 방아쇠가 된 것은 다름아닌 고조되는 욕망이었다. 프로이트에 따르면 크리스마스를 앞에 두고 선물에 대한 기대로 가슴이 요동치는 소년에게는 실은 억압을 피할 수 없는, 움트기 시작한 성적 욕망이 있었다. 그리고 그 욕망이 아버지가 어머니에게 성적 만족을 가져다주는 장면의 기억을 불러일으켰다. 이처럼 어떤 기억이 일정한 잠재 시기를 거쳐 그보다 후에 경험한 일을 계기로 의미를 갖는다는 사후성의 메커니즘은 이 사례에만 해당되는 것이 아니라 신경증 일반에 공통된다. 히스테리 치료에서 출발했던 프로이트가 트라우마가 사후적으로 전개됨에 따라 히스테리 증상이 생겨난다는 독자적인 병인론을 구축해 낸 것도 정신분석가 커리어의 초기였다. 요컨대 정신분석이라는 실천의 발명은 **사후성이라는 특이한 시간성의 발명**이기도 했다.

판케예프의 꿈은 이러한 증상 형성의 메커니즘과 같은 형태다. 증상과 꿈 모두 무의식의 형성물이라는 의미에서 같은 수준에 있기 때문이다. 그런데 프로이트는 판케예프가 이 꿈을 꾸고 난 후 어른이 되어 분석을 받으면서 꿈에 대해 조금씩 말하게 되기까지의 타이밍에서도 사후성을 읽어내고 있다.

한 살 반일 때 아이는 어떤 인상을 받는다. 그러나 그것에 대해 적당하게 반응할 수는 없다. 그는 그 인상이 네 살 때 되살아나자 그것을 이해하고 그것에 의해 영향을 받을 수 있게 된다. 그리고 이십 년 뒤에 분석을 받는 도중에 그 당시 자기 안에서 무엇이 벌어지고 있었는지 의식적인 정신 작용으로 이해할 수 있게 된다.[85]

사후성은 먼저 원초적 장면과 꿈 사이에, 나아가 꿈과 분석 경험 사이에서 판케예프라는 주체의 역사를 조건 짓는다. 트라우마는 경험된 그 순간부터 트라우마**인 것**은 아니다. 그것은 언제나 늦게, 어떠한 계기를 가짐으로써 트라우마**가 되는 것**이다. 또한 이러한 과정도 과정 그 자체보다 언제나 나중에 하게 되는 말을 통해 비로소 드러난다. 그렇기에 최초의 사건이 이해 불가능한 것에 대한 기억으로서 무의식에 각인되고, 이윽고 그곳에 언어가 따라가 붙기까지의 흐름 속에서, 말하자면 사후성은 이중으로 작용한다.

이미 다룬 바 있지만, 판케예프는 분석 중에 원초적 장면을 생각하면서 당시의 자신은 그것을 일종의 폭력 행위라고 느꼈지만, 기쁨에 찬 어머니의 표정은 분명히 그것과는 반대임을 말하고 있었다고 했다. 아주 상식적인 관점에서 보자면 한 살 반의 아이가 그만큼 세세한 통찰력을 가지고 있다고 생각하기는 어렵다. 그것은 네 살 아이도 마찬가지다. 비록 조숙한 성적 체험을 했다 한들 네 살 아이의 무의식이 자신의 욕망에 응해 기억을 되짚고 그 의미를 정확하게 이해하며, 게다가 그것을 꿈의 소재로 이용할 수 있을까. 프로이트는 이러한 의심에 먼저 나서서 대답하기 위해 위

---

85 같은 책, S. 72.
　　한국어판은『늑대 인간』, 246쪽. ― 역자 주.

와 같이 이중적 사후성의 의미를 강조했다. 원초적 장면과 그에 이어지는 꿈의 의미는 프로이트와의 분석에서, 아니, 이 분석을 구성하는 판케예프 자신의 말 속에서야 간신히 기회를 얻어 나타날 수 있었다. 그가 어른이 된 현재의 시점에 맞추어 자신의 과거에 새로운 의미를 부여했다는 것은 아니다. 그보다는 **하나의 기억에 머물고 있는 잠재적인 힘이 분석을 받는 지금에서야 비로소 나타났고, 그 힘이 언어를 자아내고 있는 것이다.** 과거의 사건을 지금 와서 말한다는 것은 어디까지나 필연적으로 나타나는 반응이며, 이 반응은 언제나 늦게 나타난다. 다르게 말하자면 그때까지도 사건에 대한 경험은 끝나지 않았고 이처럼 사후적으로 반응함으로써 사건은 하나의 단락으로 나뉘게 된다.

『정신현상학』에 쓰지 않은 것

하나의 기억이 나중에 트라우마가 되고, 말이 뒤늦게 그 트라우마를 쫓아간다. 정신분석을 통해 무의식에서 끄집어져 나온 주체의 역사에서 이러한 구조가 발견된다. 그렇다면 환자는 최종적으로 이 역사적 체험을 전망하는 지점에 설 수 있을까. 바꾸어 말하자면, 정신분석은 자신을 완전히 알 수 있도록 주체를 이끌 수 있을까. 여기서 다시금 이와 같이 커다란 물음을 던지는 것은 일종의 철학과 정신분석의 근본적인 차이를 확인하고자 하기 때문이다. 다소 갑작스럽다고 생각할지도 모르겠지만, 프로이트가 말하는 트라우마의 특징을 찾을 때 라캉은 헤겔의『정신현상학』(1807)

을 들고 나왔다. 다음은 세미나 『어떤 '타자'로부터 타자로』 (1968-1967)에서 라캉이 한 말이다.

헤겔의 자기의식Selbstbewusstsein이란 '내가 사고한다는 것을 내가 알고 있다'는 것이며, 이에 비해 프로이트적인 트라우마란 그 자체마저 사고할 수 없는 '나는 모른다'입니다. 왜냐하면 프로이트는 거의 모든 사고의, 해체된 '나는 생각한다'를 전제로 하고 있기 때문입니다. 무의식을 이해하는 데 있어 가장 중요한 점은, 기원-점Le point-origine — 발생적이 아니라 구조적으로 이해해야 하는 것 — 이 결핍된 앎의 결절점이라는 형태로 생겨난다는 것입니다.[86]

우선 헤겔의 독자적인 개념에 대해 약간이나마 다루어 보기로 하자. 『정신현상학』에서 자기의식이란 의식과 대상의 대립을 뛰어넘는 운동이다. 의식에게 대상이란 자기의 외부에 있는 것이다. 즉, 의식은 자기와 대상을 확고하게 구별하고 있다. 중요한 것은 이 구별 자체가 실은 의식으로부터 유래한다는 점이다. 따라서 의식은 대상과의 관계를 통해 자기 자신을 알 수 있다. 바꾸어 말하자면 의식에게 있어 대상과 관련된 앎이란 동시에 자기 자신에 대한 앎이기도 하다. 그러한 의미에서 **대상은 의식이 자신을 알기 위해 필수불가결**한 매개다. 이 매개 작용으로 인해 타자 속에서 자신을 발견하는 것이 자기의식의 본질이다. 자신의 바깥으

---

86   Jacques Lacan, Le séminaire livre XVI, *D'un Autre à l'autre* (1968-1969), Seuil, 2006, p. 273.

로 나아감으로써 자신으로 돌아온다는 역설적인 운동의 연속이『정신현상학』을 관통하고 있다.

이 운동의 출발점에는 앎Wissen과 진리Wahrheit의 분열이 있다. 앎은 본질적으로 의식의 내부에 있다. 그에 비해 진리는 내부와 외부를 뛰어넘은 후, 즉 모든 것이 내부에 포함됨으로써 비로소 알 수 있게 된다. 따라서 이 운동의 종착점이란 앎과 진리의 분열이 완전히 극복되어 앎이 궁극적인 전체가 되는 것이다. 위에서 라캉은 헤겔을 데카르트의 연장선상에 위치키시면서 헤겔의 자기의식과 프로이트적 트라우마를 명확히 대립시키고 있는데, 여기서 헤겔과 프로이트에게 주체와 앎이 어떠한 관계인가라는 점이 문제시된다.

헤겔의 자기의식에서 주체는 자신을 알고 있다. 그보다는 오히려 **주체가 앎 그 자체**라는 점으로 인해 자기 동일성을 지니고 있다. 앞서 논했던 것처럼 자기의식은 끝없이 타자를 매개로 삼음으로써 자기 자신과의 일체화를 이룬다. 이에 비해 프로이트적 트라우마는 앎이 "결핍"하는 지점을 이루고 있기에 앎과 분열된 진리의 자리를 차지한다. 당사자와 무관한 채로 주체를 결정한다는 점에서 트라우마는 진리의 가치를 가진다. 그렇다면 앎과 진리가 분열할 때 주체는 어디에 있을까. 여기서 라캉이 코기토를 연관시키며 논의하고 있다는 점에 유의할 필요가 있다. 제5장에서 다룬 것처럼, 라캉에게 코기토는 무엇보다 주체의 분열(생각이라는 행위 속에서 사라지는 존재)을 보여 주는 것이었다. 즉, 주체는 앎과 진리 사이에서 어쩔 수 없이 분열하게 된다.

이를 고려하면서 조금 더 시야를 넓혀『정신현상학』전체

프로젝트를 다루어 보고자 한다. 여기에서야말로 '역사=이야기'라는 말을 쓰는 것이 적절할지도 모르겠다. 왜냐하면 이 철학서는 한 사람의 주인공(=주체)이 자신을 형성하고 전개해 나가는 역사=이야기를 그리고 있기 때문이다. 이 역사=이야기는 처음과 끝이 강하게 묶여 있어서 전체가 닫힌 원환을 그리고 있다는 점이 중요하다. 헤겔은 진리가 하나의 전체를 이루는 철학의 체계임과 동시에 '정신'이라는 주인공이 힘차게 운동함으로써 자신의 역사를 만들어 내는 장대한 드라마이기도 하다는 구성을 꾀했다. 헤겔에 따르면, 이 드라마에서는 마지막에 '정신'이 '절대자'로서 모습을 드러낸다. 그리고 철학의 사명은 이 '절대자'를 인식하는 것이다.

이러한 구성은 관점에 따라 위에서 본 프로이트의 사후성의 논리와 통하는 것처럼 보이기 때문에 흥미롭다. 예를 들어 『정신현상학』의 서론에서 헤겔은 다음과 같이 쓰고 있다.

> 진리는 곧 전체이다. 그런데 전체는 본질이 스스로 전개되어 자신을 완성한 것이다. 절대적인 것에 대해서 이야기한다면, 이는 본질상 결과로서 나타나는 것이며 끝에 가서야 비로소 참모습을 드러낸다. 바로 이 점에 절대적인 것의 본성은 현실적인 주체이자 자기의식이라는 사실이 나타나 있다.[87]

---

87 Georg Wilhelm Friedrich Hegel, *Phänomenologie des Geistes* (1807), Felix Meiner, Philosophische Bibliothek, Bd. 414, 1988, S. 15.

'정신'은 자신을 전개해 나가는 역사의 끝에 다다름으로써 **사후적으로** 자기 자신이 될 수 있다. 이때 '정신'은 '절대자'로서 보편적이면서 궁극적인 자기의식에 이른다. 여기에 이르러 '정신'은 자신이 걸어온 역사 전체, 즉 다양한 타자와의 만남을 포함한 이야기 전체가 실은 자기 자신이었음을 알게 된다. 다르게 표현하자면 '정신'이라는 주체 없이는 애초에 역사도 존재하지 않지만, 동시에 그 역사를 통해서만 '정신'은 주체가 되며 자기에 대한 앎을 진리로서 실현한다. 조금 거칠게 비유해 보자면 작중 인물이 자신이 만들어 내는 작품을 안다는 점에서 이는 마치 메타픽션과 같다.

그렇다면 이 원환을 맴돎으로써 무슨 일이 일어나는 것일까. 이 서술의 출발점에는 사실 이미 그 결과가 포함되어 있다는 점 역시 사후적으로 증명된다. 그때 우리들은 『정신현상학』을 '정신'이라는 주체의 '기억=내재화Erinnerung'로서 읽게 된다. 헤겔은 이렇게도 말하고 있다 ─ "오직 학문만이 정신 그 자체에 관한 정신의 참다운 앎이 된다."[88] 이처럼 좋게 말하면 세밀하게 다듬어진, 나쁘게 말하면 예정 조화설[89]적인 결말에서 주체는 자신에 대한 완전한 기억을 확

한국어판은 G. W. F. 헤겔, 『정신현상학』, 김양순 옮김, 동서문화사, 2012, 22쪽.

88   같은 책, S. 526.
      한국어판은 『정신현상학』, 524쪽. 여기에서는 번역을 약간 수정했다. ─ 옮긴이

89   豫定調和說prästabilierte Harmonie. 세계를 구성하는 모든 단자monad가 서로 조화를 이루고 있기에 세계가 질서와 조화를 이룬다는

립하고 앎과 진리의 완전한 일치를 체현한다. 라캉이 보기에 바로 이러한 점에서 프로이트적 무의식은 헤겔 철학에 대한 저항을 품고 있다. 왜냐하면 헤겔적인 정신의 기억 속에는 최종적으로 트라우마가 체현하는 불가능성이 존재할 여지가 없기 때문이다.

정신분석을 통해 주체는 자신이 무의식 속에 숨겨 두었던 트라우마와 사후적으로 마주할 수 있게 된다. 그러나 그것이 자기에 대한 완전한 앎에 이르지는 않는다. 자신을 만들어 낸 사건과 그것보다 늦게 찾아오는 말의 단절 지점에 위치하는 고유한 경험을 통해 주체는 **언어 그 자체에 불가능성이 구조적으로 내포되어 있다**는 근원적인 사실을 습득한다. 이 사실은 온갖 것을 말해 내는 작업을 통해 역시 사후적으로 떠오른다. 이를 받아들임은 모든 것이 끝나 버린 지점에서 모든 것을 내려다본다는 꿈과 결별하는 것이기도 하다.

하지만 이 불가능성을 자기만이 할 수 있는 방법으로 떠맡아서 단락을 지을 수 있다면 주체는 다시 결말을 알 수 없는 현실로 돌아와 걷게 될 것이다. 자신의 앎이 결코 돌아갈 수 없는 과거를 꿈이라는 형태를 빌려 때때로 되새기면서 말이다.

이론. 라이프니츠G. W. Leibniz가 주장했다. 관련된 내용은 G. W. 라이프니츠, 『모나드론 외』, 배선복 옮김, 책세상, 2019를 참조할 것. — 옮긴이

3부

소크라테스의 욕망을 둘러싸고

13장 기원의 유혹
프로이트와 소크라테스

정신분석의 기원으로

우리는 '늑대 인간' 사례에서 '사후성'이라는 특이한 시간 구조를 발견할 수 있었다. 어떤 사건에 대한 반응이나 그 효과가 한참 후에야 비로소 나타난다는 것은 개인의 증상의 의미를 하나의 역사 속에서 다루는 정신분석의 본질적인 구조다. 이는 정신분석을 거시적인 관점에서 생각할 경우에도 들어맞는다. 즉, 정신분석 그 자체의 역사를 말할 때에도 사후성 이론은 끊임없이 작용하고 있다는 뜻이다.

프로이트는 정신분석이 하나의 '운동'이라는 점을 강조했다. 한 사람 또 한 사람, 정신분석을 지향하는 사람들이 프로이트 주위로 모여들면서 이윽고 조직이 구성되었으며, 독자적인 임상이 실천되고 그곳에서 새로운 이론이 생겨난다. 운동이 전개됨에 따라 정신분석은 점점 프로이트 개인의 손을 떠나 빈으로부터 취리히, 부다페스트, 베를린, 런던, 뉴욕, 파리 등으로 퍼져 나갔다. 하지만 정신분석이라는 실천이 프로이트라는 개인의 경험에서 태어났다는 사실은 특히 운동이 종종 위기에 빠졌을 때 무겁게 다가왔다.

그중에서도 정신분석의 기원은 정신분석 실천의 본질을 따져 볼 때 대단히 중요한 문제다. 여태까지 누차 말했던 것처럼 분석 실천의 근간에는 분석가와 환자라는 친밀한 이자 관계를 기반으로 한 전이 현상이 있었다. 과거의 애제자 융과의 결별이라는 위기 상황 속에서 쓴 텍스트『정신분석 운동의 역사』(1914)에서 프로이트는 히스테리 치료의 선배 격이었던 요제프 브로이어와 환자의 관계가 전이의 선구적인 모델이라 말하고 있다.[90] 즉, 전이의 출현이 정신분석의 출발점이라 한다면 브로이어야말로 프로이트보다 앞서 전이와 마주친 최초의 당사자였다는 것이다.

여기서 프로이트는 프로이트와 브로이어의 공저『히스테리 연구』(1895)에서 다루었던 '안나 O'(본명은 베르타 파펜하임 Bertha Pappenheim)의 증상을 언급하고 있다. 브로이어의 보고에서 그녀는 증상을 불러일으킨 사건의 기억을 이야기함으로써 히스테리성 언어 장애와 지각 이상이라는 증상이 해소된 성공 사례로 맨처음에 제시되고 있다. 이 경험이 후에 — 분석가가 환자에 대한 어떠한 '암시'도 하지 않는다는 새로운 조건하에 — 자유연상이라는 기법으로 이어진다. 정신분석의 탄생을 상징하는 유명한 사례다.

다만 브로이어는 그녀의 전이를 치료에 잘 활용할 수 없었다. 프로이트의 생각으로는, 환자로부터의 열렬한 연애

---

90 Sigmund Freud, "Zur Geschichte der psychoanalytischen Bewegung"(1914), in: *Gesammelte Werke*, Bd. X, S. 49-50.
한국어판은 지그문트 프로이트,『정신분석학 개요』, 박성후·한승완 옮김, 열린책들, 2011, 55쪽.

감정을 하나의 증상으로 보는 관점이 결여되었기 때문에 브로이어의 치료는 진정한 정신분석으로 향하지 못했다. 즉, 전이-사랑으로 인해 치료가 중단된 하나의 사례에 머무른 것이다.

이리하여 정신분석의 진정한 역사이자 기념비적인 위치를 점하는 이 사례에는 간과하기 어려운 좌절의 그림자가 드리워져 있었다. 그뿐만이 아니다. 프로이트가 제자 몇 사람에게 사적으로 했던 이야기에 따르면, 치료의 종료가 가까워졌다고 생각되던 어느 날 밤 파펜하임은 브로이어에게 왕진을 요청한 후 복부의 경련을 호소하면서 "당신의 아이를 가졌다!"고 윽박질렀다. 이 상상 임신을 눈앞에 둔 브로이어는 경악했고 그 자리를 빠져나오면서 그녀가 자신과 부인의 관계에 위기를 가져올 것 같은 불안을 느껴 급기야 두 번째 신혼여행을 떠나게 되었다고 한다. 추문에 가까운 일화를 프로이트의 애제자 어니스트 존스가 공표함으로써 브로이어의 증례 보고는 의혹의 소용돌이에 빠져들어 간다.

다만 프로이트와 브로이어의 관계는 『히스테리 연구』의 출판을 기다리지 못하고 악화되어, 이후 두 사람의 교류는 완전히 끊어져 버렸기 때문에 이 건에 관한 브로이어 자신의 증언은 오직 프로이트의 회상을 통해 전해지는 것에 불과하다. 하물며 프로이트로부터 들었다며 후세 사람들이 하는 말은 많든 적든 왜곡된 가십 같은 것도 포함하고 있다(실제로 새로운 자료가 발견됨으로써 존스의 기술에 몇 군데 사실을 오인한 점이 있음이 밝혀졌다). 덮개를 치우고 비밀을 밝히려 하는 말 그 자체가 새로운 덮개가 되었고, 비밀은 한층 더 매혹적으로 새로운 말을 엮어 내고 있는 것이다.

정신분석가와 철학자

따라서 정신분석의 시작을 고하는 이 1막은 하나의 '신화'로서 사실인가 아닌가의 판단을 보류하고 받아들여야만 한다. 하지만 중요한 것은 프로이트 그 자신에게는 이것이 완전한 사실이었다는 점이다. 프로이트가 '정신분석이란 무엇인가'를 보여 주기 위해, 더욱이 자신을 정신분석의 창시자로 위치시키기 위해 이 신화가 필요했던 것이다. 아마도 그것은 프로이트가 브로이어라는 권위자로부터 진정한 자립을 쟁취하기 위한 이야기였을지도 모른다.

정신분석 운동의 최종 책임자로서 비할 데 없는 지위를 쌓아 가고 있던 프로이트는 어디까지나 사후적으로 과거의 스승이자 이해심 깊은 친구였던 브로이어와의 결별이라는 쓰라린 경험을 소화했고, 동업자 사이의 단순한 언쟁이 아니라 정신분석의 본질과 깊게 관련된 필연적인 사건으로서 그 의미를 이해했다. 그리고 그것은 자신이 투신하고 있는 실천을 상상 임신=전이로부터 태어난 사생아로 보는 것과 동일하다.

브로이어와 프로이트를 나누는 이론적인 쟁점은 히스테리에 성적 병인(억압된 성적 욕망이 가져오는 갈등)을 인정하는가 아닌가에 있다. 프로이트가 보기에 히스테리에는 성이라는 성가신 괴물이 잠재되어 있음을, 그리고 브로이어가 그 괴물에게서 눈을 돌렸음을 상상 임신 이야기는 완벽하게 증언하고 있다. 프로이트가 이 이야기를 통해 주장하고 있는 것은 명백하다. 프로이트는 이렇게 말하고 싶었던 것이다 — 브로이어는 성이라는 괴물을 불러냈음에도 정면으로 마주하려 하지 않았다. 그에 비해 프로이트 자신은 이 괴물과 지속해서 대치해 나가는 길을 선택했으며 그 길이야말로 정신분석이라고. 이렇게 하여 브로이어와의 엇갈림에 중요한 의미를 부여했던 프로이트였는데, 『정신분석 운동의 역사』에서는 다음과 같이 흥미로운 이야기를 하고 있다.

> 반대를 불러일으키고 분노를 자아내는 것이 정신분석학의 불가피한 운명이라는 것을 오래 전에 깨달았기 때문에, 나는 내가 정신분석학에서 특히 특징적인 모든 것의 진정한 창시자일 수밖에 없다는 결론에 도달했다.[91]

프로이트가 생각하기에 정신분석은 그 본질부터 사회와의 불화에서 자유로울 수 없다. 왜냐하면 사람들이 보지 않으려는 불쾌한 사실(억압된 것)을 밝혀내는 작업이 정신분석에는 불가결하기 때문이다. 브로이어가 인정하지 않았던 성의 문제는 이와 같은 불쾌한 사실의 가장 첫머리에 등장한다. 따라서 **사람들에게 순순히 받아들여진다면 그것은 이미 정신분석이 아니다.** 그리고 이 불화가 오로지 프로이트에 대한 비난이라는 형태로 나타나고 있다는 점에서 프로이트야말로 이 실천의 창시자임을 알리고 있다. 야유와 자부심이

---

91   같은 책, S. 45.
     한국어판은 『정신분석학 개요』, 51쪽. — 옮긴이

완전히 겹쳐 있는 이 단락의 바로 앞에서 프로이트는 정신분석의 발명에 관련되었다는 이유로 브로이어를 비난하는 목소리는 실제로 들어 본 적이 없다고 강조한다.

그런데 "정신분석의 불가피한 운명"이라고 하면 꽤나 과장된 것 같지만, 라캉은 이와 거의 같은 이야기를 조금 더 말끔한, 그리고 다소 의외인 말로 표현하고 있다. 그것은 '건전한salubre'이라는 형용사다. 일반적으로 이는 '해가 되지 않는'이나 '건강에 좋은'과 같은 의미로 사용되는데, 라캉은 아마 '구원salut'이라는 말과의 연결이 환기시키는 종교적인 뉘앙스를 의식했을 것이다. 이하는 1960-1961년의 세미나 『전이』의 초반부에서 한 말이다.

'건전'이라는 것이 프로이트적 경험에서 무엇을 의미하는지 확실히 해 봅시다. 그것은 해방되었다는(=구원받은), 오염에서 가능한 한 해방되었다는 것이지요. 여기서 말하는 오염이란 우리들이 보는 곳 — 우리뿐만이 아니라 윤리적 숙고에 열린 눈에는 항상 그렇게 보이겠지만 — , 사회의 모든 기성 질서가 그대로 쌓인 깊은 곳입니다.[92]

라캉의 생각에 정신분석의 윤리란 사회적인 '선'과는 전혀 상관이 없다. 왜냐하면 선은 기성 질서와 서로 관계를 맺는 가치일 뿐이기 때문이다. 오히려 정신분석은 그곳에서 가능한 한 자유로워져야 한다. 물론 기존의 체제를 '오

---

92 Jacques Lacan, Le séminaire livre VIII, Le transfert (1960-1961), 1991/2001, Seuil, p. 15.

엽'으로 보는 이 발상은 사람을 곤란하게 만든다. 라캉은 이 생각이 프로이트를 '죽음 충동'(쾌락원리의 저편에 있는, 죽음을 향한 근원적인 경향)의 발견으로 이끌었다고 한다. 그러나 위급한 순간에 런던으로 망명함으로써 나치스 체제의 참화를 벗어나 자유의 몸으로 죽는다는 최후의 소원을 이룬 프로이트 이상으로, 죽음 충동이 가져오는 운명에 그 자신을 맡기려는 다른 인물이 여기서 끌려 나온다. 정신분석가만이 지속적으로 기성 질서 속에서의 이물질이고자 했던 것은 아니다. 철학의 선구자 소크라테스 또한 이 임무에 목숨을 바쳤던 것이다.

소크라테스가 지은 죄?

"소크라테스는 폴리스가 믿는 신들을 믿지 않고 다이몬 Daimon, 신령과 같이 다른 신을 가지고 있었기에, 또한 젊은 이들을 타락시켰기 때문에 부정을 범하고 있다." 이것이 유명한 소크라테스 재판에서 제기된 죄명이었다. 그런데 라캉이 보기에 소크라테스가 유별난 '건전함' 때문에 사형을 당했다는 것은 전혀 놀랄 만한 일이 아니다. 소크라테스는 "이미 결정된 시간에, 만인의 동의 하에, 만인의 선을 위해 현실의 죽음을 선고"받았으며, "이 운명을 이상한 것이 아니라 필연적인 것으로 보아도 지나치지 않다고 생각한다."[93]

소크라테스 재판의 대의명분은 신에 대한 불경이라는 죄

목이었지만, 그가 "만인의 선을 위해 죽어야 한다"고 여겨
지게 된 본질적인 요인은 아무것도 모르는 것처럼 시치미
를 뚝 떼고 논의를 시도함으로써 천박한 지식을 퍼뜨려 젊
은이들을 타락시켰다는 의혹 때문이었다. 소크라테스는 이
의혹이 자신을 '아는 자Sophos'로 보고 중상하는 자들의 편견
에서 비롯되었다고 반론하고 있다. 때문에 이 편견을 꿰뚫
어 무너뜨리는 것이 반론의 중점이 되겠지만, 여기서 소크
라테스는 '아무것도 모른다'는 '무지의 자각'이야말로 철학
자로서의 동기를 부여했다고 말한다.[94]

애초에 소크라테스는 왜 사람들을 끌어들여 철학에 투
신하게 만들었을까. 발단은 소크라테스의 제자 카이레폰
Χαιρεφῶν이 절세의 미남으로 알려진 신 아폴론을 모시는 델
포이의 신전에서 신탁을 받았던 일이었다. 카이레폰은 신
에게 "소크라테스보다도 지혜가 있는 자가 존재하는가"를
물었는데, 무녀를 통해 "그런 자는 없다"라는 대답을 듣는

93 같은 책, p. 19.
94 일본에서는 소크라테스 사상의 슬로건으로 '무지의 지無知の知'
    라는 표현이 정착되어 있는데, 최근 연구에서는 이것이 착오라
    고 지적받고 있다. 소크라테스의 행동은 "ἄγνοια(부지不知, 모른다는
    것)"에 대한 자각을 핵심으로 삼고 있으며, 이 자각을 메타레벨
    에서의 '앎'이라 볼 수는 없다. 또 이러한 자각이 결여된 상태야
    말로 '무지'라고 하는데, 플라톤은 이를 "ἀμάθεια"라는 말로 가
    리키며 '부지'에 해당하는 "ἄγνοια"와 구별하고 있다. 이에 관해
    서는 다음을 참조하라.
    納富信留 「「無知の知」を退けて― 日本に渡ったソクラテス」,
    『哲学の誕生 ― ソクラテスとは何者か』, ちくま学芸文庫, 2017年,
    265-316쪽

다. 소크라테스는 이 사건이 "소크라테스는 지혜를 희롱하여 젊은이들을 타락시킨다"라는 중상의 원인이었음을 밝히면서 사실은 그와 정반대라고 호소했다. 그는 이 신탁을 듣고 다음과 같이 말한다.

> 신은 대체 무슨 말을 하려는 것일까? 신은 대체 무슨 수수께끼를 내고 있는 것일까? 나는 크건 작건 간에 나 자신이 결코 지혜 있는 자가 아니라는 것을 알고 있으니 말이다. 그렇다면 나를 가장 지혜 있는 자라고 선언함으로써 대체 신은 무슨 말을 하고자 하는 것일까? 신은 적어도 거짓말을 할 까닭이 없다. 왜냐하면 그것은 신으로서 있을 수 없는 일이기 때문이다.[95]

신탁은 여기에서 답이 아니라 오히려 하나의 수수께끼가 된다. 이 수수께끼에 홀린 듯 빠진 소크라테스는 철학자로서의 욕망에 눈을 뜬다. 자신이 지혜 있는 자라고 전혀 생각하지 않았던 그는 신탁의 수수께끼를 풀기 위해 자신보다도 지혜가 있는 자를 찾아 나서 신탁을 논파하려 했다. 이렇게 해서 소크라테스는 정치가나 시인, 장인 등을 찾아가서 그들의 지혜를 음미했지만, 그러는 족족 동일한 하나의 사실에 직면했다.

예를 들면 정치가는 사람들로부터 지혜 있는 자라 불리고

---

95 플라톤,『소크라테스의 변명』, 21B.
한국어판은 플라톤,『소크라테스의 변명/국가/향연』, 왕학수 옮김, 동서문화사, 2013, 17쪽.

소크라테스 자신 또한 그렇게 생각했지만 실제로는 그렇지 않았다. 적어도 본인이 생각하고 있는 만큼의 지혜를 가지지는 않았다. 또한 시인은 멋진 작품을 창조하긴 하지만 자신의 작품이 가지는 의미나 가치에 대해 충분히 알고 있지 못하다. 왜냐하면 그들은 신탁을 받는 무녀처럼 그 내용을 모른 채로 중요한 것을 말하는 재능만을 가지고 있기 때문이다. 그럼에도 불구하고 그들은 그러한 재능으로 인해 자신이 누구보다도 지혜로운 자임을 믿어 버리고 만다. 또한 장인들도 이 우수한 기술로 인해 자신이 실제로 알지 못하는 것까지 알고 있는 것 같은 느낌을 받을 때가 있다.

자신이 모른다는 것을 '모른다'고 생각할까 혹은 '알고 있다'고 생각할까. 바로 여기에서 소크라테스에게 다른 사람보다 나은 점이 있다. 정치가나 시인, 장인이 그러한 것처럼, 무언가에 탁월한 인간일수록 자만의 올가미에 빠져 버리고 실제로 자신에 대해 잘 알지도 못한다. 라캉이 좋아했던 말놀이를 빌려 보자면, 자신을 아는 것connaître me은 오인하는 것méconnaître과 표리일체 관계에 있다. 신탁이 이야기하려 했던 것은 소크라테스가 이 자기 오인méconnaissance에서 벗어나 있다는 것이었다. 철학자 역시 사후적으로 신탁의 말 속에서 자신의 아이덴티티를 찾았다.

이 이야기가 신에 대한 불경이라는 소크라테스의 죄상을 반박하고 있음은 말할 것도 없다. 딱히 이유도 없이 소크라테스를 싫어하는 아테네 사람들은 그의 배후에 있는 신의 의지가 인간 사회의 기성 질서에 반하는 이물질이기 때문에 악이라고 보게 되었다. 소크라테스 자신 또한 이러한 사정을 잘 알고 있었다. 실제로 소크라테스는 대화 상대에게

예의 자기 오인을 보여 주려고 노력했기 때문에 사람들의 증오를 샀다고 하고 있다. 여기에 그치지 않고 그는 첫 반론을 마친 후 이렇게 호소한다.

> 아테네 시민 여러분! 이상과 같은 것이 진실인 것이오. 나는 여러분에게 크건 작건 간에 조금도 숨김없이 얼버무리지도 않고 이야기하는 것이오. 물론 내가 이런 일을 하기 때문에 미움을 받는 것도 알고 있소. 그러나 그것이 바로 내가 사실을 말하고 있다는 증거이고 나에 대한 중상과 그 원인도 그와 같다는 증거가 되는 것이오.[96]

망설임 없이 진실을 말한다는 것, 그리고 앞으로도 말을 계속하는 것이란 물러설 수 없는 신의 명령이었지만, 바로 그것 때문에 소크라테스는 미움을 사 재판을 받는 상황에 이르렀다. 게다가 재판에서 그는 계속 진실을 말했기 때문에 재판석에 늘어앉은 재판관들의 화를 돋우었다. 달리 표현하자면 소크라테스의 말은 당시의 상황 그 자체를 완벽하게 재현해서 보여 주며, 자신의 재판조차 지금까지 자신이 받아 왔던 취급에 관한 증언으로 완벽히 변모시켰던 것이었다.

『소크라테스의 변명』은 플라톤의 창작이 들어 있기 때문에 이 멋진 구성의 공은 플라톤의 문학적 재능에 돌려야 할지도 모르겠다. 하지만 프로이트에게 파펜하임의 상상 임

---

96   같은 책, 24A.
　　한국어판은『소크라테스의 변명/국가/향연』, 21쪽.

신 에피소드가 그러했던 것처럼, 플라톤에게는 여기에 그려진 소크라테스의 모습이 철학의 시작을 이야기하는 진실이었다고 해도 좋을 것이다.[97] 즉, 이는 플라톤에 의해 사후적으로 기원의 위치에 놓인 신화다. 이러한 점을 고려하면서 앞서 다루었던 "반대를 불러일으키고 분노를 자아내는 것이 정신분석학의 불가피한 운명"이라는 프로이트의 말과 이 단락이 서로 공명하고 있는 것처럼 느껴진다는 점을 강조해 두고자 한다.

사람들의 증오를 사는 이러한 자세야말로 젊은이들이 소크라테스에게 매료된 이유이기도 했다. 진리에 대한 소크라테스의 정열은 격렬한 애증을 불러일으켰으며, 끝내 죽음이라는 귀결을 가져왔다. 여기에서 소크라테스가 프로이트와 공유하고 있는 비밀을 발견할 수 있다. 소크라테스를 향한 애증은 파펜하임이 브로이어에게 쏟았던 애증, 프로이트가 간파하고 자신의 실천의 핵으로 삼은 전이성 애증과 동일하다. 철학의 기원에는 소크라테스로의 전이가, 혹은 그곳에 소용돌이치는 성적 욕망이 있다. 소크라테스의 경우, 이 욕

---

97 예를 들어 앞에서 거론했던 노토미 노부루納富信留의 지적을 참조하라. "『변명』은 소크라테스 사후에 일어난 논쟁에서 그의 메시지를 사람들에게 호소하는 플라톤 자신의 해석이다. 그곳에서는 기본적으로 사실의 기록이나 재현을 의도하지 않고 소크라테스 비판자들이나 다른 소크라테스 문학의 저자들을 향한, 언론에 대한 언론의 대항을 꾀하고 있다. 무엇보다 이 작품을 그러한 '창작(픽션)'으로 이해하지 않는다면 그곳에 담긴 진정한 메시지를 읽어 낼 수 없다."
納富信留, 앞의 책, 182쪽.

망은 '소년에 대한 사랑'이라는 독특한 친밀함 속에서 전개
되었다. 다음 장에서는 이를 구체적으로 살펴보도록 한다.

14장 사랑과 은유
소년에 대한 사랑에서 신들에게로

증언자 플라톤

앞 장에서는 정신분석의 기원(프로이트)과 철학의 기원(소크라테스)을 연결시키는 라캉의 독창성을 다루었다. 그 연결고리에는 전이라는 현상이 있다. 프로이트는 브로이어라는 선구자가 그것을 앞에 두고 도피해 버렸던 사건으로서, 동시에 정신분석의 기원에 있는 이야기로서 '안나 O', 즉 베르타 파펜하임의 상상 임신에 대한 일화를 '증언'했다. 프로이트의 주장은 명확하다 — 환자의 무의식에서 꿈틀거리는 욕망, 그리고 그것과 얽힌 상상이 신체적인 현실 속으로 침투한 그 순간에야말로 분석가는 자신의 책무를 수행해야 한다.

다른 한편 진리를 향한 소크라테스의 정열이 아테네에서 불러일으킨 격렬한 애증에도 마찬가지로 전이성 양가감정이 포함되어 있었다. 하지만 오늘의 우리들은 이 애증극을 오로지 플라톤이라는 탁월한 집필가의 '증언'을 통해서만 목격할 수 있다. 몸 바쳐 철학의 기원을 체현하는 소크라테스의 모습은 그의 행동에서 본질적인 가르침을 이끌어 낼 수 있었던 플라톤의 이야기 속에서만 존재한다. 기원은 신화를 통해서밖에 이야기할 수 없다. 오히려 원래는 말할 수 없는 기원을 **사후적인 픽션**으로 말하는 것이 다수의 신화가 떠맡고 있는 본질적인 역할이다. 다르게 표현해 보자면 원리적으로 언어가 닿지 않는 차원에 있다는 의미에서, 기원은 라캉이 말하는 실재계에 위치하고 있다. 신화란 실재계와 언어를 매개하는 시도의 이름이다.

라캉은 앞 장에서 참조했던 『전이』 세미나에서 "그(플라톤)가 기이한 영웅(소크라테스)에 대해 말하려고 할 때 집착했던 증언이라는 양식"[98]에 주의를 촉구하고 있다. 잘 알려진 것처럼 플라톤이 쓴 대화편 속에 플라톤 자신은 등장하지 않고, 항상 다른 누군가가 말하는 이가 되어 옛날 소크라테스의 모습을 전하는 구성을 취하고 있다. 이것이 소크라테스의 생각이 전달되는 본질적인 구조다.

예를 들면 사형 판결을 받은 소크라테스가 그로부터 약 1개월 후에 독배를 마시고 죽음을 맞이하는 장면을 그린 『파이돈』은 사형 집행 장소에 있었던 파이돈이 고향으로 돌아가는 도중에 묵었던 플레이우스에서의 대화로 그려지고 있다. 소크라테스의 죽음으로부터 이미 수 개월이 지났을 때였다. 죽음을 눈앞에 두고서도 뚝심 있는 철학자로서 친구들과 이야기를 나누는 소크라테스. 그는 그곳에서 영혼의 불멸성을 말하고 있는데, 이 소크라테스 최후의 말은 에케크라테스로부터 이야기를 들은 파이돈의 증언을 통해 비로

---

98   Jacques Lacan, 앞의 책, pp. 105-106.

소 전달된다. 대화편 독자는 이 모두를 플라톤의 증언으로 받아들이게 된다. 라캉은 앞에 이어서 다음과 같이 말한다.

플라톤은 대단히 특수한 증인입니다. 한편으로 그가 거짓 말을 하고 있다고도 할 수 있겠지만, 다른 한편으로 그가 거 짓말할 때조차 사실을 말하는 자라고 할 수도 있지요. 왜냐 하면 소크라테스에게 물음으로써 그 물음이 플라톤 자신의 길을 열고 있기 때문입니다.[99]

일종의 신화로 그려진 소크라테스의 모습으로부터 철학 의 본질을 발견한 플라톤 자신의 생각은 막 형성되기 시작 한 절박한 물음으로 결실을 맺고 있다. 그러한 측면에서 플 라톤의 창작은 픽션임에도 불구하고 사실로서의 가치를 얻는다. 그리고 독자는 항상 누군가의(위의 예로 들자면 파이돈 의) 증언의 현장에 선 듯한 유사 체험을 하면서 소크라테스 의 말을 듣게 된다. 우리들이 소크라테스라는 인물에 계속 해서 감화된다면 그것은 이 증언의 구조가 가져오는 효과 를 빼놓고 생각할 수는 없을 것이다. 증언과 마주한다는 것 은 이미 잃어버린 것과 마주하는 것이기 때문이다. 그곳에 는 종종 눈앞에 존재하는 것 이상으로 실재적인 것이 존재 한다.

---

99 같은 책, p. 106.

『향연』을 향해

『전이』세미나 전반부에서 라캉은 플라톤의『향연』에 주석을 다는 데 힘을 쏟고 있는데, 그 치밀함에는 적잖이 놀라게 된다. 여기서 라캉이 긴 시간을 들여 수행하고 있는 것을 한마디로 말하자면『향연』을 정신분석의 '세션' 패러다임으로 읽는 작업이다. 즉, 라캉은 소크라테스의 행동 속에서 정신분석가가 해야 할 역할을 찾으려 하고 있다.

이 '세션'에서 주체(환자)의 포지션에는, 지식과 미모로 사람들을 매료시키면서도 대단히 파격적인 행동을 몇 번이나 반복함으로써 아테네에 정치적 혼란을 가져왔으며 이윽고 몰락하고 암살당해 그 생애를 마친 알키비아데스가 있다. 소크라테스와 알키비아데스가 친밀한 관계였음은 당시 잘 알려져 있었다. 소크라테스 재판의 배경에는 알키비아데스의 악명 높았던 수많은 행동이 소크라테스와 교우하면서 비롯된 타락의 산물이라는 의혹도 있었던 듯하다.

따라서『향연』에는 의혹을 샀던 소크라테스와 알키비아데스의 관계가 실제 어떠한 것이었는지를 보여 주겠다는 전략적인 의도도 있었다. 다만 알키비아데스는 이야기의 종반부에 등장하기에 이 '세션'에서 일어나는 것을 정확하게 규정하기 위해서는 마땅히 그곳에 이르기까지의 흐름을 짚어 보아야 한다. 따라서 우리들은 이 장에서 라캉과 함께『향연』의 플롯을 쫓아가 보기로 한다.

『향연』의 무대는 아테네의 비극 시인 아가톤의 저택에서 개최된 연회였는데, 전날 다들 지나치게 술을 마셨기에 오늘은 사랑의 신 에로스를 찬미하는 지적인 모임을 갖자고 의견 일치를 보았다. 그래서 파이드로스와 파우사니아스, 에뤽시마코스, 아리스토파네스, 아가톤 그리고 소크라테스가 순서대로 에로스를 찬미하는 연설을 하게 되었다. 덧붙이자면 알키비아데스는 소크라테스의 연설이 끝나서야 비로소 등장한다. 그는 술에 취해 야단법석을 떨면서 모임에 갑자기 나타나 한바탕 말썽을 일으킨다는 설정이다.

여기에서도 플라톤은 연회에 참가했던 아리스토데모스가 나중에 소크라테스의 제자 아폴로도로스에게 했던 말을 들었다는 식으로 이 무대를 그리고 있다. 연회가 이루어지고 나서 십수 년 후, 아직 철학에 눈을 뜬 지 얼마 되지 않은 아폴로도로스는 친구들을 위해 이 이야기를 재현해 보여 준다. 물론 여기서 에로스라는 테마가 선택된 데에는 필연성이 있다. 사랑의 신 에로스에 대해서 이야기하는 일은 자연스럽게 사랑 혹은 성애에 대한 이야기로 이어지기 때문이다. 그러한 의미에서 누구라도 '에로스란 무엇인가'라는 질문의 당사자가 될 수 있겠지만, 플라톤은 무엇보다도 소크라테스와 알키비아데스의 관계에 초점을 맞춤으로써 에로스의 본질을 따지는 것이 필수 불가결하다고 생각하고 있었음이 분명하다. 덧붙이자면 처음으로 연설을 하는 젊은이 파이드로스는 의사인 에뤽시마코스와, 그리고 연회의 주최자인 아가톤은 두 번째 연설자 파우사니아스와 연애 관계였다.

파이드로스와 에뤽시마코스의 관계가 '소년애少年愛, Paiderastia'의 전형이었음에 비해 아가톤과 파우사니아스의 관계는 조금 특수한 사례였다고 할 수 있을 것이다. 소년애란 성인 남성이 미성년자 소년을 사랑하고 가르치며 이끄는 것으로 당시의 아테네에서는 일반적인 습속이었다. 성인 남성은 호모소셜한 연애 관계를 통해 말하자면 소년의 멘토 역할을 했다. 이 이자 관계에서 성인은 '에라스테스 Erastes, 사랑하는 자', 소년은 '에로메노스Eromenos, 사랑받는 자'라 불린다. 파우사니아스는 아가톤의 '에라스테스'였지만 연회 당시 아가톤은 이미 서른 살이 넘은 어른이었다. 그들의 관계가 특수하다는 것은 이러한 의미다.

그렇다면 에로스에 대한 찬미 연설의 내용을 살펴보도록 하자. 첫 타자였던 파이드로스의 연설은 그 완성도로 말하자면 좋을 것도 나쁠 것도 없기에 그다지 인상을 남기지 않았지만 『향연』 전체를 이해하는 데 있어 중요한 논점을 포함한다. 파이드로스는 에로스가 가장 오래되고 존경받는 신이라는 것을 언급한 후 인간의 덕에는 에로스가 불가결하다는 점을 역설한다. 여기에서도 '사랑하는 자'와 '사랑받는 자'라는 이자 관계가 중요한 위치를 점한다.

그래서 내가 주장하는 바는 누군가를 사랑하는 사람이 뭔가 추한 일을 하다가, 혹은 누군가에 의해 추한 꼴을 당하면서도 용기가 없어서 스스로를 방어하지 못하다가 그런 일들이 공공연히 밝혀지는 경우, 아버지나 동료나 다른 어느 누구에게 들키는 것보다 소년 애인에게 들키는 것을 더 고통스러워하리라는 것이네. 그리고 이와 마찬가지 것을 우리는 사랑받는 자의 경우에서도 본다네. 사랑받는 자는 어떤 추한 일에 연루되어 있다가 들키게 될 때 자기를 사랑하는 자들에 대해 유독 수치심을 느낀다는 것 말이네.[100]

소년을 사랑함은 인간을 명예에 눈뜨게 하며 고귀한 행동을 하도록 이끈다. 파이드로스는 이러한 사랑으로 맺어진 자들로 만들어진 군대야말로 최고의 군대일 것이라고 이야기한다. 왜냐하면 사랑에 이끌려 실현된 명예에서야말로 용감한 자기희생이 두드러지게 나타나기 때문이다. 이러한 파이드로스의 약간은 평범한 논설을 라캉은 "최종적인 희생의 원리로서의 사랑"[101]이라 부르고 있다. 파이드로스에 따르면 사랑으로부터 유래한 이러한 자기희생은 신들도 감동시킨다. 파이드로스는 그 예로 호메로스의 서사시 『일리아스』에 등장하는 영웅 아킬레우스를 언급한다. 아킬레우스는 트로이 전쟁에서 친구 파트로클로스를 잃는데, 그의 앙갚음을 위해 직접 출진해서 트로이 왕의 장남 헥토르를 죽이고 그 시신을 끌고 다님으로써 복수를 달성한다. 그 결과 아킬레우스는 사후에 '엘리시온λύσιον, 축복받은 자들이 사는 섬'으로 가게 되었다. 여기에는 **죽음으로 향하는 극한의 사랑**이 있다고 파이드로스는 말한다.

그[아킬레우스]가 헥토르를 죽이면 그도 죽게 될 것이지만 죽이지 않으면 집으로 돌아가 늙어서 죽게 되리라는 말을 어머니에게 듣고도 자기를 사랑하는 자 파트로클로스를 도우러 나서서 복수를 하고서, 단지 파트로클로스를 위해 죽는 것만이 아니라 이미 죽은 그를 뒤따라 죽는 것까지도 과

100   플라톤,『향연』, 178D-E.
       한국어판은 플라톤,『향연』, 강철웅 옮김, 정암학당, 2011, 68쪽.
101   Jacques Lacan, 앞의 책, p. 60.

감히 선택했기 때문이네. 바로 이 때문에 신들이 대단히 마음에 들어하게 되어 그를 단연 높이 평가했네. 그가 자기를 사랑하는 자를 그토록 중요하게 여겼기 때문에 말이네.[102]

아킬레우스는 파트로클로스를 위해 목숨을 걸었고, 그렇게 함으로써 파트로클로스와 영원히 함께하고자 했다. 이러한 미담이 딱히 새롭지는 않다. 하지만 아킬레우스가 파트로클로스에게 **사랑받고 있었다**는 것, 즉 사랑받는 자의 입장에 섰다는 것을 파이드로스가 강조하고 있다는 점에는 주목할 가치가 있다("자기를 사랑하는 자 파트로클로스", "자기를 사랑하는 자"). 위의 인용에서 이어지는 부분에도 파이드로스는 아킬레우스가 파트로클로스보다 훨씬 어렸다는 점, 그리고 매우 아름다운 젊은이였다는 점을 언급하며 아킬레우스=사랑받는 자/파트로클로스=사랑하는 자라는 소년애의 구도를 끌어내고 있다.

사랑받는 대상으로서의 사랑받는 자가 소년애의 관계를 역전시킴으로써 사랑하는 자에게 깊은 애정을 보였을 때 신들은 최대의 영예를 부여한다. 파이드로스에게 이 역전의 논리는 무엇보다도 중요했다. 그것은 앞서 논했던 것과 마찬가지로 파이드로스 자신이 에뤽시마코스에게 사랑받는 자라는 입장에서 아킬레우스에게 감정이입하는 것은 에뤽시마코스에 대한 자신의 사랑을 정당화하려는 것과 뗄 수 없는 관계이기 때문이다. 플라톤은 매우 용의주도하게

102 『향연』, 180A.
한국어판은 『향연』, 71-72쪽.

연설자 각각의 에로스론을 그들 자신의 사랑과 연동시키고
있다.

은유로서의 사랑

라캉 또한 사랑받는 아름다운 대상이 이른바 자신의 포지
션을 벗어나 사랑하는 주체가 된다라는 역전의 논리가 파
이드로스에게 중요했다고 말하고 있다. 라캉은 여기에서
그가 '사랑의 의미 작용'이라 부른 것이 출현하기 위한 조
건을 발견한다.

> 사랑의 의미 작용의 가장 센세이셔널한 출현, 〈축복받은 자
> 들〉의 영지 (…) 중에서도 특별한 자리를 아킬레우스에게
> 주었던 신들에 의해 승인과 영예를 부여받은, 가장 주목해
> 야 할 출현이란 바로 여기서 사랑받는 자가 사랑하는 자로
> 서 행동하고 있다는 점에서 비롯됩니다.[103]

"〈축복받은 자들〉의 영지"라고 하는 것은 물론 엘리시온
이다. 그런데 "사랑의 의미 작용la signification de l'amour"이라는
표현에는 라캉의 독특한 함의가 있다. 여기에는 라캉의 메
타포(은유), 그리고 그 기초로서 환유Metonymy에 관한 이론이
전제되어 있다. 라캉의 말이 가진 함의를 다루기 위해서 우

---

103 Jacques Lacan, 앞의 책, p. 63.

선 이 이론에 대해 간단하게 확인해 보도록 하자.

『에크리』에 수록된 「무의식에서의 문자의 심급 또는 프로이트 이후의 이성」(1957)에서 라캉은 환유를 "두 시니피앙의 어떤 결합", 은유를 "다른 시니피앙의 자리를 대신"하는 것으로 정의하고 있다.[104]

"시니피앙signifiant"이란 원래 언어학자 페르디낭 드 소쉬르Ferdinand de Saussure, 1857-1913로부터 유래한 용어로, 언어를 구성하는 기본 요소를 가리킨다. 직역하자면 '의미하는 것'이지만, 라캉은 이 말을 독자적으로 해석하여 시니피앙이 직접 '의미'에 연결되지는 않는다는 것을 끊임없이 강조했다. 혼동되기 쉽기에 여기에서는 직역하지 않고 원어를 그대로 표기하기로 한다. 라캉에 따르면 시니피앙은 다른 시니피앙과 연결되어야만 '의미'라는 효과가 생긴다.

이러한 연결의 기본적인 형태가 환유다. "시니피앙의 어떤 결합"이란 간단하게 말하자면 말들이 서로 인접해서 연결되는 것을 가리킨다. 이에 비해 어떤 말을 다른 말로 바꾸는 은유는 조금 더 복잡하다. 라캉은 은유를 어떤 말이 점하고 있는 위치에 다른 말이 대신 들어간다는 구조로 다루고 있다. 그리고 은유는 항상 환유가 있어야 기능한다. 무엇보다도 라캉은 시니피앙이라는 개념을 상당히 넓은 의미로 사용하고 있다. 오히려 다양한 표현에서 언어와 같은 메커니즘을 발견하고 있다고 해도 좋을 것이다. 그래서 형식

---

104 Jacques Lacan, "L' instance de la lettre dans L' inconscient ou la raison depuis Freud" (1957), in: *Écrits*, p. 518.
한국어판은 『에크리』, 605쪽.

적인 정의는 여기까지만 언급하고 이 메커니즘이 구체적으로 어떠한 것인가를 다음처럼 진부한 드라마를 상상하면서 생각해 보자.

주인공(여)은 어느 날 일을 일찍 마치고 마음에 드는 카페로 갔다. 그랬더니 그곳에서 학생 시절의 친구와 정면으로 마주친다. 친구는 직장 동료라는 남자와 같이 왔다. 서로의 근황을 물으며 세 사람은 그곳에서 잠시 이야기를 나눈다. 여기에서 표정이나 목소리 등, 방금 만났을 뿐인 친구의 동료에게 매혹된 것처럼 비추는 쇼트가 끼어들지만 본인은 아직 그런 자각이 없다. 여기서 장면이 전환된다.

며칠 후, 주인공은 그 카페로 간다. 이번에는 그 남자가 혼자서 책을 읽고 있다. 주인공은 그에게 말을 걸어 지난번보다 훨씬 길게, 그리고 조금은 허물없는 대화를 나눈다. 여기에서 다시 약간 갑작스럽게 장면이 바뀌어 주인공이 쇼핑을 하고 혼자서 집으로 들어가는 모습이 비친다. 주인공은 소나기를 맞고 흠뻑 젖은 상태로 집에 도착한다.

이러한 일련의 묘사가 있는 경우 주인공이 남자와 만났던 카페에서의 장면, 그리고 같은 카페에서 남자와 다시 만난 장면은 각각이 시니피앙으로서 환유의 구조로 연결되고 있다. 이 연결은 시청자에게 사랑이라는 요인이 이 드라마의 열쇠라는 것을 알려준다. 즉, 사랑이 하나의 틀로 설정됨으로써 각각의 장면(시니피앙)이 의미를 가진다. 이 환유를 통해, 혹은 그것을 연장함으로써 시청자는 이 다음에 주인공의 사랑이 시작되는 장면, 예를 들면 그녀가 자신의 마음을 깨닫는 장면이 나올 것을 기대하게 된다. 반대로 마지막 소나기 장면은 하나의 은유다. 은유의 효과는 위의 환유를 전제로 하여 비로소 작용한다. 즉, 소나기 장면은 **그때까지 계속된 환유에 따라 연상되면서도 실제로는 그려지지 않은 장면** 대신 놓인 것이며, 여기서 치환의 구조가 생긴다.

라캉에 따르면 은유로 인해 "포에지 내지는 창조적 효과가 산출된다". 즉, 은유에는 환유에 없는 특수한 효과가 있다는 것이다. 이 효과를 라캉은 의미 작용이라 부른다. 앞서 들었던 드라마의 예로 말해 보자면, 소나기와 사랑의 시작은 각각이 하나의 시니피앙, 즉 상호 관련됨으로써 의미를 창출하는 요소다. 이들 요소가 치환됨으로써 비로소 양자에게 공통된, 예측 불가능하며 피하기 어려운 성질이 드러난다. 이를 은유의 특수 효과를 이용한 묘사 테크닉이라고 해도 좋을 것이다. 물론 이러한 특수 효과의 내용은 문맥에 따라 다양하게 변화한다. 예를 들어 남자와 여자의 만남의 실마리가 된 환유의 일직선상에 놓임으로써, 비가 성적인 함축적 의미(암시적인 의미)를 얻게 될지도 모른다. 혹은 주인공의 사랑이 소나기처럼 갑작스럽게 끝을 맞이할 것임을 예견하는 것으로 이 은유가 기능할 수도 있을 것이다. 어찌 되었든 그곳에는 소나기라는 시니피앙 그 하나만으로는 결코 가질 수 없는 '의미'가 생긴다. 라캉이 말하는 "창조적 효과"란 이를 가리킨다.

이러한 점을 고려하면서 앞서 보았던 세미나의 한 구절로 돌아가 보자. 그곳에서 라캉은 아킬레우스와 파트로클로스의 관계에 "사랑의 의미 작용의 가장 센세이셔널한 출현"이 있다고 논했다. 라캉이 말하고자 하는 것은 요컨대 사랑이란 은유의 효과라는 것이다. 실제로 이 말을 하고 나서 일주일 후에는 다음과 같이 말하고 있다.

우리들은 바로 여기에서, 신적인 사랑에서 발견했습니다. 즉, 그것은 실재계 속에서 현현하는 계시된 현실로서의 사랑이지요. 이처럼 사랑 그 자체를 말할 때 우리들은 신화를 통해서만 말할 수 있습니다. 제가 여러분들을 다음과 같은 정식으로 이끎으로써 문제가 되는 사건의 방향성을 정한 것도 그 때문입니다. 그 정식이란 에로메노스(사랑받는 자)로부터 에라스테스(사랑하는 자)로의 치환으로서의 은유입니다.[105]

라캉은 여기에서 은유의 이론을 대담하게 확장하여 사랑받는 대상이 사랑하는 주체가 된다는 파이드로스적 역전의 논리를 에로메노스(사랑받는 자)로부터 에라스테스(사랑하는 자)로 치환되는 것(혹은 시니피앙이 다른 시니피앙으로 치환되는 것과 마찬가지의 구조를 가진 조작)으로 봄으로써 사랑을 은유의 효과=의미 작용으로 정의하고 있다. 또한 이와 같은 사랑은 "신적인 사랑", 즉 실재계에 속한 사랑이라고 논하고 있는데 그것은 어떤 의미일까.

실재계라는 용어는 여기서 인간의 산문 형식의 앎, 즉 로고스(언어 혹은 논리)에 기초한 앎이 이를 수 없는 영역이라는 의미로 사용되고 있다. 라캉에 따르면 고대 그리스의 신들, 『향연』의 테마인 에로스나 소크라테스를 자극한 아폴론이라는 신은 이러한 의미에서 실재계에 속해 있다(덧붙이자면 기독교의 신은 언어적인 질서로서 상징계와 연결된다는 것이 라캉의 생각이

105 Jacques Lacan, 앞의 책, p. 69.

다). 그래서 그들의 존재는 로고스의 반대극을 이루는 서술 형식, 즉 신화라는 형식으로 구전된다. 그리고 이러한 신들을 감탄시키는 것이야말로 진정한 사랑이라면, 그 사랑 또한 실재계에 속한 것이며 로고스를 뛰어넘어 출현하는 신화적인 성질을 가지고 있는 것이 된다. 이처럼 실재계와 신화 그리고 사랑을 연결하는 라캉의 곡예 같은 발상은 어디를 향하고 있을까. 우리들이 그곳에 이르기 위해서는 논의가 조금 더 필요하다.

15장 영원한 사랑의 이면
끊임없는 딸꾹질의 수수께끼

에로스의 이중성

파이드로스에 이어 파우사니아스가 에로스를 찬미할 차례가 되었다. 앞의 장에서 다루었던 것처럼 그는 연회의 주최자인 아가톤과 연애 관계에 있었으며, 관습과는 달리 두 사람의 관계는 아가톤이 성인이 된 후에도 — 즉, 이미 소년이 아니게 된 후에도 — 계속되었다. 따라서 그런 그의 주장이 소년애에 대한 옹호로 향해 있음은 필연이었을 것이다. 하지만 조금 후에 보게 될 것처럼 파우사니아스는 남성 동성애야말로 진정 우수한 사랑이라는 독특한 논지를 펴고 있다.

파우사니아스의 이야기에서 에로스는 이미 하나가 아니다. 잘 알려진 것처럼 에로스의 어머니는 미와 사랑의 여신 아프로디테다. 그러한 의미에서 에로스의 본질을 논하려고 할 때 아프로디테의 존재는 빼놓을 수 없다. 아프로디테는 추한 것으로 유명한 불과 대장장이의 신 헤파이스토스와 결혼했지만, 군신 아레스의 미모에 반해 애인이 되고 그의 아들 에로스를 임신한다.

여기에서 아프로디테의 태생에 관한 두 가지 전승이 거론된다. 첫 번째는 아프로디테가 천공의 신 우라노스의 딸이며 어머니가 없다는 것이고(헤시오도스『신통기』), 두 번째는 제우스와 디오네 사이에서 태어난 딸이라는 것이다(호메로스『일리아스』). 파우사니아스는 이 두 가지 전승 모두를 받아들여 아프로디테가 둘로 존재한다는 입장을 보인다. 전자는 '천상의 아프로디테', 후자는 '범속凡俗의 아프로디테'인데, 여기에는 명확한 가치 대립 혹은 계층(계급)이 있다. 이 대립되는 가치는 사랑에 관한 흔한 통념을 그대로 체현하고 있다고 보아도 좋을 것이다. 즉, 파우사니아스는 사랑의 정신적 측면과 육체적 측면의 대립을 출발점으로 삼아 시종일관 전자를 아름다운 것, 후자를 추한 것으로 보고 있다. 이 둘을 보여 주고 있는 것이 위의 두 아프로디테로부터 태어난 '천상의 에로스'와 '범속의 에로스'다.

이리하여 연설의 주제이자 찬미의 대상이었던 에로스는 아름다운 사랑으로 인간을 이끄는 천상의 에로스가 된다. 이처럼 틀을 짜는 것은 이성애에 대한 부정적인 평가와 표리일체를 이룬다. 파우사니아스는 범속의 에로스에 이끌린 섹스를 비판하는데, 여기에서 이성애 ― 파우사니아스의 관점에 따르자면 '소년애가 아닌 것'이라고 불러야 할지도 모를 ― 로부터 육체적 불순함을 발견했음을 알 수 있다.

이런 사람들은 우선 소년들을 사랑하는 것 못지않게 여인들을 사랑하고, 또한 자기들이 사랑하는 자들의 영혼보다 오히려 몸을 더 사랑하며, 게다가 그들이 할 수 있는 한 가장 어리석은 자들을 사랑하는데, 일을 치러 내는 데만 혈안

이 되어 아름답게 하느냐 그렇지 않느냐에는 신경을 쓰지 않기 때문에 그렇다네. 바로 이 때문에 그들은 닥치는 대로 무엇이든, 좋은 것이든 그 반대 것이든 상관없이 행하게 되네.[106]

파우사니아스는 범속의 에로스의 어머니의 출생을 논거로 비판을 하고 있다. 즉, 범속의 아프로디테에게 아버지와 어머니가 있다는 것이 오로지 파트너의 몸만을 사랑하는 불순한 사랑의 근원이라는 것이다. 이에 비해 천상의 아프로디테에게는 아버지밖에 없다. 파우사니아스에 따르면 바로 여기에 남성에게만 한정된 사랑의 정신적 순수함의 근거가 있다. 두 사람의 에로스가 체현하는 정신과 육체, 순수와 불순, 성과 속의 가치 대립은 이렇게 해서 소년애를 정점으로 하는 위계를 만들어 낸다.

플라토닉한 사랑?

파우사니아스는 여기에서부터 소년에 대한 사랑의 정신적 성격을 자세히 논한다. 흥미롭게도 그는 소년애에 대한 여러 통설의 배후에 실은 이 정신성을 담보하기 위한 규범이 있다고 주장한다. 예를 들면 사랑받는 자는 나이의 제한이 있어서 수염이 나기 시작한 연령이 이상적이며 너무

---

106 『향연』, 181B.
　　한국어판은 『향연』, 75쪽.

어린 소년은 대상이 아니다. 이것은 소년애가 쌍방에 일정한 이성적 판단력이 있다는 전제하에 이루어지는 정신적인 행동임을 보여 주고 있다. 파우사니아스는 범속한 에로스에 이끌린 인간들에 대해 "어리디 어린 소년들을 사랑하지 못하게" 하는 규제가 강제되어야 한다고도 이야기하고 있다.[107]

논의는 이윽고 아테네와 그 외의 폴리스에서 이루어지고 있는 소년애에 대한 생각을 비교하는 데 이른다. 아테네의 풍습은 소년애에 다양한 법[노모스]을 부과하고 있는데, 파우사니아스는 이 법이 매우 우수하다고 말하고 있다. 아테네에서는 소년에게 공공연하게 구애할 수 있으며 주위 사람들이 그것을 강력히 추천한다고 한다. 그리고 구애를 할 때 어떠한 정상 궤도에서 벗어난 행동을 해도 칭찬받는다. 다만 이렇게 구애를 전면적으로 긍정하는 일은 그것이 '상대를 자신의 것으로 만들고 싶다'는 일념에서 비롯되었을 때만 가능하다. 바꾸어 말하자면, 예를 들어 재산이나 명성을 가지고 싶어서 하는 구애는 추한 행동으로 단죄된다.

하지만 아테네에는 얼핏 보기에 이와 정면으로 반대되는 풍습도 있었다. 구애를 받는 소년은 그에 쉽게 응할 수 없었다. 소년의 아버지는 노예[108]에게 명령해 소년과 구애자의

---

107 같은 책, 181E.
　　한국어판은 『향연』, 76쪽.
108 그리스어로는 Paidagōgós. 한국어판 『향연』의 본문에서는 "아동 감독자"라고 번역하고 있지만, 주석에서 이를 다음과 같이 부연한다. "즉 부모나 선생이 없는 상황에서 그들 대신 아이를 돌보아 주거나 감독하는 가복家僕을 가리킨다. 요컨대 '보호자 노릇

접촉을 막고 소년의 친구들은 구애자를 매도한다. 이렇게 하면 소년에 대한 구애가 마치 부끄러운 일처럼 느껴질 수도 있지 않았을까. 구애에 대한 전면적인 긍정과 구애자에게 부과된 다양한 방해. 여기서 발견되는 대립은 대체 무엇을 의미할까.

중요한 것은 사랑의 영속성이라는 테마다. 파우사니아스가 이상적이라 보는, 오로지 정신성에 근거한 소년애가 영원한 사랑이라는 이념과 연결됨은 알아보기 쉽다. 육체의 아름다움은 시간을 피할 수 없으며 머지않아 쇠약해지고 사라질 운명에 있다. 그렇다면 범속의 에로스에 이끌린 육체에 대한 사랑에게도 마찬가지의 종말이 기다리고 있다. 이에 비해 정신의 아름다움과 그를 향한 사랑은 영원하다는 것이다. 파우사니아스는 여기에서도 천상의 에로스와 범속의 에로스를 엄격히 구분하는 것, 그리고 어디까지나 천상의 에로스에 이끌린 자들끼리 맺어지는 것이 중요하다고 보았다. 그렇다면 아테네의 풍습에서 볼 수 있던 위의 대립(구애의 전면적 긍정과 구애자가 겪어야 하는 방해)은 이러한 점과 어떠한 관계가 있을까. 이에 대해 파우사니아스는 다음과 같이 말한다.

그러니까 바로 이 때문에 그것[법]은 어떤 자들에게는 쫓아가라고, 다른 어떤 자들에게는 피하라고 권하네. 사랑하는

하기 위해 따라다니는 노예' 정도로 옮길 수 있는 말이다."(187쪽) 본문에서는 일본어 원문의 의미를 살림과 동시에 "아동 감독자"라는 번역이 다소 낯설 수 있어 "노예"로 번역했다. ― 옮긴이

자가 둘 중 어느 쪽에 속하고 사랑받는 자가 또 둘 중 어느 쪽에 속하는지 경쟁을 붙여 놓고 시험하면서 말일세.[109]

사랑하는 자/사랑받는 자라는 이자 관계는 합당한 시간에 걸쳐 만들어져야만 한다. 사랑 다툼이 자아내는 시간의 세례를 받음으로써 비로소 천상의 에로스에 이끌린 자가 선별되고 파트너가 될 수 있기 때문이다. 이러한 관점에서 보자면 한편으로 구애라는 행위를 장려하면서 다른 한편으로 그에 다양한 난관을 부여하는 아테네의 풍습은 매우 합리적이다. 이에 덧붙여 아테네에는 또 하나의 중요한 규칙이 있었다. 그것은 간단하게 말해 '덕을 구해야 한다'는 것으로, 소년애는 오로지 이 목적에 봉사해야만 한다.

전자는 사리 분별 및 다른 덕에 있어서 기여할 능력이 있고 후자는 교육 및 다른 지혜를 얻어 가져야 할 필요가 있을 때, 바로 그때, 즉 이 법들이 같은 곳으로 가게 될 때, 다른 어느 곳에서도 아니고 바로 그곳에서만 소년 애인이 자기를 사랑하는 자에게 살갑게 응하는 것이 아름다운 것이 되는 일이 일어나거든.[110]

여기에서 소년애가 교육이라는 사회적 기능을 포함한다

---

109 같은 책, 184A.
　　한국어판은 『향연』, 82쪽.
110 같은 책, 184D-E.
　　한국어판은 『향연』, 83쪽.

는 기본적인 전제가 다시 강조된다. 이렇게 보면 '앎을 사랑하여 추구한다'는 철학과 소년애 사이에는 서로 통하는 지점이 있는 것처럼 느껴지기도 한다. 실제로 정신적인 사랑을 칭찬하는 파우사니아스의 논의는 『향연』의 저자인 플라톤 자신의 사상과 가깝다는 견해도 있다. 그러나 라캉은 이러한 독해를 명확하게 부정하고 파우사니아스의 생각이 플라톤의 이데아론과는 분명 다른 것이라는 입장을 취하고 있다. 그렇다면 라캉은 파우사니아스의 논의에서 무엇을 보았을까.

파우사니아스의 이상

라캉에 따르면 파우사니아스의 연설은 독특한 양가적 의미를 내포하고 있다. 앞서 보았던 바와 같이, 한편으로 소년애는 쌍방의 이성적인 판단하에 이루어지는 것, 즉 사랑하는 자와 사랑받는 자가 이미 일정 정도 성숙을 거쳐야만 한다고 말하고 있다. 다른 한편으로 소년애의 핵심에는 교육이 있으며, 소년은 덕을 따르기 위해 구애에 응하고 사랑을 통해 앎을 얻어 간다. 여기에서 소년은 분별력을 갖추고 있기는 하지만 아직 덕을 지니지 못한 자라는 중간적이고 양가적인 특징을 가진다.

달리 말하면 구애자는 분별력 있는 소년, 즉 사랑할 만한 가치가 있는 소년을 찾아내고 더욱 많은 지혜를 전수해 덕으로 이끌 수 있다고 상대에게 끈기 있게 호소해야 한다. 흥미롭게도 라캉은 구애자에 부과된 이러한 절차가 실은 구애자 자신을 이롭게 하는 것이라고 한다. 라캉은 파우사니아스의 논의를 '부자富者의 심리학'으로 특징지으며 다음과 같이 말하고 있다.

그러나 부자의 심리학은 전적으로 부자와 타자와의 관계에서 가치가 문제라는 점에 기초를 두고 있습니다. 비교와 척도라는 개방적인 모든 양식을 통해 어림잡을 수 있는 것, 열린 경쟁 — 엄밀히 말하자면 재산=선biens의 소유에 대한 경쟁 — 속에서 비교되는 것이 문제입니다.[111]

라캉은 여기에서 일종의 기만에 초점을 맞추고 있다고 할 수 있을 것이다. 파우사니아스가 이상적이라 생각하는 영원한 파트너와의 애정 관계, 대체할 수 없는 타자와의 정신적 관계여야 할 소년애는 실은 어떤 일반적인 척도로 잴 수 있는 가치, 즉 비교할 수 있는 가치에 기반하고 있다. 사랑받는 소년이란 바로 이러한 가치를 보다 많이 가지고 있는 대상, 즉 상대적으로 가치가 높은 재산이나 다름없다. 라캉이 말하는 '부자le riche'란 소년을 사랑하는 자를 가리킨다. 라캉이 보기에 파우사니아스적 소년애의 본질이란 **소년을 재산으로서 소유하는 것**이다.

이러한 관점에서 보자면 이 관계가 만들어지기까지의 사랑의 줄다리기 또한 소년의 자산 가치를 음미하고 구애자가 예상 밖의 손실을 입지 않기 위한 과정으로 볼 수도 있

111 Jacques Lacan, 앞의 책, p. 74.

을 것이다. 오로지 덕을 구하는 소년이야말로 가장 자산 가
치가 높으며, 그렇지 않은 소년, 예를 들어 금품이나 명성
에 현혹된 소년에 시간을 투자하는 것은 사랑하는 자에게
낭비가 되기 때문이다. 하지만 라캉이 말하는 "부자의 심리
학"이 파우사니아스와 아가톤의 소년애가 지닌 특징을 멋
지게 보여 주고 있음은 그것 이상으로 본질적이다. 라캉은
다음과 같이 지적한다.

> 사랑에 관한 파우사니아스의 이상이란 권리상 자신에게 귀
> 속되어 있는 것을 자신이 식별할 수 있으며 활용할 수 있는
> 것으로, 안전한 장소에 가두어 놓고 자본화하는 것 그리고
> 금고에 넣어 두는 것이지요.[112]

앞서 언급했던 바와 같이 이 연회가 개최될 당시 아가톤
은 이미 서른 살이었고, 그와 파우사니아스의 관계는 일반
적인 소년애와는 다른 것이었다. 파우사니아스가 아가톤
과 관계를 지속하는 것은 서로에게 온 생애를 바치겠다는
각오를 한 남성 사이의 이상을 실현시키는 일이었다. 영원
의 사랑이라는 이상은 무엇보다 그 자신이 몸담고 있는 일
탈된 연애 관계를 정당화하기 위한 근거였다. 하지만 라캉
은 그곳에서 오히려 재산의 사적 소유라는 논리를 보고 있
다. 두 사람이 아테네의 풍습에 저항하며 계속해서 연인으
로 머무는 것은 이 논리의 필연적인 귀결이었다.

---

112 같은 책, p. 75.

아리스토파네스의 딸꾹질

파우사니아스의 연설 내용 또한 그 자신이 어떻게 사랑을 하는가와 떨어뜨려 놓고 볼 수 없다. 여기에는 사랑에 대해 말하는 것의 본질적인 어려움이 있다. 사람은 대부분의 경우 여느 사랑도 아닌 **바로 이 사랑**[113]에 대해서만 말할 수 있다. 오히려 '바로 이 사랑'은 대체 무엇인가'라는 절박한 질문으로부터 벗어난 자리에서 사랑에 대한 일반론을 늘어놔 봤자 우등생처럼 납작한 이야기로 일관하게 된다. 그래서 '천상의 에로스와 범속의 에로스의 대립'이라는 모든 사랑을 설명하려는 거대한 도식보다 그곳에서 라캉이 끄집어낸, 소년을 "금고에 넣어 두는 것"이라는 노골적인 '이상'이 보다 진실을 포착하고 있는 것처럼 보이는 것이다.

파우사니아스가 했던 연설의 이면을 폭로하는 듯한 라캉의 독해는 이 연설이 소년애에 관한 플라톤 자신의 이상을 대변하고 있다는 관점을 부정하는 데 충분하다. 하지만 라캉은 더욱 세부적으로 이를 논증하고 있다. 라캉은 『향연』의 화자인 아폴로도로스가 파우사니아스의 연설을 재현한 후 한 말, "파우사니아스가 이야기를 멈추었을 때"라는 일종의 언어유희에 주목할 것을 촉구했다.[114]

---

113 '자신이 지금 느끼고 체험하는 사랑'이라는 의미. — 옮긴이

114 『향연』, 185C.
한국어판 『향연』에는 다음과 같은 각주가 달려 있다. "'파우사니아스가 이야기를 멈추었을 때'로 옮긴 말은 원어로 '파우사니우 파우사메누Pausaniou pausamenou'이다. 두 단어가 비슷한 음운으로 이루어져 있고, 음절의 수와 각 음절의 장단이 같다." — 옮

아폴로도로스는 여기에서 이 언어유희가 소피스트의 상투적인 테크닉임을 넌지시 말하고 있다. 잘 알려진 것처럼 변론술 교육을 생업으로 삼아 진리가 아니라 논쟁에서의 승리를 추구했던 소피스트들은 항상 소크라테스를 비판했다. 어딘가 파우사니아스를 조롱하는 듯한 느낌의 아폴로도로스의 언어유희에서 플라톤이 면밀히 담아낸 메시지를 읽을 수 있지 않을까. 즉, 그것은 **파우사니아스의 논의가 소피스트적 궤변**이라는 메시지다.

아폴로도로스가 다음으로 말하는 것은 『향연』이라는 저작의 코믹한 성격을 눈에 띄게 해 주는 장면이다. 파우사니아스의 다음에 연설해야 할 희극 시인 아리스토파네스가 딸꾹질이 멈추지 않는다고 하면서 의사인 에뤽시마코스에게 도움을 요청한다. "에뤽시마코스, 자네는 내 딸꾹질을 멈추게 해 주든가 아니면 내가 딸꾹질을 멈출 때까지 내 대신 이야기를 하든가 해야 마땅하네."[115] 이렇게 해서 파우사니아스 다음으로 에뤽시마코스가 연설을 하게 되었다.

라캉은 유명한 친구로부터 이 이야기에 대해 시사를 얻었다고 한다. 그 친구란 프랑스의 헤겔 수용에서 중요한 역할을 했던 철학자 알렉상드르 코제브Alexandre Kojève다. 라캉이 세미나에서 밝히고 있는 점에 따르면, 그들이 주말을 같이 보낸 후 헤어지면서 코제브가 이런 이야기를 했던 듯하다. "어쨌든, 왜 아리스토파네스가 딸꾹질을 했는지 모른다

긴이
115 『향연』, 185D.
   한국어판은『향연』, 85쪽. ― 옮긴이

205

면 『향연』을 결코 이해할 수 없을 겁니다."[116] 얼핏 보면 별 것 아닌 듯한 이 딸꾹질 장면은 적지 않은 의미를 담고 있으며, 플라톤의 어떤 의도가 분명히 담겨 있다고 코제브는 생각했다.

그렇다면 그 의도란 과연 무엇일까. 여기까지의 내용을 살펴보면 그 대답이 자연스럽게 나타난다. 실제로 라캉도 코제브와 이야기할 때까지는 딸꾹질의 의미를 잘 몰랐던 듯하지만, 세미나에서는 다음과 같이 분명히 말하고 있다. "아리스토파네스가 딸꾹질을 하는 것은 그가 파우사니아스의 연설 중에 계속 몸을 틀면서 웃었기 때문으로, 플라톤 또한 웃고 있었을 것이란 점을 간과하기는 참으로 어려운 일입니다."[117]

파우사니아스의 연설 속에서는 플라톤의 사상을 찾아볼 수 없지만, 소크라테스의 연설에서는 비로소 발견할 수 있다. 하지만 동시에 소크라테스를 필두로 등장하는 인물이 저자의 의도를 넘어 움직이기 시작한 지점에 이르렀을 때 우리들은 드디어 『향연』을 이해할 수 있게 될 것이다. 라캉도 바로 그러한 지점에서 철학자 소크라테스로부터 정신분석가의 프로토타입을 발견했다.

---

116 Jacques Lacan, 앞의 책, p. 80.
117 같은 책.

16장 당신은 사랑을 모릅니다
분열하는 소크라테스

아리스토파네스가 말하는 신화

에로스를 찬미한다는 주제는 연설자 자신이 어떠한 사랑을 하고 있는가를 보여 주고 있다. 앞의 장에서 보았던 파우사니아스의 연설도 그 좋은 예다. 그가 했던 연설의 배후에는 소년에 대한 사랑이야말로 순수한 사랑이라는 주장이 있다. 라캉은 그 연설에서 대상을 소유한다는 논리를 발견했던 것이다.

파우사니아스 다음으로 연설을 할 차례였던 희극 시인 아리스토파네스는 딸꾹질이 멈추지 않아 히포크라테스 학파의 의사 에뤽시마코스에게 도움을 청했다. 라캉이 보기에 이는 아리스토파네스가 파우사니아스의 궤변에 폭소를 터뜨렸기 때문이다. 따라서 먼저 연설을 하게 된 에뤽시마코스는 파우사니아스가 제시했던 틀을 이어 가는 형태로 지론을 펼쳤다. 즉, '천상의 에로스'와 '범속의 에로스'를 엄격하게 구분한다는 것이다.

다만 에뤽시마코스는 에로스의 대립을 좀 더 대담하게 다루면서 광범위한 논의를 전개하고 있다. 예를 들어 육체의 건강한 부분과 병에 걸린 부분은 각각 다른 에로스를 가지고 있으며, 의술이란 에로스의 조화를 회복하는 방법이라고 한다. 그는 이 대립과 조화의 논리를 음악으로부터 계절의 변화, 의식이나 점술에까지 적용해서 보여 준다. 그가 말하는 에로스란 마치 〈스타워즈〉의 제다이 마스터들이 가진 '포스' 같은 것이다. 그러나 우리들의 관심을 끄는 것은 이후 드디어 연설하게 된 아리스토파네스다. 아리스토파네스는 에뤽시마코스에게 배운 "재채기 요법"으로 딸꾹질을 멈출 수 있었다(이 요법이란 다른 게 아니라 콧속을 간지럽혀 몇 번인가 재채기를 하면 딸꾹질이 멈춘다는 것이다). 우스갯소리를 섞어 가며 이 요법의 효능을 말하는 아리스토파네스에게 의사는 딱딱한 태도로 쓴소리를 한다.

아리스토파네스의 소탈하면서 어딘가 미워할 수 없는 행동은 그가 희극 시인이라는 점을 고려한 플라톤의 연출 때문으로 명백한 창작이다(예를 들어 아리스토파네스가 쓴 희극 『구름』에서 소크라테스는 수상쩍은 소피스트로 그려지며, 실제로는 그들이 술자리를 같이할 정도로 친근한 사이가 아니었던 것으로 보인다). 그렇기에 여기서 그려지는 아리스토파네스의 연설도 어딘가 우스꽝스럽긴 하지만 아마도 『향연』 중에서 후세에 가장 널리 알려진 연설일 것이다.

출발점은 인간의 원초적 모습에 관한 신화적인 설명이다. 아리스토파네스에 따르면 옛날 인간은 지금의 우리들과는 대단히 다른 모습을 하고 있었다. 몸 전체는 구체로, 손발은 각각 넷이었으며, 얼굴과 성기도 둘이었다고 한다. 구체이기 때문에 서둘러야 할 때는 데굴데굴 구르면서 이동했다고 하니 우스꽝스럽다. 그런데 그들의 체형은 천체의 이미지와 밀접한 관계를 가지고 있다. 과연 무슨 이야기일까.

원래 인간에게는 세 개의 성별이 있었다고 한다. 남자(아
넬), 여자(규네), 안드로규노스(아넬과 규네의 합성어)가 그것이
다. 주목할 것은 역시 세 번째로, 이는 남녀 양쪽의 성질 모
두를 가진다. 즉, 양성구유(남녀추니)다. 세 개의 성은 각각 태
양, 지구, 달을 기원으로 삼고 있으며 그들의 체형은 세 개
의 천체를 모방한 것처럼 보인다. 아리스토파네스가 말하
길, 달은 태양과 지구의 성질을 모두 가지고 있기 때문에
안드로규노스의 기원으로 여겨진다.

태고의 인간들은 힘이 강했고 의지 또한 높았다. 그랬기
에 신들에게도 반항했다. 지구는 완결된 원을(직경을 축으로 삼
아) 회전시킴으로써 그려지는데, 이것은 자족적인 완전성의
이미지와 겹친다. 그들의 외모는 그 내면을 형성하는 그들
의 자기 이미지, 신도 두려워하지 않는 전능감에 들어맞는
다. 물론 이 전능함이란 어디까지나 상상적인 것(라캉이 말하
는 '상상계imaginaire'의 의미에서)으로, 그래서 이 이야기는 처음부
터 어딘가 우스꽝스럽다.

겁날 것이 없는 인간에게 손을 크게 덴 신들은 무언가 해
보려고 계획을 짜 보지만 인간을 절멸시킬 수도 없었다. 왜
냐하면 인간이 자신들에게 바치는 신앙과 공물은 계속 받
고 싶었기 때문이다. 그때 신들의 왕인 제우스가 묘안을 하
나 생각해 낸다. 그것은 인간들을 둘로 나누어 약해지도록
만드는 것이었다. 그 결과 남자와 여자라는 두 개의 성이
남게 되었다.

반쪽으로 나누어진 인간의 얼굴은 잘린 곳으로 향하도록
돌려졌다. 이는 자신의 상처 자국을 직시함으로써 인간이

겸허해질 것이라 생각했기 때문이다. 또 상처 자국의 피부를 당겨 묶어서 우리들의 배에 해당하는 부분이 만들어졌다. 상당히 허술한 시술이었지만 묘하게 잘 만들어졌다. 이때 만들어진 피부의 묶음이 "태곳적 겪었던 수난의 기억"[118]으로서 배꼽의 형태로 지금도 남아 있다고 한다. 그러나 인간들의 운명은 제우스의 예상을 뛰어넘어 더욱 가혹해졌다.

그런데 이제 그들의 본성이 둘로 잘렸기 때문에 반쪽 각각은 자신의 나머지 반쪽을 그리워하면서 줄곧 만나려 들었네. 서로 팔을 얼싸안고 한데 뒤엉켜 한 몸으로 자라기를 욕망하다가 결국에는 상대방과 떨어진 채로는 아무것도 하고 싶어 하지 않았기 때문에 굶어서 혹은 다른 아무 일도 하지 않음으로 해서 죽어 갔네.[119]

이렇게 하여 인간들은 고개를 떨구고 절멸을 향한 길을 걸어가게 된다. 이를 보고 가엽게 여긴 제우스는 새로운 방법을 취한다. 그것이 성기의 이동이다. 그때까지 인간은 성행위를 통해 아이를 낳지 않고 땅속[120]에 직접 아이를 낳았

---

118 『향연』, 191A.
　　한국어판 『향연』에는 "오래 전에 겪은 일"(96쪽)로 번역되어 있
　　으나, 여기에서는 본문의 맥락에 맞추어 번역했다. ― 옮긴이
119 『향연』, 191A-B.
　　한국어판은 『향연』, 96쪽.
120 원서에서는 "땅 위地面"에 낳았다고 하고 있지만 한국어판 『향
　　연』과 영문판 Symposium(p.132), 독일어판 Das Gastmahl(S.31)

다고 한다. 몸이 나뉜 후 얼굴이 돌아갔기 때문에 성기는 등 쪽에 달려 있었다. 제우스는 이를 앞으로 이동시켜 인간의 생식 방법 그 자체를 변화시켰다. 인간은 이때 비로소 타자와 성행위를 하는 존재가 되었다. 아리스토파네스는 다음과 같이 말한다.

> 바로 그래서 그토록 오래 전부터 내내 서로에 대한 사랑[에로스]이 인간들에게 나면서부터 들어 있게 되고, 그것은 옛 본성을 함께 모아 주며, 둘에서 하나를 만들어 내어 인간 본성을 치유하려 노력하네.
> 그러기에 우리 각자는 한 인간의 부절符節이네. 마치 넙치들 모양으로 하나에서 둘로 잘라져 있으니까 말일세. 각자는 자신의 부절을 하염없이 찾아다닌다네.[121]

아리스토파네스에 따르면, 인간 속에 생긴 에로스는 신체 반쪽을 잃어버림으로써 죽음으로 향하게 된 운명을 바꿔 쓸 수 있다는 결론을 낸다. 즉, 타자를 사랑하고 원하는 인간의 성애란 과거의 상실이 가져온 고통에 그 뿌리를 두고 있다. 이 신화에서 코믹하면서 엉뚱한 그 줄거리는 반대로 적잖은 리얼리티를 갖추고 있다. 그것은 이 신화가 어떤 근원적인 상실을 욕망의 근거로 봄으로써 사랑의 억누를 수

에서는 땅속in the earth, in die Erde으로 번역하고 있기에 이에 따랐다. ― 옮긴이
121 『향연』, 191D.
　　한국어판은 『향연』, 95-96쪽. ― 옮긴이

없는 본성을 논하고 있기 때문이다. 에로스를 경배하고 그에 인도됨으로써 우리들은 '진정한 연인'과 만날 수 있다고 아리스토파네스는 말한다. 그러한 사랑이 가져오는 최상의 **행복은 잃어버린 반신과 다시 만나는 것**이다. 이 행복을 다시 잃지 않기 위해서라도 인간은 신들에 대한 경배를 잊지 말아야 하는데, 그중에서도 에로스는 특권적인 지위를 점하고 있다.

이렇게 하여 인간의 신체는 남녀라는 두 개의 성을 가지게 되었다. 아리스토파네스에 따르면 일찍이 남자였던 자의 대다수는 신에 의해 나뉜 후에 남성 동성애자로, 원래 여자였던 자의 다수는 여성 동성애자가 되었다. 이성애자들은 안드로규노스의 후손인데, 그 대다수는 바람기가 강하다고 한다. 이 연설 어디에서나 소년에 대한 사랑에서 하나의 이상理想을 찾는다는 말들이 보인다. 말하자면 소년에 대한 사랑은 서로의 남성성을 존경하는 것이며, 이 경험을 가진 소년만이 훌륭한 한 사람의 어른이 되고 또한 유능한 정치가가 될 수 있다. 아리스토파네스는 그 장소에 있는 동성애 커플, 즉 파우사니아스와 아가톤의 관계도 굳이 언급하면서 두 사람의 관계 역시 진정한 연인의 사례로 들고 있다.

성적 차이의 수수께끼

　그렇다면 아리스토파네스가 한 말의 어느 부분에 라캉이 주목했을까. 첫 번째 논점은 제우스가 인간을 구하기 위해 수행했던 두 번째의 외과적 처치, 즉 성기의 이동이다. 떼거나 붙일 수 있는 성기라는 모티프는 정신분석에서 친숙한 주제다. 프로이트에 따르면, 어린아이가 신체적인 성적 차이를 발견했을 때 시작되는 환상이 바로 이러한 류의 것이다. 이 근원적인 수수께끼에 마주했을 때 아이들이 가지는 페니스에 대한 강한 관심이 그것을 단적으로 보여 준다(프로이트는 이 단계의 아이들이 아직 여자 성기를 성기로서 인식하지 않고 있다고 본다). 이러한 관심에서 비롯된 아이들의 내면의 드라마를 프로이트는 '거세 콤플렉스'라 불렀다.

　물론 남성과 여성의 콤플렉스는 서로 다른 길을 걷는다. 남자아이의 경우, 어머니를 필두로 한 주위의 여성들이 어떤 이유로 성기를 빼앗겼다고 생각하며 자신의 성기도 언젠가 빼앗길지 모른다는 불안에 시달린다. 이에 비해 여자아이는 자신도 언젠가 성기를 얻을 수 있다는 기대를 품고 그 방법을 찾는다. 바로 여기서 떼어 낼 수 있는/붙일 수 있는 성기가 문제시된다. 거세 콤플렉스에 관한 이 이론은 오늘날 프로이트의 업적 중에서 가장 악명 높은 것 중 하나일 것이다. 실제로 여기에는 재검토할 여지가 상당한데, 그중에서도 다음과 같은 점에 주목하고자 한다.

　성적 차이는 원래 단순한 해부학적 사실에 지나지 않는다. 그럼에도 불구하고 아이들이 이 사실을 하나의 근원적 수수께끼로 받아들이고 그것을 이해하기 위해 여러 가지 환상을 품게 되는 것은 과연 왜일까? 그것은 어떤 사람에게는 페니스가 있고 다른 사람에게는 없다는, 간단히 눈에 들어오는 사실에 어떠한 **의미**가 있다고 아이들이 생각하기 때문이다. 즉, 이 환상 속에서 페니스는 단순한 신체 기관의 하나가 아니라 일종의 시니피앙signifiant, 언어적 요소이 된다.

프로이트는 생물학적 성차를 움직이지 않는 "암반"으로 보고, 이것이 정신분석이 종종 부딪히는 한계라고 부르는 데 주저함이 없었다.[122] 우리들은 신체적 성을 수동적으로 받아들이며, 신체적 성이라는 사실이 가져올 갈등은 원리적으로 사라지지 않는다. 그렇기에 이를 단순히 '모든 인간에게 내려진 조건'으로 받아들일 수 있다면 그것으로 충분하다. 이것이 프로이트의 리얼리즘이 도달한 일종의 결론이었다.

이에 비해 1950년대의 라캉은 언어가 성차를 결정한다는 점에서 사태의 본질을 보았다. 라캉이 생물학적 페니스와 엄밀하게 구분된 '팔루스phallus'[123]라는 개념을 사용했고, 팔루스가 하나의 시니피앙이라는 점을 끊임없이 강조한 것은 그 때문이다. 덧붙이자면 팔루스를 축으로 한 라캉의 이론적 작업은 1958년경에 완성되었으며, 지금 우리들이 참조하는 『전이』세미나는 1960-1961년에 개최되었다. 당시 라캉

---

122 Sigmund Freud, "Die endliche und die unendliche Analyse" (1937), in: *Gesammelte Werke*, Bd. XVI, S. 99.
한국어판은 『끝낼 수 있는 분석과 끝낼 수 없는 분석』, 376-377쪽.

123 라캉 정신분석을 다루는 많은 한국어 저작과 번역본은 이를 '남근男根'으로 칭하기도 한다. — 옮긴이

의 생각으로는 정신분석의 문제인 성적 차이, 즉 우리들의 무의식에 뿌리를 내리고 있는 성적 차이는 자연스러운 것이 아니라 문화적인 것이었다. 성적 차이의 의미를 물어야 한다는 프로이트의 발견 그 자체는 요컨대 언어에 의거해 살아가는 인간 고유의 조건에 뿌리를 내리고 있는 것이다. 팔루스는 이 언어적인 성적 차이의 열쇠가 되며, 프로이트가 그려낸 거세 콤플렉스는 실은 팔루스와 페니스의 혼동이 빚어낸 산물이었다.

라캉에 따르면 아리스토파네스가 말하는 신화에서 중요한 역할을 하고 있는 성기, 즉 떼어 내거나 붙일 수 있다는 측면에서 인공적(비자연적)인 성질을 갖는 성기란 팔루스를 의미한다. 뿐만 아니라 라캉은 이렇게도 말하고 있다 — "제가 희극의 원동력이 갖는 핵심이라고 말한 것의 근저에 항상 팔루스에 대한 준거가 있습니다."[124] 희극 시인의 연설에 노골적으로 팔루스가 등장한다는 것은 라캉에게 완벽한 필연이었다.

---

124 Jacques Lacan, 앞의 책, p. 118.

앎을 거부하는 사랑

아리스토파네스의 연설에는 『향연』 전체의 독해와 관련된 중요한 논점이 그 외에도 많이 담겨 있다. 그것은 사랑과 앎의 관계다. 그렇지만 아리스토파네스가 말하려고 하는 것은 앎을 사랑하며 추구하는 것(=철학)과는 별개다.

> [그들은(=자신의 반신과 만난 연인들: 원주)] 상대방으로부터 자기들에게 도대체 무엇이 생기기를 바라고 있는지조차 말할 수 없는 자들인데 말일세. 아무도 이것이 그저 성적인 함께함이라고, 즉 바로 이것을 위해 그토록 대단한 열성을 가지고 어느 하나가 다른 하나와 함께 지내면서 즐거워한다고는 생각하지 않을 거거든. 오히려 두 쪽 각각의 영혼은 다른 어떤 것을 원하는 게 분명하네. 그걸 말로 표현할 수는 없지만 자기가 무엇을 원하는 것인지 어렴풋하게 직감하고 막연하게 암시하는 거지.[125]

사랑하는 자는 자신이 왜 다른 누구도 아닌 바로 그 사람을 사랑하는가를 알지 못하며, 그 이유를 언어로 말할 수도 없다. 즉, 사랑이란 앎을 혹은 그 근거가 되는 언어를 거부한다. 뒤집어 말하자면 에로스를 찬미한다는 형태로 사랑이란 무엇인가를 말하는 언어는 도리어 말하는 자 자신의 사랑을 놓치고 있다는 뜻이 된다. 앞에서 본 파우사니아

---

125 『향연』, 192C-D.
　　한국어판은 『향연』, 99-100쪽.

스의 연설이 대상을 영원히 소유한다는 그의 이상, 즉 그가 자신도 모르게 품고 있던 이상조차 제대로 말하지 못하는 것처럼 말이다. 끊임없이 앞에서 빠져나가는 사랑의 본성은 제14장에서 보았던 라캉의 "사랑은 실재계에서 나타난다"라는 명제로 인해 한층 명확해진다. 라캉에 따르면 사랑은 신들과 마찬가지로 실재계에 속하며, 때문에 로고스가 아닌 신화mythos로 이야기할 수밖에 없다. 그렇다면 로고스에 의거한 방법인 철학이 사랑을 논한다는 것은 처음부터 어려운 과제가 아니었을까. 이렇게 생각하면 **철학자 소크라테스는 어떻게 사랑을 말했는가**라는 물음이 자연스럽게 무게를 가진다.

흥미롭게도, 자기 자신의 사랑을 논할 수 없는가라는 문제에 관해 소크라테스 자신의 입장은 연회를 시작할 때와 자신의 이야기를 시작할 때가 전혀 다르다. 연회에 모였을 때는 전날까지 술을 과하게 마셨기에 그날은 사랑에 대한 논의를 메인 이벤트로 삼았다. 모두 함께 에로스를 찬미하는 연설을 하자는 에뤽시마코스의 제안에 대해 소크라테스는 이렇게 말하고 있다. "에뤽시마코스, 아무도 자네에게 반대표를 던지지 않을 것이네. 나로서는 사랑(에로스)에 관한 일들 말고 다른 어떤 것도 알지 못한다고 주장하는 터라서 아마도 거부하지 못할 것이고."[126]

소크라테스는 자신이 아는 자라는 점을 항상 부정하지만, 유일하게 에로스에 대해서는 알고 있다고 한다. 그러나 자

---

126 『향연』, 177D.
　　한국어판은 『향연』, 65쪽.

신의 순서가 돌아오니 소크라테스는 태도를 완전히 바꾸어 후회한다. 다만 소크라테스가 저자세를 보인 것은 그때까지 이루어졌던 연설을 통렬히 비판하기 위한 야유의 퍼포먼스였다. 약간 길지만 소크라테스 자신의 말을 보도록 하자.

나는 아둔해서 찬미 대상 각각에 관해 진실을 말해야 하며, 또 이게 기반이 되고, 바로 이것으로부터 가장 아름다운 것들을 골라내어 가능한 한 그 찬미 대상에 가장 알맞게 제시해야 한다고 생각하고 있었거든. 그래서 나는 진실을 알고 있으니까 말을 잘하게 되리라고 아주 자신만만해하고 있었다네.
하지만 실은 어떤 것을 아름답게 찬양한다는 것이 이게 아니었던 것 같네. 오히려 그 대상에게 가능한 한 가장 위대하고 가능한 한 가장 아름다운 것들을 봉헌하는 일이었던 것 같네. 그것들이 실제로 그렇든 안 그렇든 상관없이 말이네. 그것들이 거짓이라 해도 사실 문제될 건 전혀 없던 거지. 우리 각자가 에로스를 실제로 찬미해야 한다는 것이 아니라 찬미하는 것으로 보여야 한다는 것이 앞서 주문된 사항이었던 것으로 보이니 말일세.[127]

진리를 모든 '보여 주기'와 엄밀히 구분하고 그 자체를 드러내야 한다는 주장은 소크라테스 철학의 근본 원리다. 이

---

127 『향연』, 198D-E.
　　한국어판은 『향연』, 114쪽.

원리를 비추어 보았을 때 파이드로스와 파우사니아스, 에뤽시마코스 그리고 아리스토파네스의 연설은 모두 교묘한 말로 '보여 주기'를 하는 것에 지나지 않으며 에로스의 본질과는 거리가 멀다는 것이 드러난다. 각각의 연설이 갖는 색채는 이 근본 원리 앞에서 무로 돌아가고 만다.

이 점에서 아리스토파네스 다음으로 연설한 비극 시인 아가톤은 예외적이다. 왜냐하면 그는 자신의 연설을 시작할 때 "[이야기의 대상인 자에 관해서] 그자가 어떤 자여서 어떤 것들의 원인이 되는지를 이야기로 죽 풀어 가는 것"[128]이 유일하게 옳은 찬미 방법이라고 이야기하고 있다. 실제로 소크라테스도 이 방법에는 완전히 동의한다고 덧붙이며, 아가톤과 대화하면서 자신의 연설을 진행한다. 소크라테스와 아가톤의 대화에 대해서는 다음 장에서 다루기로 하고, 여기에서는 위에서 다루었던 물음, 즉 소크라테스가 어떻게 사랑을 말했는가를 살펴보기로 한다. 소크라테스는 사랑에 대해 무엇을 알고 있었을까. 철학자가 하는 말과 사랑의 관계는 어떠할 것인가.

---

128 『향연』, 195A.
　　한국어판은 『향연』, 106쪽.

소크라테스 안의 여성

이 물음에 대한 라캉의 답은 명확하다. 라캉이 생각하기에 소크라테스의 말 속에서 앎은 신화에게 자리를 양보하고 있다. 즉, 소크라테스의 연설에는 앎이 이르지 못하는 균열이 있으며 그것을 덮기 위해 신화가 등장한다. 실제로 소크라테스의 말은 철학자가 특권적인 연설자로서 다른 연설과 선을 긋고 진정한 앎을 전개한다는 것과는 적잖이 다르다. 왜냐하면 소크라테스는 에로스에 대해 옛날 자신이 대화를 나누었던 여성, 즉 만티네이아Μαντίνεια에서 온 무녀 디오티마Διοτίμα의 이야기를 재현하고 있기 때문이다.

그때까지 다섯 사람의 이야기가 모두 혼자 연설을 하는 형태였다면, 소크라테스의 말은 그 자체가 과거의 대화를 재현하는 것이며 동시에 아가톤과 하는 현재 진행형의 대화를 포함한다는 점에서 중층적이면서 동적인 성질을 가진다. 소크라테스의 재현을 통해 나타난 디오티마는 연회에 흥이 오른 남성들에게 던져진 이물질이며, 그들의 연설이 품고 있는 호모소셜한 경향을 꺾는 역할을 한다고 할 수 있을 것이다. 그뿐만이 아니다. 라캉의 놀라운 지적에 따르면 소크라테스가 하는 말의 형식은 아리스토파네스가 말한 신화의 중심적인 모티프와 공명하고 있다. 에로스의 근원에 있는 반신의 상실을, 라캉은 "자웅 분리diœcisme"라는 귀에 익숙지 않은 말로 표현하면서 다음과 같이 말하고 있다.

이 '자웅 분리'는 우리들에게 거대한 연상 작용을 일으킵니다. 제가 아까 Spaltung[129]이라는, 주체의 분열refente subjective

을 떠올리게 하는 말을 사용한 것은 이유가 없지 않지요. 소크라테스가 자신을 지워 없애고 '자웅 분리'하여 자기 대신에 한 사람의 여성에게 말을 시킨다는 것은, 사랑을 말한다는 것이 문제시될 때 무엇인가가 소크라테스의 앎을 비껴가는 상황이 아닐까요? — 그렇습니다. 소크라테스는 자신 안의 여성에게 말을 시키고 있습니다.[130]

라캉은 여기에서 소크라테스라는 주체의 분열에 초점을 맞추고 있다. 제5장에서 보았던 것처럼 주체는 언어에 머물고자 함으로써 분열을 피할 수 없게 된다. 이 분열은 소크라테스의 말 속에 소크라테스 혹은 철학의 타자가 나타남으로써 보인다. **소크라테스 안의 여성** — 그것은 앎이 이르지 못하는 실재로서의 사랑을 체현하고 있으며, 소크라테스의 분열은 로고스와 뮈토스 혹은 철학과 잃어버린 반신의 분열이기도 하다. 다음 장에서는 이 타자가 구체적으로 무엇을 말했는가를 살펴보기로 한다.

---

129 '분리', '분해' 혹은 '분열'을 뜻하는 독일어 단어로, 정신분석의 맥락에서는 주로 '분열'(예: Ichspaltung - 자아분열)로 번역된다. — 옮긴이

130 Jacques Lacan, 앞의 책, pp. 146-147.

17장 귀신에 홀린 철학자
미^美의 이데아와 죽음 충동

아가톤과 소크라테스의 대화

아리스토파네스는 사랑의 신화적인 전사^{前史}로 신의 벌을 받아 반신을 잃어버렸음을 말했다. 이는 성적 존재로서의 인간의 기원을 이루는 하나의 트라우마다. 그에 따르면 에로스에 경도된 진실한 사랑이 가져오는 최고의 기쁨이란 바로 잃어버린 반신과 다시 만난다는 것이다. 이 이야기는 실은 마지막 부분에서 소크라테스의 말로 부정된다. 하지만 그렇다고 하더라도 아리스토파네스의 논의에서 가치가 사라지지는 않는다. 실제로 라캉은 이 이야기에서 적지 않은 의미를 찾아냈다. 라캉에 따르면 반신을 잃었다는 모티프는 말하는 주체로서의 소크라테스에게 각인된 분열을 미리 암시하고 있다.

이 분열로 인해 소크라테스는 자신이 디오티마와 예전에 나누었던 대화를 재현함으로써만 사랑을 이야기할 수 있었다. 철학적인 앎과 신화가 분열하는 지점에서 소크라테스는 자신 안의 여성이 말하도록 한다 ― 라캉은 그렇게 지적한다. 그보다 전에 연설을 했던 이 연회의 주최자, 즉 비극 시인 아가톤과의 문답은 소크라테스가 한 말의 단서다. 아가톤은 에로스가 갖추고 있는 덕의 종류(정의, 절도, 용기, 지혜)에 대해, 혹은 그것들이 가져오는 최고의 행복에 대해 이것 저것 말하는데, 『향연』의 전개를 생각하자면 에로스와 미의 관계는 가장 중요하다. 아가톤은 에로스가 신들 중에서도 특히 젊으며 섬세하고 아름답다고 한다. 특히 아가톤이 에로스의 특징을 미를 희구하는 존재라고 하는 점에 주목해야 한다.

> 물론 아름다움에 대한 에로스가(에로스는 추한 것을 향해 있지 않거든) 그들 사이에 생겨난 후의 일이네. 그전에는 서두에도 말했듯이 아낭케(필연)가 왕 노릇 하기 때문에 많은 끔찍한 일들이 신들에게 일어나곤 했다고들 말하네. 하지만 이 신이 태어나고부터는 아름다운 것들을 사랑함으로 인해서 모든 좋은 것들이 신들과 인간들에게 생겨났다네.[131]

아가톤에 따르면 에로스의 탄생은 세계의 모습을 완전히 변하게 할 정도로 큰 임팩트를 가졌다. 여기서 나오는 아낭케란 운명이나 필연을 관장하는 신이다. 아가톤이 생각하는 "많은 끔찍한 일들"이란 헤시오도스가 『신통기』에 썼던, 신의 자손이 삼대에 걸쳐 반복했던 격렬한 권력 투쟁이었다. 이 이야기는 다음과 같다. 신들의 왕 크로노스는 아버지 우라노스의 페니스를 자르고 추방한 후 그 자리를 차지했

---

131 『향연』, 197B.
   한국어판은 『향연』, 111쪽.

지만, 이번에는 그 자신이 아버지의 운명을 반복하게 될 것이라는 예언을 듣고 자식에게 권력을 빼앗길 공포에 사로잡힌다. 그로 인해 크로노스는 자식이 생길 때마다 잡아먹지만, 최종적으로 막내였던 제우스에게 당함으로써 예언이 실현된다. 덧붙이자면 이는 프로이트가 '거세 콤플렉스'와 '오이디푸스 콤플렉스'의 신화적 표현으로 언급했던 이야기이기도 하다.[132]

아가톤은 신들의 세계에 있었던 잔혹하고 비극적인 운명과 대비함으로써 에로스가 가져오는 우애와 평화가 얼마나 큰 가치를 지니고 있는가를 강조하고자 했다. 하지만 이 우애와 평화의 근본에는 '아름다움을 추구하려는 욕구'가 있다는 것이 중요하다. 아가톤에 이어 연설하게 된 소크라테스는 바로 이 점을 물고 늘어졌다. 소크라테스는 먼저 "에로스는 **어떤 것**에 대한 에로스라고 할 만한 그런 자인가, 아니면 그 어느 것에 대한 에로스도 아니라고 할 만한 그런 자인가?"[133]라는 질문을 던진다. 여기에서 소크라테스는 친족 관계의 예를 들어 질문의 의도를 명확히 한다. 예를 들어 우리들이 '아버지'라 할 경우 그것은 항상 아들 내지는 딸의 '아버지'를 의미한다. 마찬가지로 에로스는 그 자신 이외의 무언가와 필연적으로 관계를 가지고 있는가라고 소크라테스는 묻는다.

---

132 「방어 과정에서 나타난 자아의 분열Die Ichspaltung im Abwehrvorgang」
참조. — 옮긴이
133 『향연』, 199D.
한국어판은 『향연』, 116쪽.

이 물음에 대해 아가톤은 확실히 **어떤 것**에 대한 에로스라고 대답한다. 문제는 이 '어떤 것'과 에로스의 관계가 무엇인가라는 점이다. 소크라테스는 여기에서 아가톤이 강조했던 에로스의 본성, 즉 '아름다운 것을 추구한다'라는 본성에 정면으로 달려든다. 소크라테스에 따르면 에로스가 어떤 것에 대한 에로스라는 점, 이는 곧 에로스가 그 어떤 것을 원한다는 뜻이다. 그리고 어떤 것을 원한다는 것은 그어떤 것을 소유하고 있지 않았을 때 가능하다. 아마도 그럴 법하다고 대답하는 아가톤을 소크라테스는 대단히 그다운 방식으로 몰아붙인다.

그럴 법함 말고 그런 게 필연인지, 즉 욕망하는 것은 자기가 결여하고 있는 것을 욕망한다는 것, 혹은 결여하고 있지 않으면 욕망하지 않는다는 것이 필연인지 숙고해 보게. 아가톤, 나한테는 놀라우리만큼 분명하게 그게 필연이라고 생각되네만, 자네에겐 어떤가?[134]

이 물음에 아가톤은 그렇게 생각된다고 답한다. 이렇게 동의함으로써 아가톤의 연설이 품고 있는 모순이 드러난다. 왜냐하면 에로스가 '아름다움을 추구하는 것'이라고 한다면 에로스는 아름다움을 결여하고 있다는 것이 되는데, 아가톤은 에로스를 언제나 아름다운 신이라고 말하고 있기 때문이다. 이 점을 지적당한 아가톤은 이렇게 대답한다.

---

134 『향연』, 200A-B.
　　한국어판은 『향연』, 119쪽.

"제가 앞서 말했던 것들 가운데 아무것도 전 알지 못하는 것 같습니다."[135] 자신의 이야기에서 드러난 모순에 직면하고 "선생님께 반론할 수 없겠습니다"라고 말하는 아가톤에게 소크라테스는 말한다 — "아니, 오히려 자네가 반론 못하는 건 진실에 대해서일세, 친애하는 아가톤. 소크라테스에게 반론하는 것쯤이야 전혀 어려운 게 아니겠지만 말일세."[136]

다이몬으로서의 에로스

위와 같이 아가톤과의 대화를 끝낸 소크라테스는 드디어 자신의 이야기를 전개하는데, 앞서 논했던 것처럼 이는 디오티마와의 사이에서 이루어졌던 옛날 대화를 재현한 것이다. 그뿐만이 아니다. 소크라테스는 방금 아가톤이 했던 말과 같은 생각을 자신도 예전에 했다고 한다. 즉, 여기에서 소크라테스와 디오티마의 관계가 아가톤과 소크라테스의 사이로 재연된다.

그렇다면 디오티마는 소크라테스에게 무슨 이야기를 했을까. 그녀의 말은 **에로스가 품고 있는 결여를 어떻게 생각할 것인가**에서 출발한다. 디오티마는 에로스가 미를 결여한 존

---

135 『향연』, 201B.
　　한국어판은『향연』, 122쪽.
136 『향연』, 201C.
　　한국어판은『향연』, 123쪽.

재이며, 그 때문에 미를 추구한다고 말한다. 다만 이는 에로스가 추하다는 것을 의미하지 않는다. 이와 마찬가지로 에로스는 선을 결여하고 있지만 악도 아니다. 아름다움인가 추함인가, 선인가 악인가라는 이항 대립 그 자체를 캐묻지 않는다면 에로스의 본성을 포착할 수 없다.

여기에서 디오티마는 논의의 암묵적인 전제를 반대로 뒤집어 버린다. 소크라테스를 경악시킨 디오티마의 주장은 이러하다 — 에로스는 신이 아니다. 왜냐하면 '모든 신은 행복하고 아름답기'때문에, 즉 신은 미를 소유함으로써 행복한 상태에 있기 때문이다. 이에 대해 소크라테스가 그렇다면 에로스는 인간인가를 묻는데, 여기에서도 신인가 인간인가라는 이항 대립은 도움이 되지 않았다. 디오티마에 따르면 에로스는 신과 인간의 사이에 있는 존재다. 말하자면 "위대한 다이몬이지요. 소크라테스. 기실 다이몬과 같은 것은 신과 필멸자 사이에 있으니까요."[137]

여기에서 소크라테스가 후에 재판을 받을 때의 죄목이 무엇이었는가를 다시 떠올려 보자. 그는 폴리스가 믿는 신이 아니라 "다이몬과 같은 것"을 자신의 인도자로 삼아 젊은이들을 타락시켰다고 고발당했다. 그것을 죄로 물어야 하는가는 차치하더라도, 소크라테스의 철학과 다이몬은 떼려야 뗄 수 없다. 그렇다면 다이몬이란 어떤 존재인가. 디오티마

---

137 『향연』, 202D-E.
    한국어판은 『향연』, 126-127쪽. 한국어판에는 "다이몬"을 "신령"이라 번역하고 있으나, 여기에서는 본문의 뉘앙스를 살리기 위해 "다이몬"으로 번역했다. — 옮긴이

의 설명을 들어 보자.

> [다이몬이] 그들 양자(신과 인간)의 가운데 있어서 그들 사이를 메워 주고, 그래서 그 전체가 그 자체로서 결속되게 해 줍니다. 온갖 예언술도, 그리고 제사, 의례, 주문, 온갖 예언, 마법에 관한 사제들의 기술도 바로 이것을 통해 움직이지요. 신이 인간과 직접 섞이는 게 아니라 바로 이것을 통해서 인간들과의 온갖 교제와 대화가 신들에게 (그들이 깨어 있건 잠들어 있건 간에) 있게 되지요.[138]

신과 인간의 사이에는 메꿀 수 없는 깊은 골이 있는데, 이를 넘나들 수 있는 존재가 다이몬이다. 덧붙이자면 라캉이 "신은 실재계에 속해 있다"고 정식화했던 것을 감안하면 다이몬의 활동이란 인간과 실재계의 짧은 만남이라고도 할 수 있을 것이다. 다이몬이라는 불확실한 존재의 목소리를 통해 실재계는 간신히 그 자신을 알릴 수 있다 ― 그것을 듣는 방법을 아는 자에게만. 비록 꿈속에 있어도 그 목소리를 들음으로써 인간은 진정 눈을 뜨는 것이다.

이러한 의미에서 소크라테스는 분명 눈을 뜬 자였다. 『소크라테스의 변명』에서 그는 평소부터 다이몬의 목소리를 듣고 그에 따라 자신의 행동을 결정했다고 한다. 소크라테스의 재판은 옆에서 보자면 그에게 내린 재앙처럼 보인다. 그러나 본인은 오히려 이 재판이 자신에게 좋은 것이라고

---

138 『향연』, 202E-203A.
한국어판은 『향연』, 127쪽. ― 옮긴이

단언한다. 아무런 빈정거림도 없기에 더 이상하게 들리는 이 단언의 근거는 무엇일까. 그것은 다이몬의 침묵이다. 소크라테스는 법정에서 다음과 같이 말한다.

> 아침에 집을 나올 때 그 신[다이몬]의 예언은 반대하지 않았던 것이오. 또 이 법정에 와서 발언대에 서려고 했을 때도 반대하지 않았고, 변론 도중에 내가 무슨 말을 하려고 하는 어떤 경우에도 반대하지 않았소. 지금까지 다른 경우에는 이야기를 하고 있으면 그야말로 시도 때도 없이 내 말을 도중에서 가로막곤 했던 것이오. 그런데 이번에는 이 사건에 관한 한, 행동에 있어서나 말에 있어서나 끝내 반대를 하지 않더란 말이오. [139]

소크라테스는 여기에서 다이몬의 목소리를 "신의 예언"으로 부르고 있는데, 디오티마의 설명에서 본 것처럼 이것이 신과 자신을 이어준다고 보고 있다. 그 목소리가 자신을 제지하지 않는 한 자신의 말은 진리로, 자신의 행동은 선으로 이어진다는 확신이 소크라테스를 움직이고 있다. 중요한 것은 다이몬이야말로 철학자로서 소크라테스의 생을 결정했으며, 그중에서도 에로스가 특권적인 의미를 갖는다는 점이다. 『향연』에서 전개되는 대화도 이 점을 고려하면서 읽어야 한다.

---

139 『소크라테스의 변명』, 40B.
　　한국어판은 『소크라테스의 변명』, 45쪽.

에로스, 미, 생식

디오티마는 또 "[에로스는] 지혜와 무지의 사이에 있다"고 하며 다음과 같이 덧붙인다.

> 신들 가운데 아무도 지혜를 사랑하지 않고 지혜롭게 되기를 욕망하지도 않습니다. 이미 그렇기 때문이죠. 또한 다른 어느 누구라도 지혜로운 자라면 지혜를 사랑하지 않습니다. 그런가 하면 무지한 자들도 지혜를 사랑하지 않고 지혜롭게 되기를 욕망하지도 않습니다. 무지가 다루기 어려운 건 바로 다음과 같은 점에서거든요. 즉, 아름답고 훌륭한 자도 분별 있는 자도 아니면서 자신을 만족스럽게 여긴다는 것 말입니다. 자기가 뭔가를 결여하고 있다고 생각하지 않는 자가 있다면, 그는 자기가 결여하고 있다고 생각하지 않는 그것을 욕망하지 않습니다.[140]

앎을 사랑하고 추구하는 자는 신과 같이 충만된 존재가 아니며, 또한 자신의 무지를 조금도 신경 쓰지 않는 무지한 자와도 다르다. 그 욕망은 무지와 앎의 사이에 있는 에로스를 통합으로써 체현된다. 잘 알려진 바와 같이, 그리스어의 'φιλοσοφία(필로소피아=철학)'는 '앎을 사랑하고 추구하는 것'이라는 의미다. '나는 아는 자가 아니다'라는 자각을 출발점으로 삼은 소크라테스는 바로 이와 같은 에로스에 이끌려

---

140 『향연』, 204A.
　　　한국어판은 『향연』, 129쪽.

철학자가 되었다. 흥미롭게도 이러한 앎의 문제는 동시에
미의 문제이기도 하다. 디오티마는 말한다.

> 지혜는 그야말로 가장 아름다운 것들에 속하는데, 에로스는
> 아름다운 것에 관한 사랑(에로스)이지요. 그래서 에로스는
> 필연적으로 지혜를 사랑하는 자일 수밖에 없고, 지혜를 사
> 랑하는 자이기에 지혜로운 것과 무지한 것 사이에 있을 수
> 밖에 없습니다.[141]

이렇게 해서 지혜와 아름다움이 사랑의 특권적인 대상이
된다. 하지만 디오티마의 이야기에서 중심적인 논의는 오
히려 그 뒤의 부분이다. 디오티마는 에로스가 왜 대상을 추
구하는가, 대상을 사랑한다는 행동은 대체 무엇인가라는
물음을 하나하나 짚어 간다. 아무것도 모르겠다는 소크라
테스에게 그녀는 다음과 같이 말한다. "이것[사랑의 기능]은
몸에 있어서 그리고 영혼에 있어서 아름다운 것 안에서 출
산하는 것입니다."[142]

디오티마는 여기서부터 인간의 성애론을 전개하는데, 이
것이 남녀의 생식 이야기에만 머물지 않는다는 점에 주의
해야 한다. 즉, "아름다운 것 안에서 출산하는 것"이라는 표
현은 문자 그대로 생식을 의미함과 동시에 **결정적인 만남을**

---

141 『향연』, 204B.
　　한국어판은 『향연』, 129쪽.
142 『향연』, 206B.
　　한국어판은 『향연』, 134쪽.

통해 무언가 새로운 것을 낳는 것을 비유적으로 말하고 있기도 하다. 에로스의 움직임은 다양한 영역에서 발견할 수 있는데, 이 움직임을 대표하고 있는 행위가 생식이다. 실제로 디오티마는 인간이란 모두 잠재적으로 자식을 가진 존재이며, 절도나 정의 등의 덕 혹은 앎에 대한 사랑(=철학)이 자아내는 언어와 사상도 정신이 밴 '자식'이라고 본다. 즉, 그녀는 애초부터 에로스의 움직임으로서의 '잉태'를 여성의 신체에 한정하지 않았다. 본질적인 것은 오히려 아름다운 것과 접촉함으로써 비로소 '잉태'가 이루어진다는 것이다.

그럼에도 불구하고 에로스의 작용의 예로서 생식이 특권적인 주제가 되는 것은 왜일까. 생식이라는 행위는 어떠한 점에서 에로스의 본질을 보여 주고 있다고 할 수 있을까.

> 남자와 여인이 함께함이 일종의 출산이거든요. 이 일은 신적인 것입니다. 필멸자인 생물 안에 들어 있는 불사적인 것이지요. 임신과 낳음이 말입니다.[143]

에로스는 불사로 향하며, 생식은 그 도중에 있다. 사람은 자식을 낳음으로써 자신이 죽은 후에도 이어질 삶을 보존한다고 디오티마는 말한다. 그러한 의미에서 성은 죽음과 떨어뜨려 놓고 볼 수 없다. 죽을 수밖에 없는 존재만이 성을 필요로 하기 때문이다. 여기에서도 에로스의 다이몬적 본성, 즉 매개로서의 본성으로 인해 섹스는 죽음과 불사의

---

143 『향연』, 206C.
    한국어판은 『향연』, 135쪽.

사이, 유한한 존재와 영원한 존재의 사이에 놓이게 된다.

디오티마는 이것과 완전히 같은 논리로 섹스와 전혀 다른 방식의 사랑에 대해서도 이야기를 전개한다. 여기서 그리스 신화에 등장하는 공주 알케스티스와 호메로스가 그린 아킬레우스, 그리고 아테네의 왕 코드로스를 언급한다. 그들은 각각 남편의 사랑, 친구의 복수, 국가의 존속을 위해 자신을 희생한 인물들이다. 이 연회에서 제일 처음 연설했던 파이드로스도 알케스티스와 아킬레우스를 언급했다. 그렇다면 디오티마는 이 자기희생에서 무엇을 보았을까.

> 당신은 자신들의 덕에 관한 불사의 기억(지금 우리가 바로 그걸 갖고 있죠)이 있게 되리라는 생각을 하지 않았다면 알케스티스가 아드메토스를 위해 죽었으리라고, 혹은 아킬레우스가 파트로클로스를 뒤따라 죽었으리라고, 혹은 당신들의 코드로스가 자식들의 왕국을 지켜 주기 위해 죽었으리라고 생각합니까? 그럴 리 만무합니다. 오히려 내 생각에 그들은 모두 불사의 덕과 그런 영광스러운 평판을 위해 그런 일들 모두를 하는 겁니다.[144]

디오티마에 따르면 고귀한 자기희생의 근본에는 덕과 명예에 대한, 즉 영원히 잃어버리지 않는 것에 대한 희구가 있다. 육체는 죽지만 말로 이어지는 기억 속에 영원한 삶을 얻는 것 ― 이것이 명예에 대한 사랑이 나아가려는 곳으로,

---

144 『향연』, 208D.
　　한국어판은『향연』, 139-140쪽.

이처럼 성적이 아닌 사랑도 마찬가지로 에로스에 이끌린다. 실은 이 영원성이라는 주제야말로 디오티마의 에로스론이 최종적으로 나아가려는 지점이다. 이를 확인하기 위해서라도 그녀가 한 말의 후반부를 살펴보기로 하자.

접근 불가능한 것으로서의 죽음 충동

디오티마는 다시 에로스와 미의 관계에 초점을 맞춘다. 미리 말하자면 디오티마가 "[사랑의] 최고 비의秘儀"라 부른 것은 각각의 인물이나 사건이 지닌 아름다움이 아니라 아름다움 그 자체, 미의 이데아(궁극적인 이념으로서의 미)를 아는 것이다. 디오티마는 이 경지에 이르기 위한 수행과 같은 과정으로 신체의 아름다움에서 정신의 아름다움으로의 상승, 상대적이면서 변화해 가는 아름다움에서 절대적이며 영원불변의 아름다움으로 상승하는 것을 설파한다.

올바르게 에로스 관련 일들을 향해 가는, 혹은 다른 이에 의해 이끌리는 것이란 바로 이것이니까요. 즉 이 아름다운 것들에서부터 시작하여 저 아름다운 것을 목표로 늘 올라가는 것 말입니다. 마치 사다리를 이용하는 사람처럼 그는 하나에서부터 둘로, 둘에서부터 모든 아름다운 몸들로, 그리고 아름다운 몸들에서부터 아름다운 행실들로, 그리고 행실에서부터 아름다운 배움들로, 그리고 그 배움들에서부터 마침내 저 배움으로, 즉 다름 아닌 저 아름다운 것 자체에 대한 배움으로 올라가게 됩니다. 그렇게 되면 마침내 그는 아

름다움 바로 그것 자체를 알게 되는 거죠.[145]

각각의 육체가 갖는 아름다움은 모두 동일한 하나의 아름다움을 나누어 가진 결과다. 또한 미는 물체에만 있는 것이 아니라 인간의 행동이나 그 기반에 있는 정신성 역시 같은 아름다움을 '나누어 가지고' 있다. 이는 이데아를 어떠한 성질의 원인으로 보는 플라톤의 기본적인 생각이었다. 이리하여 어떠한 아름다움(개별적인 것의 아름다움)에 현혹된 인간은, 즉 에로스로 올바르게 이끌리면 이윽고 영원히 동일한 아름다움의 이데아, **아름다움 바로 그것 자체로서의 이데아**에 도달한다.

소크라테스는 이 이야기에 마음 깊이 감탄한다. 그래서 그는 디오티마를 대신해 이 이야기 그대로를 향연에 참가한 이들에게 전달한 것이다. 하지만 보편성의 넓은 바다를 한 번에 건너려는 이 이야기의 전개에서, 예를 들어 사랑에 빠져 버린 한 사람의 인간이 품는 가슴 저린 마음은 아무래도 멀리 안개에 삼켜져 있는 것처럼 보이지는 않을까. 적어도 라캉은 디오티마의 이야기를 쉽게 납득하지 못했던 듯하다. 라캉은 "아름다운 몸"을 모른다면 아름다움 그 자체에 이를 수 없다는 디오티마의 이야기를 조롱하듯이 "플라톤적 돈 후앙Don Juan주의"라고 부르며 그곳에는 "눈속임 escamotage"이 있다고 말한다.

---

145 『향연』, 211C.
　　한국어판은『향연』, 144-145쪽.

(…) 한편으로 이 눈속임을 통해 처음에는 생명으로 나아가는 길에서의 포상으로 정의되며 만날 수 있는 것이었던 아름다움이 순례의 목적이 되었고, 동시에 다른 한편으로 처음에는 아름다움의 지지대로 나타났던 대상이 아름다움으로 향하는 과도적 단계가 되어 버렸습니다.[146]

디오티마는 처음에 "아름다운 것 안에서 출산하는 것"이 에로스의 본질이라고 말하며 파트너의 아름다움이 아이를 가지는 조건인 것처럼 말했다. 하지만 아름다움이라는 것이 점점 관념으로 변하다가, 이윽고 그것을 에로스가 이끄는 최종적 목적이라 하면서 그녀의 이야기가 끝난다. 즉, 아름다움의 위치가 사랑의 과정으로부터 목적으로 이동해 버리는 것이다. 게다가 이와 완전히 동일하게 아름다움이 깃들어 있기에 사랑의 대상이었던 파트너는 최종적으로 아름다움의 이데아에 도달하기 위한 수단처럼 되어 버린다.

이러한 "눈속임"의 배후에 무엇이 있는가는 대단히 중요하다. 라캉은 여기에서 욕망의 본질을 발견한다. 욕망은 원래 특정한 대상으로 만족할 줄 모른다. 즉, 이미 정해진 목표 같은 것은 없다. 아름다움의 이데아가 최종 목적이라는 디오티마의 이야기(혹은 그녀에게 그것을 말하게 한 플라톤의 이데아론)는, 말하자면 환상에 지나지 않는 목표를 설정함으로써 욕망을 그곳에서 멈춰 버리게 만든다. 그렇다면 왜 그러한 장치가 필요할까? 그것은 브레이크가 걸리지 않으면 욕망

---

146 Jacques Lacan, 앞의 책, p. 157.

은 인간의 삶의 저편으로, 즉 저세상과 같은 장소로 주체를 옮겨 버리기 때문이다. 그처럼 삶의 저편으로 향하는 욕망을 라캉은 '죽음 충동'이라 부르며 이렇게 이야기한다. "아름다움이 덮어 감추도록 운명 지어진 것은 접근할 수 없는 것으로서의 죽음 충동이다."[147] 죽음 충동이란 어디로든 뚫고 나가는 욕망의 극한적 형태 혹은 순수한 형태다.

이 욕망은 이른바 자살 충동과는 전혀 다르다. 그렇다면 죽음 충동은 구체적으로 무슨 욕망일까. 그렇게 멀리 나가지 않아도 그 예는 이미 나와 있다. 예를 들어 디오티마가 아름다운 자기희생의 예로 들었던, 영원히 사라지지 않는 명예를 위해 직접 죽음을 택한 인물들을 추동했던 욕망. 혹은 항상 다이몬의 목소리를 따랐기에 조금도 두려워하지 않고 사형을 받은 소크라테스가 홀려 있던 욕망. 죽음 충동이란 사람이 광기로 찬 길을 선택하고 그 길에 자신의 존재를 완전히 던져 넣을 수 있게 하는, 아니, 그런 일을 가능하게 만들고 마는 그런 욕망이다. 육체의 죽음은 어디까지나 이 욕망의 부산물이지 목적이 아니다. 다음 장에서는 소크라테스 자신의 욕망에 초점을 맞추면서 정신분석이 그로부터 무엇을 배울 수 있었는지에 대해 생각해 보기로 한다. 이 물음이 이 책의 종착점이다.

---

147 같은 책, p. 156.

18장 이야기의 바깥으로 나가다
정신분석가의 욕망이란 무엇인가?

끼어드는 알키비아데스

앞 장에서는 『향연』의 백미인 소크라테스의 에로스론이 마음껏 전개되는 부분을 살폈다. 하지만 소크라테스의 논의는 독창적인 것이 아니었다. 그는 디오티마라는 이국의 여성이 예전에 들려주었던 이야기를 반복함으로써 — 라캉의 말을 빌리자면 "자신 안의 여성에게 말하게" 함으로써 — 에로스에 대한 진리를 전하려고 했다. 소크라테스의 이러한 행동은 예전의 자신이 에로스에 대해 얼마만큼 몰랐던가를 드러내는 것이었고, 라캉은 여기에서 철학적인 앎의 한계 지점을 발견한다. 하지만 바로 이 한계 지점에 이름으로써 철학자는 에로스의 본질을 체현하고 있다.

디오티마에 따르면 에로스는 신이 아니라 인간과 신을 매개하는 다이몬이다. 매개로서 존재하는 다이몬, 즉 중간에 위치하는 그 존재 방식은 철학자와 깊은 관련을 가지고 있다. 소크라테스를 소크라테스답게 만드는 것, 그것은 무지와 앎의 사이에서 만족하지 않고 앎을 추구하는 것, 즉 채워지지 않는 앎에 대한 사랑이다. 디오티마가 이를 섹스나 생식과 연결 지어서 이야기하고 있음은 중요하다. 철학은 꿈틀거리는 욕망을 빼놓고는 생각할 수 없으며, 그곳에서는 성과 죽음이 필연적으로 관계를 맺는다. 디오티마의 말에 따르면, 앎에 대한 사랑이 낳는 말과 생각은 말하자면 정신이 잉태한 아이이며 그러한 의미에서 철학은 생식에 비견되는 방법이다. 그리고 에로스로 인해 나타난 이들 방법은 모두 근본적으로는 영원한 것, 죽지 않는 것을 목표로 한다. 철학의 욕망을 특징짓는 이 논리에 따라 플라톤은 자신의 이데아론을 디오티마의 말에 의탁했던 것이다.

하지만 현란하게 전개되는 디오티마의 논의의 정점인 미의 이데아를 앞에 두고 라캉은 플라톤의 사상과 분명히 다른 방향으로 키를 잡고 나아간다. 라캉 독자적인, 혹은 정신분석 고유의 논의가 전개되는 것은 바로 여기부터다.

디오티마=소크라테스의 훌륭한 에로스론에 아가톤의 저택에 모인 모두가 감탄의 목소리를 높였다. 이렇게 되면 이미 논의의 여지는 더 이상 없다. 그렇게 연회가 끝나 갈 때즈음해서 알키비아데스가 완전히 술에 취한 상태로 아가톤을 축복하기 위해 찾아온다. 여기서부터의 전개, 특히 자신의 희로애락을 전혀 감추려 하지 않는 알키비아데스와 다른 이들의 온도 차가 흥미롭다. 소크라테스가 그 장소에 있음을 깨닫고 허둥대는 알키비아데스의 모습은 매우 우스꽝스럽다.

이게 무슨 일인가? 여기 소크라테스 선생님이 와 계시네! 또 숨어서 절 기다리고 계시는군요. 선생님이 계시리라고는 도통 생각도 못한 곳에 갑자기 나타나곤 하시던 평소의 습

관대로 말입니다.[148]

　그런데 라캉은 알키비아데스가 갑자기 등장함으로써 일어난 근본적인 전환을 강조한다. 이 전환을 알리는 것은 향연 장소를 지배하는 법칙의 갑작스러운 변화다. 그때까지 장소에 있던 모든 이는 에로스에게 찬미를 바치기 위해 각각의 이야기를 했지만, 알키비아데스는 반드시 다른 대상을 찬미하게 해 달라고 부탁한다. 그 대상이란 지금 그의 눈앞에 있는 소크라테스다. 이때부터 에로스에 대한 사변이 아니라 생생한 현실로서의 1막=행위acte가 시작된다. 여기서 볼 수 있는 격렬한 양가감정, 즉 소크라테스에 대한 부러움 가득한 원망, 그리고 예사롭지 않은 경외감이 완벽하게 병존한다는 것은 알키비아데스의 사랑이 가진 특징이다. 그것은 소크라테스에 대한 다분히 신경증적 사랑이며, 따라서 알키비아데스의 찬미는 고뇌에 가득 찬 사랑의 고백이라는 행위나 다름없다. 이렇게 해서 어디까지나 그의 원래 모습을 말하는 조건으로 소크라테스도 알키비아데스의 요청을 받아들인다.

　소크라테스를 찬미하기 시작했을 때 알키비아데스는 소크라테스를 실레노스(디오니소스의 시중을 드는 반인반수 종족)의 조각상에 비유하고 있다. 이 조각상은 안쪽으로부터 신들의 모습이 나오는 장치가 되어 있는 듯하다. 이러한 조각상과 마찬가지로, 흘끗 보고도 알 수 있는 인상과 그 안에 숨

---

148 『향연』, 213B-C.
　　한국어판은 『향연』, 148-149쪽.

겨진 본질의 간극이야말로 소크라테스의 특징이다 — 알키비아데스는 그렇게 이야기하고 싶었던 것이다. 그리고 적지 않은 사람들이 이런 식의 간극에 매료되고 마음을 빼앗겨 버리는 것은 어느 시대인들 크게 다르지 않다.

예를 들어 소크라테스는 기회가 생길 때마다 미소년을 추앙하거나 구애를 한다. 이는 플라톤의 저작에서도 익숙한 광경이다. 그러나 알키비아데스는 이러한 행동이 단순히 외면적인 것일 뿐이며, 실제로는 소크라테스가 외견의 아름다움 같은 것에 조금도 마음을 기울이지 않는다고 한다. 오히려 그러한 것에서 가치를 발견한 사람들을 경멸한다고까지 할 수 있다. 또는 누군가와 대화할 때 소크라테스가 보여 주는 "나는 아무것도 모른다"는 자세도 마찬가지라고 할 수 있다. 소크라테스는 누구보다도 풍부한 앎을 갖추고 있으며, 그저 그것을 숨기기 위해 바보 같은 태도를 취하는 것뿐이다. 그래서 이 사람의 진정한 모습을 파악하기는 쉽지 않다. 하지만 알키비아데스는 그것을 보고야 말았다고 한다.

어느 누구든 그분이 진지할 때 열어젖혀서 안에 있는 상像들을 본 적이 있는지 나는 모르네. 하지만 나는 이미 한 번 본 적이 있는데, 그것들이 내겐 아주 신적이고 황금과 같으며 아주 아름답고 놀라운 것들로 보였네. 그래서 한마디로 말하면 소크라테스 선생님이 하라시는 건 뭐든지 해야 할 정도였네.[149]

242

플라톤의 묘사에서 알 수 있듯이, 소크라테스의 외모는 빈말로도 매력적이라고 할 수는 없었다. 하지만 알키비아데스는 그 안에서 신적이라고 할 만큼 빛나는 것, 무엇보다도 아름다운 것이 감추어져 있음을 발견했다. 그것이야말로 알키비아데스의 정열을 불태웠으며, 그를 사랑의 미로 속으로 던져 버린 것의 정체였다. 하지만 이 부분에서 알키비아데스가 한 말을 들으면 그가 느낀 매혹감의 근원이 무엇인지 약간 애매한 것도 사실이다. 적어도 그것은 만인이 이해하고 납득할 수 있는 종류는 아닌 것 같다. 아니 오히려 이렇게 생각해 봐야 하지 않을까? 알키비아데스가 소크라테스의 안에서 발견한 것은 다름 아닌 알키비아데스 자신의 사랑이었다고.

알키비아데스의 유혹

그렇다면 라캉은 알키비아데스의 사랑을 어떻게 다루고 있을까. 우선 기본적인 것들을 짚어 보도록 하자. 라캉은 소크라테스를 실레노스의 조각상으로 비유하는 구절에서 사용되는 '상像'의 의미인 "ἄγαλμα(아갈마)"라는 말에 주목하여 여기에 독자적인 의미를 부여했다. 정신분석적 개념에 따라 다시 정리된 이 '아갈마'에 대해 라캉은 다음과 같이 설명하고 있다.

---

149 『향연』, 216E-217A.
　한국어판은 『향연』, 158-159쪽.

중요한 것은 그것이 내부에 있다는 점입니다. 아갈마는 원래 '꾸밈'이나 '장식'을 의미하지만, 여기에서는 옥석이나 귀중한 것이라는 내부에 있는 무엇인가를 의미합니다. 그리고 바로 그 점으로 인해 알키비아데스는 우리들을 미의 변증법 — 여기까지는 욕망에 이끌린=바람직한desirable 것으로 가는 길이자, 길 위의 가이드, 포획의 방법이었던 변증법 — 으로부터 끌어냅니다.[150]

아갈마가 안쪽에 있는 것, 무언가 감추어진 것이라는 점은 알키비아데스의 말에 비추어 보아도 쉽게 알 수 있다. 아갈마가 우리를 "미의 변증법"으로부터 끌어낸다는 점에 주목해야 한다. 문제는 "미의 변증법"으로 인해 라캉이 무엇을 가리키고 있는가다. 여기서 앞 장에서 본 디오티마=소크라테스의 에로스론과 그에 대한 라캉의 비판을 떠올려 보자. 라캉은 그것이 "눈속임"임을 간파해 냈다.

라캉이 말하는 "눈속임"의 요점은 디오티마=소크라테스의 이야기에서 아름다움의 위치가 사랑의 과정(아름다운 사람과 만나면서 어울리게 되는 것)으로부터 그 목적(아름다움의 이데아라는 사랑이 나아가야 할 궁극적인 목표)으로 미끄러지고 있다는 점이었다. 라캉의 생각에 욕망에는 원래 궁극적인 목표 같은 것이 없으며, 그러한 의미에서 미의 이데아란 욕망을 그곳에 붙들어 매기 위해 만들어 놓은 환영일 뿐이다. 라캉은 그러한 환영에 얽매이는 것과는 다른 길, 다른 가능성을 소

---

150 Jacques Lacan, 앞의 책, p. 170.

크라테스와 알키비아데스의 관계에서 발견했다. 즉, 여기에서는 소크라테스의 이야기보다 행동이 중요하다는 것이다. 그렇다고 한다면 소크라테스가 구현하는 아갈마로서의 기능은 위에서 본 것과 같은 "눈속임"을 뚫고 지나가는 것이다.

이야기를 용이하게 진행하기 위해 미리 살펴보자면, 아갈마의 기능의 본질은 알키비아데스가 소크라테스에게 고백하는 사랑의 밑바닥에 있는 알키비아데스 자신의 욕망을 파내는 데에 있다. 즉, 알키비아데스라는 주체에게 자신의 욕망과 직면하도록 하는 것, 그것이야말로 소크라테스가 아갈마가 되어 수행한 역할이었다. 그리고 라캉은 여기에서 정신분석가의 역할의 프로토타입을 보았다. 분석가가 환자에게 수행해야 할 것도 요약하자면 이와 마찬가지다. 『향연』을 정신분석의 세션으로 간주하는 라캉의 독해는 바로 이 점과 연관되어 있다

이 세션이 진행되는 과정을 고찰하기 위해서는 역시 알키비아데스가 소크라테스에게 했던 찬미의 내용을 살펴볼 필요가 있을 것이다. 이 찬미는 여러 갈래에 걸쳐 있는데, 두 사람의 관계를 생각해 보자면 예전 알키비아데스가 소크라테스를 유혹했을 때의 에피소드를 빼놓을 수 없다. 14장에서 살펴본 것처럼 당시의 일반적인 소년애란 연장자(에라스테스)가 소년(에로메노스)을 사랑하고 이끈다는 관계로 성립된다. 이와는 반대로 알키비아데스는 사랑하는 주체가 되어 소크라테스라는 대상을 원했으며, 이 경우는 그러한 의미에서 라캉이 은유와 동일시했던 관계가 역전된 좋은 예이기도 하다.

소크라테스에게 완전히 빠져 버린 알키비아데스는 몇 번이나 그에게 식사를 함께하자고 권했다. 소크라테스는 매번 식사가 끝났을 때 바로 돌아가려 했지만 초조해진 알키비아데스는 언젠가 결심을 하고 다음과 같은 방법을 쓴다. 식사 후 두 사람은 오랫동안 이야기를 나누었고, 밤이 늦어 소크라테스가 돌아가려 하니 알키비아데스가 이미 늦었으니 하룻밤 묵고 가라고 졸랐다. 이렇게 해서 같이 밤을 보내게 되었을 때 알키비아데스는 자신의 마음속에 있었던 것 전부를 소크라테스에게 말한다.

가능한 한 최고로 우수한 인간이 되고 싶으며, 그것을 도와줄 이는 당신밖에 없다. 따라서 당신에게 몸을 맡기는 것이야말로 자신에게 있어 최선의 길이다 — 알키비아데스는 그렇게 밀어붙였다. 하지만 소크라테스는 이를 대단히 냉정하게 대했고, 정말로 그만큼의 가치가 자신에게 있는지, 잘못 생각한 것은 아닌지 조금 더 잘 생각해 보라고 충고한다. "단언컨대 마음의 시각은 눈의 시각이 정점에서 내리막으로 접어들려 할 때 날카롭게 보기 시작한다네. 그런데 자넨 아직 이런 것들에서 한참 떨어져 있네."[151]

하지만 알키비아데스 또한 한 발자국도 물러서지 않는다. 그는 단호한 태도로 자신의 생각이 흔들리지 않을 것이라 하면서 소크라테스에게 판단을 구한다. 결국은 두 사람에게 최선의 방법을 이제부터 생각해 가자고 하며 끝을 맺는데, 이 대화 후에 알키비아데스는 더욱 대담하게 행동한다.

---

151 『향연』, 219A
　　한국어판은 『향연』, 163쪽.

그는 이때 있었던 일을 다음과 같이 적나라하게 말한다 —
"그때 나는 내가 말한 것에 대해 그분이 이렇게 말하는 것을 듣고, 마치 화살처럼 날려 보낸 내 말에 그분이 상처를 입었다고 생각했네. 그래서 나는 자리에서 일어나, 이분이 더 말씀하시게 두지 않고 나 자신의 외투로 이분을 둘러 덮어 드리고는(그때 겨울이기도 했거든) 이분의 해진 옷 아래 누워 참으로 다이몬과 같고 놀라운 이분에게 두 팔을 둘렀고, 그렇게 온밤을 누워 있었네. 그리고, 소크라테스 선생님, 이것들도 역시 거짓말이라고 말 못하실 겁니다."[152]

사랑에서 욕망으로

알키비아데스의 유혹의 의미는 그가 압도적일 만큼의 미모로 많은 사람들을 매혹시켰으며 몇 번이나 상대를 거절했던 과거가 있음을 빼놓고 다루어서는 안 된다. 그 자유분방함과 더불어 사람들을 움직이는 재능을 가진 알키비아데스가 소크라테스에게 접근한 것은 감정적인 '폭주'가 아니라 나름대로 승산이 있는 계략이었다고 할 수 있다. 따라서 그의 시도가 실패로 끝났다는 것은 알키비아데스의 마음에 깊은 충격을 주었다. 그날 밤 둘 사이에 아무것도 없었다고 밝힌 후, 알키비아데스는 다음과 같이 말을 잇는다.

---

152 『향연』, 219B-C.
　　한국어판은 『향연』, 164쪽.

그러니 그 일이 있고 나서 내가 무슨 마음을 품고 있었으리라 생각하는가? 무시당하고 있다고 생각하면서도 이분의 본성과 절제와 용기에 탄복하고 있었지. 사리분별과 꿋꿋함에 있어서 도대체 만나리라고 상상할 수 없는 이런 인간과 만났으니 말일세. 그래서 나는 도대체 어떤 식으로든 화를 내면서 이분과 함께 어울리는 일을 그만둘 도리도 없었다네.[153]

알키비아데스가 소크라테스에 대해 품고 있는 격렬한 양가감정의 뿌리에는 유혹의 실패라는 경험이 있었다. 이 좌절은 알키비아데스에게 소크라테스가 가진 미덕을 또렷이 볼 수 있게 해 줌과 동시에 이 철학자가 다른 사람들과는 달리 결코 자신의 생각대로 되지는 않음을 일깨워 주었다. 이러한 점, 즉 알키비아데스가 자신의 섹스어필을 총동원해서 소크라테스를 정신적으로 정복하려 시도했고, 결과적으로는 도리어 반격을 당해 중상을 입고 말았다는 점은 라캉의 『향연』 독해 중에서도 큰 비중을 차지한다. 알키비아데스가 내놓은 일련의 폭로에 대해 라캉은 다음과 같이 논한다.

대체 무엇이 법정 앞에 선 알키비아데스의 고백에 가치를 부여했을까요? 그것은 알키비아데스가 소크라테스를 주체와 주체의 관계가 가진 가치와는 다른 가치에 완전히 종속

---

153 『향연』, 219D
　　한국어판은 『향연』, 164쪽.

시키고 복종시키려고 했다고 이야기했던 것에 있습니다. 알키비아데스는 소크라테스와 마주하여 유혹하려 했고 더할 나위 없이 공공연하게 소크라테스를 어떤 도구로 삼으려 했습니다. 그것은 대체 무엇에 복종하는 도구일까요? 그것은 알키비아데스의 욕망의 대상, 아갈마라는 좋은 대상입니다.[154]

한 가지 확인해 두자면, "법정"이라는 것은 향연에 참가하고 있는 사람들을 가리키는데, 이는 알키비아데스가 그들에게 "재판관 여러분"이라고 부르며 이야기한 것을 이어받고 있다. 알키비아데스가 "자네들이 소크라테스 선생님의 오만에 대한 재판관들이기 때문에 이렇게 부른 거네"[155]라며 호기롭게 소리쳤기 때문이다. 라캉에 따르면 알키비아데스는 소크라테스를 자신의 도구로 삼고자 했다. 마찬가지로 알키비아데스는 소크라테스에게서 다른 그 누구에게도 없는 특별한 가치를 인정하고 있다. 하지만 그것은 알키비아데스가 소크라테스라는 대상을 욕망하고 있다는 의미는 아니다. 바꾸어 말하자면 알키비아데스의 욕망의 대상인 빛나는 아갈마와 소크라테스라는 존재 그 자체는 다른 것이다. 알키비아데스는 오로지 아갈마에 도달하기 위한 수단으로 소크라테스를 사랑했으며, 그러한 의미에서 소크라테스는 수단이었다.

---

154 Jacques Lacan, 앞의 책, p. 213.
155 『향연』, 219C
     한국어판은 『향연』, 164쪽.

여기에도 사랑의 깊은 곳에 있는 욕망을 끄집어낸다는 정신분석의 독자적인 관점을 볼 수 있다. 반복해서 말하지만, 정신분석은 주체가 자신의 욕망을 발견하도록 촉구하는 것을 지향한다. 알키비아데스의 사례에서 그것은 소크라테스에 대한 사랑이 그의 어떠한 욕망에 뿌리를 내리고 있는가를 두드러지게 하는 데서 끝난다. 무엇보다 알키비아데스가 소크라테스를 복종시키려고 하는 것과 알키비아데스에게 소크라테스가 완전히 이상적인 존재가 되고 그의 가치가 높아졌다는 것은 전혀 모순이 아니다. 실제로 원망이 담긴 듯한 알키비아데스의 말은 소크라테스에 대한 찬양으로 가득하다. 본인이 고백하고 있는 것처럼 유혹이 멋지게 실패하고 모욕당했다고 느꼈을 때조차 알키비아데스는 모든 덕을 체현하고 있는 감탄할 만한 인물로 소크라테스를 보고 있다. 이 역설을 빼고서 알키비아데스의 사랑의 본질을 다룰 수는 없다.

나르시시즘의 상실

흥미롭게도 알키비아데스의 자존심은 마치 소크라테스에게 심취한 정도에 반비례하듯이 낮아지고 있는 것처럼 보인다. "모욕당했다"고 반복하는 그의 피해자 의식도 이렇게 낮아진 자존심을 표현하고 있다. 불행한 사랑에서 종종 볼 수 있는 이러한 시소게임과 같은 현상은 프로이트의 눈에 확실한 인상을 남겼다. 예를 들어 「집단 심리학과 자아 분석」(1921)에서 프로이트는 "사랑에 빠짐Verliebtheit=사랑의 노예", 즉 연애 대상의 이상화(과대평가)에 대해 다음과 같이 말한다.

> 감정적 열정에 사로잡힌 젊은이의 경우에 흔히 일어나는 일이지만, 직접적인 성적 만족을 추구하는 경향을 가진 충동은 완전히 뒷전으로 밀려날 수 있다. 자아는 점점 겸손해지고 수수해지며, 대상은 점점 고상하고 훌륭해져서 마침내 자아의 자기애를 완전히 점유하게 된다. 따라서 자아의 자기희생은 그 당연한 결과다. 말하자면 대상은 자아를 삼켜 버린다.[156]

성적 경험에 면역이 없는 남자가 사랑에 빠지고 마치 여신을 만난 것처럼 머리가 마비되는 경우를 생각해 보면 여기서 프로이트의 통찰을 쉽게 이해할 수 있다. 이러한 경우 상대는 현실이라는 이름의 중력에서 이탈하여 신성한 성격을 가지게 되어 현실적인 성욕의 대상이 되지 못한다. 뿐만 아니라 사랑을 하는 당사자는 상대에게 어떤 것도 요구하지 않으며 오로지 헌신할 뿐이다. 프로이트는 이를 "리비도"(사랑의 에너지)의 문제로 생각했다. 대상, 즉 사랑의 상대를 향해 대량의 리비도가 동원되면 사랑하는 사람의 자아는 현저하게 빈곤한 상태로 전락한다. 이는 심리적으로, 매

---

156 Sigmund Freud, *Massenpsychologie und Ich-Analyse* (1921), in: *Gesammelte Werke*, Bd. XIII, Fischer, 1967, S. 124.
한국어판은 지그문트 프로이트, 『문명 속의 불만』, 김석희 옮김, 열린책들, 2011, 125쪽.

우 일반적인 자기애를 잃고 자존감이 크게 폭락해 버리는 상황이다. 하지만 더욱 재미있는 것은 프로이트가 이렇게 사랑에 빠지는 행위를 인간의 판단 능력, 즉 '양심'과의 관계에서 생각하고 있다는 점이다.

분명 번개에 맞은 듯이 사랑에 빠져 버렸을 때, 사람은 그 상대에 대해 비판적인 거리를 둘 수 없게 되고 어떠한 결점에서든 눈을 돌려 버리는 경우가 있다. 이는 "양심"의 마비 혹은 기능 부전이라 할 수 있다. 그뿐만이 아니다. 프로이트에 따르면, 자아의 자기애를 떠받치는 것도 실은 양심의 중요한 기능이다. 자아는 '양심'에 비추어 보아 자기를 비판하고, 보다 나은 자신, 요컨대 이상적인 자신에 가까워지려 함으로써 자기 긍정감을 획득한다. 프로이트는 이러한 의미에서 개인의 양심을 담당하는 부분을 '자아 이상Ichideal'이라 불렀다. 이와 같은 자기애와 양심과의 연결점에 주목한다면 다음과 같이 생각하게 된다 — 사랑에 빠지는 행동의 특징인 "대상은 (…) 자기애를 완전히 점유"하는 상황은 **사랑에 빠진 인간의 양심이 사랑의 상대에게 완전히 점령당하는** 것과 마찬가지라고. 그래서 사람은 사랑에 빠진 상대를 비판할 수 없으며, 그 상대가 자신을 원하게 만드는 것을 마치 자신이 수행해야 할 임무처럼 느끼게 된다. 프로이트의 말을 빌리자면 사랑에 빠진다는 것은 "대상이 자아 이상을 대신"[157]한 상태다.

조금 더 보충하자면 자아 이상이라는 내적 비판자의 태생

---

157 같은 책, S. 125.
     한국어판은 『문명 속의 불만』, 125쪽.

이란 그 근원을 더듬으면 유아기의 보호자로부터 받은 영향까지 거슬러 올라간다. 예의범절이라는 명목 아래 어른의 개입에 끊임없이 노출됨으로써 아이들은 자신으로 향하는 비판적인 눈길을 점차 내면화한다. 이윽고 그것은 부모나 교사라는 개별적이고 구체적인 타자로부터 떨어져 나와 개인의 마음속에서 독자적인 발전을 이룬다. 그렇게 독립된 심리적 기능이 된 것이 자아 이상이다. 정신분석적으로는 자아 이상의 독립이야말로 어른이 되기 위한 조건이다.

위와 같은 점을 고려하면서 알키비아데스의 자존심 저하라는 문제로 돌아가 보자. 이 문제의 진상은 이제 거의 밝혀졌다. 단적으로 말하자면 알키비아데스는 엄밀하게 프로이트적인 의미에서 소크라테스에게 빠져 있다. 즉, 소크라테스라는 대상이 알키비아데스의 자아 이상을 대신하여 그의 양심을 완전히 점령해 버렸다. 분명 알키비아데스는 말했다. "그래서 한마디로 말하면 소크라테스 선생님이 하라시는 건 뭐든지 해야 할 정도였네." 이러한 점에서 보자면 소크라테스를 마주한 알키비아데스의 태도가 대단히 아이 같다는 점에도 충분한 근거가 있다 할 수 있다. 왜냐하면 알키비아데스의 양심은 그의 내면이라는 고유의 영역을 잃고 오로지 소크라테스라는 타자에게 위탁되어 버렸기 때문이다. 알키비아데스의 자아 이상은 예전의 모습, 즉 유아기의 보호자의 모습으로 퇴행하고 있다. 언제나 소크라테스가 다 들여다보는 것 같다는 알키비아데스의 초조한 마음은 마냥 부모의 감시를 벗어나지 못하고 무력한 반항을 계속하는 소년의 모습 바로 그것이다.

철학자의 욕망

무엇을 한들 '소크라테스가 그것을 어떻게 평가할까'를 의식하는 알키비아데스. 그의 정열적인 소크라테스 찬미는 아가톤에 대한 경고로 매듭을 짓는다. — "아가톤, 바로 이것들을 나는 자네에게도 말하고 있는 것이네. 이분에게 기만당하고 있지 말라고. 속담마따나 어리석은 자처럼 직접 당해 본 다음에 깨닫지 말고 우리가 당한 것들로부터 깨달아 주의하라고 말일세."[158] 사족 같은 말이지만 긴 이야기의 마지막에 일종의 이물질처럼 놓임으로써 이 이야기는 적지 않은 의미를 함축하게 된다. 실제로 소크라테스가 제일 처음 반응한 것도 이 부분이다.

알키비아데스, 자네 안 취한 것 같네그려. 취했다면 자네가 무엇을 위해 이것들 전부를 말했는지를 감추려 하면서 이렇게 교묘하게 돌려 이야기하지 못했을 테니까 말일세. 자넨 그것을 마치 그야말로 곁다리인 양 끄트머리에 슬쩍 붙여 놓았지. 그것들 전부를 바로 이것을 위해서, 즉 나와 아가톤 사이를 갈라놓기 위해서 말한 게 아닌 듯이 가장하면서 말이네.[159]

---

158 『향연』, 222B.
　　한국어판은 『향연』, 170쪽.
159 『향연』, 222C-D.
　　한국어판은 『향연』, 171쪽.

소크라테스의 '해석', 정신분석가의 개입에 필적하는 '해석'이 말하려고 하는 것은 명확하다. 소크라테스에 대한 알키비아데스의 사랑은 눈속임이며, 알키비아데스는 아가톤을 진정으로 사랑하고 있다는 것이다. 알키비아데스는 자각하지 못한 채로 소크라테스에 대한 사랑을 어디까지나 **아가톤에 대한 사랑의 대리물**로 고백했다. 라캉은 이 대리물로서의 사랑을 분석 실천 중에 발생하는 환자의 무의식의 출현으로서의 사랑, 즉 전이성 사랑이라고 망설임 없이 말한다.

소크라테스가 욕망하는 것을 그가 알지 못하는 한, 그리고 그것이 '타자'의 욕망이라는 한에서 알키비아데스는 홀려 있습니다. 그런데 대체 무엇에 홀린 것일까요? 그것은 바로 사랑입니다. 이 사랑에 대해서 다음과 같이 말할 수 있겠지요 ― 소크라테스가 이룬 유일한 공적은 그것이 전이성 사랑이라는 것을 보여 줌으로써 알키비아데스의 진정한 욕망으로 되돌려 보냈다는 것입니다.[160]

여기서 알키비아데스가 소크라테스를 자신의 욕망의 대상인 아갈마에 종속시키려고 했다는 라캉의 앞선 지적을 떠올리고자 한다. 간단히 말해 보자면 소크라테스는 알키비아데스의 사랑의 대상이며, 이 사랑의 밑바닥에 있는 욕망의 진정한 대상은 아갈마다. 알키비아데스는 항상 아갈

---

160 Jacques Lacan, 앞의 책, p. 216.

마를 찾아 헤매었으며 그것을 지니고 있는(알키비아데스가 그렇게 믿는) 상대를 사랑한다. 이러한 틀에서 사랑의 대상은 말하자면 교환 가능하며 그 점에서 소크라테스와 아가톤은 서로의 등가물이 될 수 있었다.

그런데 라캉은 이 부분에서 소크라테스 자신의 욕망이 중요한 역할을 하고 있다고 지적한다. 라캉에 따르면 소크라테스는 알키비아데스라는 주체의 욕망을 빼앗아 간 '타자'의 위치에 놓여 있다. 실제로 유혹의 실패가 하나의 계기가 되어 알키비아데스는 소크라테스라는 인물이 무엇을 욕망하고 있는지 전혀 알 수 없게 되었으며, 이 실패를 오랫동안 간직하고 있었다. 여기서 직면했던 '타자'의 욕망의 수수께끼에 알키비아데스는 아직도 갇혀 있다.

하지만 여기서부터가 중요하다. 소크라테스의 행동을 정신분석가의 행동으로 보는 라캉의 독해에서 소크라테스의 욕망은 '정신분석가의 욕망'의 모델이다. 라캉이 생각하기에 분석가를 분석가답게 만드는 것은, 예를 들면 프로이트의 학설에 대한 지식의 습득이나 임상 기법의 숙달 같은 것이 아니라 이 직무에서 발휘되는 특이한 욕망이다. 그것을 라캉은 '정신분석가의 욕망'이라 부른다. 주의할 것은 이 욕망의 구체적인 내용보다 그것이 분석 주체(환자)로 하여금 **수수께끼에 머무르게 하는 것** 그 자체가 중요하다는 점이다. 소크라테스의 욕망이 수수께끼인 채로 남아 있었기에 알키비아데스는 이 철학자 안에서 빛나는 아갈마를 볼 수 있었다.

프로이트의 통찰을 통해 말했던 것처럼, 소크라테스를 향한 알키비아데스의 사랑의 정체는 요약하자면 그 자신의 잃어버린 자기애다. 즉, 이 전이성 사랑은 알키비아데스의 아이덴티티라는 근본 문제와 연관되어 있다. 알키비아데스는 갖가지 스캔들을 일으키면서도 사람의 마음을 장악하는 데 밝은 정치가로서 이름을 날리고 있었다. 하지만 소크라테스와 같이 있으면 그러한 자신의 존재에 의문을 품지 않을 수 없었다. 그 자신의 말에 따르면 "나는 이분이 명하는 일들을 꼭 해야 하는 거냐고 이분에게 반론할 수 없지만 이분을 떠나면 많은 사람들이 주는 명예에 굴복하게 된다는 걸 잘 알고 있거든."[161]

아갈마의 화신이 된 소크라테스는 알키비아데스에게는 자신의 아이덴티티를 뒤흔드는 존재다. 정치인가 철학인가, 명성인가 진정한 선인가의 선택 앞에서 흔들리는 알키비아데스는 소크라테스로부터 달아나려 해도 그럴 수 없었다. 그것은 앞서 말했던 것처럼 알키비아데스가 자신의 내면의 양심을 소크라테스에게 완전히 맡겨 버렸기 때문이다.

유혹의 장면에서 나눈 대화에서도 알 수 있듯이, 소크라테스는 알키비아데스가 자신을 이상화하고 있다는 점, 즉 알키비아데스의 무의식적 시나리오 — 정신분석의 용어로 말하자면 '환상' — 속에서 자신이 모든 덕을 체현한 위대한 멘토의 역할을 맡고 있음을 깨닫고 있었다. 현실의 소크라테스는 알키비아데스에게 무언가를 명령하지 않는다. 즉, 소크라테스는 아가톤의 시나리오에는 응하지 않았다. 오

---

161 『향연』, 216B.
　　한국어판은 『향연』, 157쪽.

히려 철학자는 이 시나리오 그 자체를 뒤흔들고 알키비아데스를 거기에서 데리고 나오려 했다. 예를 들어 '네가 진정 사랑하는 것은 아가톤이다'라는 '해석' 하나를 두고서도 그러하다. 그것은 소크라테스와 알키비아데스의 닫힌 이자 관계에 완전히 다른 국면을 열었다.

라캉이 말하는 '정신분석가의 욕망'이란 소크라테스가 알키비아데스에게 했던 것처럼 분석 주체가 무의식 속에서 만들어진 이야기를 드러내고 그 이야기에서 주체 자신을 끄집어내려는 욕망이다. 그것이 성공적이었을 때 비로소 분석 주체는 자신의 욕망을 발견한다. 그것은 원래의 의미에서 자신을 안다는 것이다. 오직 그러할 때만 정신분석은 '네 영혼을 배려하라'는 소크라테스 철학의 근본 명제의, 하나의 실천 형태라고 할 수 있을지도 모른다.

소크라테스가 알키비아데스의 환상에 파고들어 감으로써, 즉 알키비아데스의 자아 이상의 자리에 자신이 위치함으로써 이 미모의 청년을 복종시키고 지배하기는 쉬웠을 것이다. 하지만 소크라테스는 그런 종류의 지배욕에 몸을 맡기지 않았다. 왜냐하면 그는 좀 더 강력한 욕망에 끝없이 이끌리고 있었기 때문이다 — 사형이라는 극한적인 결말을 스스로 받아들였던 것처럼 광기에 찬 욕망에. 물론 그것은 철학자의 욕망, 아니 **철학이라는 욕망**이다.

결론을 대신하여

  라캉과 철학자들의 대화의 핵심에는 항상 '정신분석이란 무엇인가'라는 근본적인 물음이 있다. 프로이트 이래의 전통에서 라캉을 나누는 것은 정신분석의 철학화라 할 수 있을 시도인데, 이 시도는 역설적으로 정신분석이라는 방법 그 자체의 원리를 탐구하기 위해 이루어졌다. 라캉은 프로이트의 실천을 자신이 직접 이어 가기 위해 프로이트와는 전혀 다른 방법을 선택했다. 그 방법은 철학이었다.

  이 책에서 거론한 소크라테스와 데카르트, 칸트, 헤겔이라는 철학자들의 생각은 모두 강렬한 개성을 가지고 있으며 철학사의 관점에서 보아도 일률적으로 다룰 수 없는 것들이다. 게다가 여기서 거론된 이름은 라캉이 세미나에서 다루었던 철학자의 명단 전체로 볼 때 극히 일부분에 지나지 않는다. 그래서 이 책의 출발점에 있는 물음, '라캉에게 철학은 무엇인가'라는 물음에 여기서 완전한 대답을 내리기는 어렵다. 오히려 철학에서 촉발되어 종횡으로 전개했던 논의는 그러한 대답이 있다는 기대를 배신할 만큼의 풍부함을 자랑한다. 그것은 다양한 사례, 다양한 콘텍스트에 발맞추어 몇 번이나 반복되었고, 그럴 때마다 새로운 생각을 자아내는 물음이다.

하지만 그렇기에 라캉이 철학과 맞붙었을 때 그 근저에 무엇이 있었는가를, 이 책을 마무리하는 시점에 우리 나름대로의 방법으로 생각해 보고자 한다. 여기서는 위의 물음을 거꾸로 돌려 '철학에게 라캉은 무엇이었나'라는 관점에서 살피도록 한다. 데카르트의 '속이는 신'에게서 '타자'의 욕망을 발견했을 때, 혹은 칸트의 정언명령을 주이상스로 나아가려는 욕망으로서 다루었을 때, 그리고 통상성을 뛰어넘은 소크라테스의 행동을 정신분석가의 욕망과 겹쳐 보았을 때 라캉은 대체 무엇을 하고 있었을까.

철학에 대한 라캉의 독해가 원래 텍스트 속에서 딱히 중심적이지 않은 부분을 실마리로 삼아 여태껏 보이지 않았던 철학의 특징을 드러낸다는 점은 중요하다. 예를 들면 헤겔에 친숙한 독자라도, 아니 그러한 독자야말로 라캉이 말하는 헤겔을 접하게 된 후로 자신의 안에 있는 헤겔 철학의 이미지가 많든 적든 바뀌었음을 깨닫게 될 것이다. 철학에 개입한 라캉은 철학에 감추어진 본질을 드러나게 한다 — 정신분석가의 해석이 분석 주체에게 자신의 이야기의 진정한 의미를 발견하게 하는 것과 마찬가지로.

라캉에게 걸맞은 직함은 단 하나, 정신분석가다. 그리고 그것은 그가 철학과 대결할 때에도 바뀌지 않는다. 그렇다면 정신분석가의 사명이란 무엇일까. 그것은 증상을 떠맡는 것, 즉 분석 주체와 함께 그 증상을 떠맡는 것이다. 프로이트가 말한 것처럼 정신분석에서 증상은 주체의 본질을 이루는 일부분으로 보아야 한다. 그리고 그 본질은 증상이 분석가/분석 주체라는 특이한 이자 관계로 치환되고 전이가 성립합으로써 비로소 모습을 드러낸다. 바꾸어 말하면 분석가는 그 자신이 주체의 증상의 반신이 되는 것이다. 이는 주체가 무의식 속에 가지고 있는 고유한 이야기 속에 분석가가 자신을 새로이 써넣는 것이기도 하다.

라캉과 철학의 대결도 바로 이런 것이 아니었을까.

이 책의 논의에서 자신이 철학의 증상을 떠맡는 자가 되어 철학의 아이덴티티를 만드는 이야기를 드러나게 하는 라캉의 기법을 볼 수 있었다. 정신분석가로서, 어디까지나 철학의 타자이면서 철학의 안쪽으로 들어가 그 본질을 끄집어내고자 했던 라캉의 스탠스를 과감하게 일반화해 본다면, 우리들은 이렇게 생각할 수 있다 ― **정신분석은 철학의 증상으로서 가치를 가진다**고. 라캉의 실천은 철학에게 이른바 가장 친밀한 이물질이다. 거꾸로 말하자면 라캉에게 철학은, 예를 들어 프로이트에게 세르게이 판케예프가 그랬던 것처럼 정신분석에 새로운 과제를 들이대고 정신분석적 사고의 심화를, 나아가 쇄신을 가져온 파트너였다.

프로이트는 서로 이질적인 둘이 만들어 내는 특이한 관계가 한쪽 편의(즉, 분석 주체의) 내밀한 진리를 건드리기 위해 필수 불가결함을 가르쳐 준다. 여기까지 논의를 진행해 온 우리는 이제 그러한 파트너십을 정신분석과 철학의 사이에서도 인정할 수 있을 것이다. 물론 프로이트가 말했던 대로, 이 파트너십으로부터 미래에 가치가 있는 것을 끌어내는 것이 중요하다.

이 책은 나에게 있어 커다란 도전이었다. 학술 논문만 쓰던 사람이 폭넓은 독자를 향해 말을 하기 위해서는 일종의 자기 변혁이 필요했다. 또 웹진 연재도 완전히 새로운 경험이었다. 2019년 6월부터 2021년 9월까지 계속된 연재에서 나는 한 걸음 한 걸음 시행착오를 거듭했다. 이 책의 각 장이 세밀히 나누어져 있지 않은 것은 이러한 경위가 아직도 남아 있어서인데, 이러한 구성이 독자 한 사람 한 사람이 곰곰이 생각해 보며 읽어 나가는 데 어느 정도 도움이 되었으면 한다.

연재를 의뢰받았던 처음에는 매번 하나씩 철학자를 거론하면서 라캉이 그 사상을 어떻게 읽었는가를 간결하게 소개한다는 구상을 품고 있었다. 하지만 내 예상이 너무 안이했다고 해야 할 것이다. 막상 쓰기 시작하니 그런 식으로 빠르게 테마를 바꾸어 나갈 수 없었고, 결국은 나 자신의 연상과 관심이 향하는 쪽으로 솔직하게 걸어 나가자는 방법을 선택했다. 글을 쓰는 것은 언제나 즐거웠다. 연재 시작 당시에는 학위 논문을 마치고 약간 지난 후였기에 상쾌한 기분으로 프로이트와 라캉을, 그리고 플라톤이나 데카르트를 다시 읽을 수 있었다. 그때부터 이리저리 생각하며 가능한 한 솔직하게 — 종종 구어식의 문체에 가까워지면서 — 글을 쓰는 데 마음을 쏟았다. 그래서 이 책에 학술 논문의 양식에서 흘러 넘친 아이디어나 구상을 그대로 쓰게 되었다.

연재 기간은 이른바 코로나 사태와 겹친다. 나는 이 기간에 와세다 대학과 군마현립 여자대학의 교단에 서는 기회를 얻었다(2020년도에는 모든 수업을 온라인으로 진행했다). 집을 독방으로 바꾸어 버린 자숙 생활의 고립감에서도 생기 있는 지성들의 대화는 예기치 않은 발견과 신선한 배움을 가져왔다. 회를 거듭할수록 날카롭고 풍부해지는 학생들의 코멘트나 질문을 접하는 것이 자연스럽게 매주의 즐거움이 되었다. 언제부터인가 그것이 글을 쓸 때의 활력이 되었다고 생각한다. 나는 분명 몇 년이 지나 이 책을 펼쳐 봤을 때 "나는 이 책을 그 코로나 사태 때 썼다"라고 생각하게 될 것이다. 그때 가장 먼저 떠올리게 될 소중한 기억을 남기게 되었다는 점에 대해 모교와 '현립 대학'의 수강생들에게 이 자리를 빌려 감사의 마음을 전하고 싶다.

뜻있는 출판사에서 자신의 책을 내는 것은 글을 쓰는 사람에게 특별한 경험이다. 그런 행운을 실현시켜 준 아키쇼보의 모든 분들에게도 감사를 표해야 할 것이다. 편집을 담당해 주신 나이토 히로시 씨에게는 기획부터 출판까지 모든 면에서 도움을 받았다. 여기까지 오는 길을 함께해 준 점에 무한한 감사를 드린다.

마지막으로 출판 시에 교정을 보아주시고 적확한 조언을 해 주신 시카노 유지 씨의 두터운 관심에도 진심으로 감사의 말씀을 전하고 싶다. 깊이 신뢰하고 존경하는 철학 연구자와의 대화는 나에게 항상 소중한 기쁨이다.

2021년 11월
저자

역자 후기

프로이트가 철학을 비판하며 과학적 가치의 중요성을 설파했다는 사실은 의외로 잘 알려져 있지 않은 듯하다. 예를 들어 보자. 『새로운 정신분석 강의』의 마지막 장인 「세계관에 대하여」에서 프로이트는 다음과 같이 쓰고 있다.

철학은 과학에 반대하지 않습니다. 그것은 스스로도 과학인 것처럼 행세하면서 부분적으로는 같은 방법으로 작업을 하기도 합니다. 그러나 그것은 우리의 지식이 조금씩 새로운 진보를 거듭할 때마다 붕괴될 수밖에 없음에도 불구하고 완벽하고 긴밀한 세계상을 사람들에게 제공할 수 있다는 환상에 사로잡힘으로써 과학으로부터 멀어집니다. 방법론적으로 그것은 우리의 논리적 조작의 인식 가치를 과대평가하면서, 또 한편으로는 직관과 같은 다른 인식의 근원을 인정함으로써 오류에 빠질 수밖에 없습니다.[162]

여기서 프로이트가 말하는 "완벽하고 긴밀한 세계상ein

---

162 Sigmund Freud, Neue Folge der Vorlesungen zur Einführung in die Psychoanalyse, In: *G.W. Bd.XV*, S. 173. 한국어 번역은 216쪽.

lückenloses und zusammenhängendes Weltbild"이란 무엇일까? 그것은 삼라만상의 모든 존재를 체계의 틀 안에 복속시킬 수 있다고 여기는 사고방식이다. "완벽하고 긴밀한 세계상"에서는 어떠한 예외라도 체계 안으로 포섭되며 도식의 가장 구석 일지언정 자신의 위치를 공고히 가진다. 그런데 적어도『슈레버』를 집필한 이후의 프로이트에게 이는 상당히 우스꽝스러운 것이었음이 분명하다. 이런 식의 사고방식은 'CIA의 음모'나 '국제 비밀 조직의 새로운 술수' 운운하는 편집증자의 사고방식과 다를 바가 없기 때문이다. 편집증자가 경험하는 모든 예외적 상황은 그 자신의 피해망상 안에서 필연적인 귀결로 변화된다. 사람들이 종종 간과하는 것이지만, 피해망상을 가진 이의 사고방식은 외부에서 볼 때는 괴이해 보일지라도 그 사고방식 내부에서 판단하자면 대단히 질서정연하며, 또한 외부로부터의 충격을 무척 유연하고 정합성을 가진 내적 논리로 전환할 수 있기도 하다. 이를 지켜본 프로이트는 "편집증은 철학 체계의 캐리커처라고도 할 수 있을 것이다"[163]라며 철학을 비꼬기도 한다.[164]『새로운 정신분석 강의』에서 프로이트가 그렸던 정신의 도식처럼 프로이트의 과학이란 구멍이 뚫려 있으며(심지어 그 구멍 바깥에 무엇이 있는지조차 알 수 없으며), 이러한 결점으로 인해 전체가 부단히 갱신되어야 하는 것이었다. 프로이트 또한

---

163 Sigmund Freud, Totem und Tabu, In: *G.W. Bd.IX*, S. 173. 한국어 번역은 129쪽.

164 이러한 점에서 알랭 바디우의 소문자 진리 개념은 프로이트의 비꼼에 대한 훌륭한 대답이 될 수 있을 것이다.

자신의 이론의 한계를 알고 있었고 그 때문에 줄기차게 이론을 뒤엎기도 했음을 우리는 잘 알고 있다.

그런데 오늘날 인문학의 대표 주자처럼 취급받는 프로이트를 생각하자면 프로이트의 과학관은 무언가 위화감이 들기도 한다. 물론 그의 모든 저작들에서 프로이트는 자신을 '과학자'라고 이야기하고 있으며, 심지어 그는 정신분석을 "전문적인 과학"[165]이라고 칭하고 있다. 하지만 그의 생각과는 달리 현실에서 정신분석은 과학자들과 의학자들에게 유사 과학 이상의 취급을 받지 못하고 있다. 전문적인 분야에서 그러하다면 일반적인 인식은 어떨까? STEAM으로 대표되는 최근의 과학에 대한 인식(혹은 '문과'와 대비되는 '이과'라는 틀)에 비추어 보자면, 프로이트와 정신분석은 이미 잊혀야 할 망령이거나 좋게 말해 현대 화학의 산파 구실을 했던, 그리고 그 책무를 다하자 사라졌던 연금술 이상도 이하도 아니다. 현대의 정신의학이 성립하기까지 정신분석은 징검다리 역할을 했지만, 이미 디딤발을 치운 이상 역사적 가치가 있을지는 몰라도 '쓸모'는 사라진 셈이다. 물론 정신의학 분야에서 정신분석이 하나의 방법론으로 남아 있음은 사실이다. 그러나 정신분석은 정신의학의 주류도 아니거니와 그렇게 될 수 없게 되었음도 사실이다.

이른바 현대 철학자들이 정신분석에 주목하고 자신의 스파링 파트너 혹은 코치로 삼았던 것은 정신분석에 있어서 일종의 전환점이었다고 할 수 있을 것이다. 그로 인해 정

---

165 Neue Folge der Vorlesungen, S. 170.

신분석에 대한 관심이 다시 싹을 틔웠으나 동시에 이는 정신분석이 프로이트가 생각했던 '과학'이 아닌 인문학의 어떤 하위 분야로 인식되게 만든 주요한 요인이었다. 사실 철학으로부터 영향을 받는 정신분석, 혹은 정신분석으로부터 영향을 받는 철학이라는 명제는 그다지 이상할 것이 없다. 과학자를 자처했던 프로이트만 하더라도 니체나 스승이었던 프란츠 브렌타노 등으로부터 직간접적인 영향을 받았기 때문이다. 문제는 철학이라는 포장지에 싸여 정신분석이 유통되었고 그것을 받아 든 이들이 철학의 '체계' 안에서 정신분석을 이야기하게 되었다는 것이다.

여기서 끼어든 이가 라캉이었다. 라캉의 업적을 이야기하면 으레 나오는 여러 가지 ― 마치 축구선수들의 립 서비스처럼 되어 버린 ― 호평은 차치하고서라도 그가 정신분석을 철학으로부터 이격시키려 노력했다는 점에는 주목할 만하다. 그렇다고 해서 그가 철학을 적대시하고 구축하려 했다는 것은 아니다. 엘리자베스 루디네스코의 라캉 전기를 읽어 보면 알 수 있듯이 라캉의 삶은 철학자들과의 친교와 결투로 점철되어 있는데, 곰곰이 생각해 보자면 그의 지적 여정이란 철학으로부터 제기되는 비판을 견뎌 내고 정신분석의 독자성을 확보하기 위한 투쟁 그 자체였다고도 할 수 있을 것이다. 뿐만 아니라 그는 철학자들의 "완벽하고 긴밀한 세계상"을 공격하는 데 있어 상당히 괜찮은 능력을 발휘했다. 본문에서도 볼 수 있듯이 라캉은 때로는 비웃으며, 때로는 진지하게 고금의 철학 담론을 비판하면서 정신분석가만의 관점을 확립하려 했던 것이다(정신분석가의 담론).

이 책은 라캉이 걸었던 그러한 지적 여정의 단편을 담고 있다. 라캉이 접했던 철학자들을 언급하면서, 라캉의 정신 분석이 그들과 어디까지 같이 걸어갔으며 어느 지점부터 결별하게 되었는가를 설명하고 있다는 점에 이 책의 미덕 이 있다. 당연하겠지만, 접점이 존재한다는 사실은 접하지 않는 것들이 훨씬 많이 존재한다는 것을 암시한다. 지금까 지 정신분석과 철학을 연결해서 논의하는 글은 수없이 많 았지만, 이들은 양자의 유사성을 중점적으로 다룰 뿐 무엇 이 다른지에 대해서는 비교적 설명이 부족했다. 이 책은 암 시적으로만 존재했던 '접점 이외의 것'을 꽤나 읽기 용이하 게 우리의 앞으로 끌어내기에 라캉과 정신분석에 관심이 있는 이들에게 상당한 도움이 되리라 생각한다.

끝으로, 코로나 사태로 인해 한국에 갈 수 없는 상황임에 도 불구하고 온라인 회의상에서 꼼꼼하게 번역문을 윤독해 준 〈라캉과 철학자들〉 세미나의 성균관대학교 비교문화학 전공 김태현, 김용호, 국문학 전공 김성래 씨에게 깊은 감사 를 드린다.

2023년 여름 타이베이에서

이정민

구도 겐타工藤顕太

1989년 도쿄도 출생. 전공은 정신분석과 철학을 중심으로 한 사상사이며, 와세다 대학 문학부 프랑스어 프랑스 문학 코스를 마치고 일본 학술진흥회 특별 연구원 DC1, 파리 고등사범학교 유학 등을 거쳐 2019년 2월에 와세다 대학 대학원 문학부 연구과 박사 과정 수료.(문학 박사) 지금은 일본 학술진흥회 특별 연구원 PD(교토 대학 인문과학연구소). 와세다 대학, 군마현립 여자대학에서 비상근 강사로 있다. 저서로는 『정신분석의 재발명: 프로이트의 신화, 라캉의 투쟁』(이와나미 서점, 2021)이 있다.

이정민李正珉

동아시아 정신분석 수용사 연구자로, 성균관대학교에서 비교문화학을 전공하고 현재 대만 타이베이 소재 중국문화대학 한국어문학과 조교수로 근무 중이다. 주요 논문으로는 「한국의 초기 정신분석학 수용에서 일본의 영향: 김성희와 고사와 헤이사쿠의 이론적 유사점을 바탕으로」와 「한국의 프로이트 이론 수용 양상 연구」가 있으며, 역서로『라캉, 환자와의 대화』, 『전투미소녀의 정신분석』, 『캐릭터의 정신분석』(이상 에디투스) 등이 있다.